인류의 대재앙 78억 명이 죽는 미래 예언!
말세의 징조 공포의 괴질병과 지구종말론!

괴질병과 지구종말

괴질병과 지구종말

초판 1쇄 인쇄 2020년 5월 1일
초판 1쇄 발행 2020년 5월 5일

지은이 미래 하늘(자미황제)
펴낸이 金泰奉
펴낸곳 한솜미디어
등 록 제5-213호

편 집 박창서, 김수정
마케팅 김명준
홍 보 김태일

주 소 (우 05044) 서울시 광진구 아차산로 413(구의동 243-22)
전 화 (02)454-0492(代)
팩 스 (02)454-0493
이메일 hansom@hansom.co.kr
홈페이지 www.hansom.co.kr

ISBN 978-89-5959-526 6(03150)

*지은이 연락처_ 자미황궁 02)3401-7400

괴질병과 지구종말

미래 하늘 著

치료제가 없는 공포의 괴질병. 하늘이 내린 천벌인 천병(天病)이다. 하늘 무서운 줄 몰라보고 자만, 거만, 교만, 오만으로 살아가는 78억 인류에게 내리는 무시무시한 심판이다. 일단 걸리면 죽음의 공포가 몰려오는 무섭고 두려운 괴질병과 지구종말에서 살아날 수 있는가?

한솜미디어

| 책을 집필하면서 |

본 책자는 하늘세계, 귀신세계, 사후세계를 다룬 책이다.

저 높고 넓은 대우주에는 주인이 계시고, 천체의 무수한 별(행성)들과 천지만생만물, 인간, 신, 영혼들을 태초로 창조하시고 우리 인류 모두의 생살여탈권을 실시간으로 집행하시는 무소불위의 절대자가 존재하심을 알아내었고, 실시간으로 통신 통령을 하는 경지까지 이르렀다.

지상에서는 하늘이라 부르기도 하는데 이곳에서는 태초의 하늘, 대우주 창조자, 영혼의 어버이, 인류와 지구의 구원자 겸 심판자, 천상세계 주인으로 부르고 천상관직은 ○○○○○○ ○○○○와 실명 존호는 ○○ ○이신데 존귀하신 분의 존호를 함부로 불러댈까 봐 여기서는 공개하지 않으나 책을 읽고 선택받아 뽑혀서 인연이 닿으면 자연적으로 알게 된다.

저 멀리 북극성의 성주(城主)이시고 하늘의 외동아들이시며 천자이시자 황태자 ○○ ○께서 지구라는 아름다운 푸른 별을 보면서 동경하고 몹시 궁금하여 오색구름 위에 백마를 타고 즐겁게 소풍하려고 잠시 내려오시었다.

그런데 그 사이에 천상의 주인께서 거처하시는 황실에서 측근들의 역모 반란이 일어났고, 타고 온 백마가 사전에 준비된 역모 반란군에게 독살당하여 천상으로 돌아가지 못하고, 수천 년 전 대장군의 아들로 태어났다가 죽어서 만생만물로 무수히 윤회하다 이번 생에 현재의 인간 육신으로 잠시 윤회하시는 중에 하늘이 내리시는 명을 받으시었다.

대우주의 절대자이시자 천상의 주인이신 태초의 하늘이 내리시는 명이란 사명자 구원, 종교 멸망, 인류 멸살, 역천자 행성인 지구를 파괴하라는 무시무시한 황명이었다. 즉 인류와 지구에 대한 무서운 심판을 속히 이행하는 것이었다.

태초의 하늘이시자 대우주의 절대자께서 죄인들에게 내리신 심판이 종교 멸망과 78억 인류 심판이었다. 현재 전 세계적으로 무섭게 퍼지고 있는 치료약이 없는 공포의 괴질병 감염 전파와 세계적인 천재지변은 인류의 대재앙 수준이다.

미래 하늘이신 자미황제 폐하께 내리신 절대자 하늘의 황명은 공포의 괴질병으로 인한 아비규환의 아수라장에서 인류가 멸살되기 전에 하늘이 내리시는 명을 받들 맑고 깨끗한 하늘의 사명자들을 악들이 세운 종교에서 구해 내 하늘 사람으로 살아가는 천인(天人)으로 명을 받게 하여 하루속히 천상으로 올려보내는 인류의 마지막 구원자 역할이시었다.

하늘 사람으로 살아가는 천인(天人)은 꽃 피고 새 우는 하늘나라 3천궁의 무릉도원 세상에서 아프지 않고, 옷 걱정, 배고픔, 추위, 근심과 걱정 없이 신선 선녀처럼 10~20대의 젊음으로 영생을 누리며 기쁘고 행복하게 살아가는 영원무궁한 특혜를 누리는 최상의 신분이다.

천인의 위상이 얼마나 대단하면 인간세계의 왕, 왕비, 대통령, 영부인, 총리, 부총리, 장관, 차관, 시도지사, 시군구청장, 국회의원, 4성 장군, 판사, 검사, 변호사, 고위공직자, 세계적인 재벌 총수, 수백조의 금전과도 바꾸지 않을 정도로 너무나 엄청난 위상을 갖는 것이 영생하는 천인(天人)의 신분이다.

인간 세상의 성공과 출세는 찰나에 지나지 않고, 풀잎 끝에 맺힌 이슬과도 같은 일장춘몽의 신기루이지만 살아생전 천인(天人)으로 명을 받으면 육신의 죽음과 동시에 하늘나라 3천궁에 태어나는 특혜를 누리게 사후세계를 보장해 준다.

그래서 사람으로 태어나 진정한 성공과 출세는 하늘이 내리시는 명을 받아 하늘나라 3천궁에서 살아갈 수 있는 천인(天人)의 신분이 되는 것이다. 인간 세상의 성공과 출세인 돈과 재물, 권세와 명예가 죽어서는 아무런 도움이 안 되고 오히려 죄업만 커질 뿐이다.

인간 세상의 성공과 출세의 몽상에서 깨어나 하늘의 심판으로 인류가 멸살하기 전에 하늘이 내리시는 명을 받아 천인의 신분이 되어야 한다. 잘 먹고 잘살려고 사람으로 태어난 것이 아니라 영혼의 고향인 천상의 3천궁으로 돌아갈 수 있는 천인(天人)이 되기 위해서 잠시 잠깐 사람으로 윤회 중이다.

대역죄인들인 인류에 대한 멸살 심판은 하늘께서 집행하시고, 구원은 외동아들이시자 미래 하늘이신 자미황제 폐하께서 하시라고 명을 내리시었다. 대우주 절대자이신 태초의 하늘께서 인류를 멸살로 심판하시는 것은 악들이 세운 종교사상에 수천 년 동안 너무 깊게 세뇌당하여 이제는 교화 자체가 불가하다고 판단되시어 하늘이 내리신 최후의 심판이시다.

지금 종교 멸망의 심판이 집행되고 있다. 그러므로 이제라도 종교에서 하루빨리 탈출하여 미래의 하늘께 종교 믿은 죄를 빌어 구원받지 못한다면 누구든지 죽음을 면할 수 없다. 이제까지 이 세상은 악신과 악령들이 여호와 하느님 하나님, 부처, 상제, 천지신명, 석가, 예수, 마리아, 마호메트, 공자, 노자의 이름을 팔아서 종교를 세워 인류를 지배 통치해 왔다.

하늘의 대심판에서 구원받고 싶은 자들은 종교에서 즉시 탈출하여 황태자이신 미래 하늘께 역천자 악신과 악령들이 세운 종교 숭배자들을 존경하며 받들었던 환부역조의 대역죄를 빌고 빌어야 구원받아 영혼의 고향인 천상으로 돌아갈 수 있다.

인류가 종교사상에 얼마나 깊게 세뇌되어 있으면 살아 있는 자신 죽음 이후 사후세계 모습을 미리 들려주고 보여주어도 믿지 못하는 지경까지 왔을 정도이다. 또한, 이미 죽은 자신의 배우자, 자녀, 부모, 형제, 조상들의 영혼들을 불러서 사후세계 모습을 실시간으로 들려주고 보여주어도 믿지 않는다.

이미 죽은 수많은 귀신들을 불러보면 종교를 믿었던 자들이 거의 전부인데 구원받지 못하고 비참하게 윤회하고 있으면서도 살아서 자신이 받들고 숭배하여 믿던 여호와 하느님 하나님, 부처, 상제, 천지신명, 석가, 예수, 마리아, 마호메트, 공자, 노자가 찾아와서 구해 주기를 기다리고 있었다.

| 목차 |

【제1부】

종말론

지금 전 세계가 공포의 괴질병 감염 공포에 휩싸여 불안 초조하고 목숨이 경각에 달려 있어 언제 죽을지 몰라서 좌불안석이다. 외출 자제 권고 문자가 수시로 오고, 자가 격리 지침을 어기면 형사적 책임을 묻겠다고 하면서 집회와 예배를 자제할 것을 촉구하며 2미터 거리 두기를 실천하라고 한다.

죽음이 두렵고 무섭기는 무섭다. 마스크 구입으로 목숨 보전이 문제가 아니라 지구 종말로 인류 전체의 운명이 불원간 끝날 수 있기에 자신의 사후세계 준비가 먼저이다.

사람으로 살아간다는 것은 미래 하늘을 알현할 수 있는 천재일우의 기회인데 육신의 목숨만 부지하려고 혈안이 되어 있다. 여러분이 사람으로 윤회하고 있는 것은 인류 구원의 결정권을 갖고 있는 미래 하늘이신 자미황제 폐하를 알현하기 위함이다.

잘 먹고 잘살기 위해 태어난 것이 아니라 미래 하늘이신 자미황제 폐하를 알현 드려서 육신의 죽음 이후 지옥세계 명부전으로 가지 않고, 사후세계를 보장받아 천상으로 오르는 하늘이 내리시는 명을 받아 하늘 사람 천인(天人)이 되는 것이 가장 시급한 일이다. 미래 하늘께서는 종교를 세운 악신과 악령, 귀신들은 엄하게 심판하시지만, 하늘의 명을 받는 사람, 영혼, 조상, 신명들에게는 더없이 자애롭고 자상하시며 따뜻하신 구원자이시다.

종교로부터 인류를 해방

원시시대, 구석기시대, 고구려시대, 신라시대, 고려시대, 조선시대로 윤회하여 노비나 종, 하인으로 태어나 살아가는 경우가 다반사였고, 만생만물로도 태어나 고통스럽게 윤회하고 있었음을 무수히 밝혀내었다.

죽어서 구원받을 거라면서 지금 종교를 열심히 믿는 사람들은 이곳에 들어와 자신의 사후세계 모습을 적나라하게 미리 알아볼 필요가 있는데 알려주어도 믿으려 하지 않는 사람들이 거의 전부였고, 자신들은 죽으면 종교에서 배운 대로 천국, 천당, 극락, 선경세상으로 갈 것이라고 굳게 믿고 있었다.

죄가 너무 크고 많아서 미래 하늘이신 자미황제 폐하께 구원받지 못할 자들은 아무리 진실을 전해 주어도 믿지 않는다는 것을 알았다. 그래서 구원은 아무나 받는 것이 아니란 것도 알았다. 절대자 하늘께서 인류를 멸살하라는 명을 내리신 것은 78억 인류의 99.99%를 죽이시는 대대적인 심판이시다.

미래 하늘께 구원받을 자들은 몸에 표식이 되어 있고, 천상장부에도 이름이 올라가 있다. 과연 여러분은 구원받을 대상자 명부에 올라가 있는지 궁금하지 않는가? 살아서 구원받았는지 확인하지 못하면 죽어서는 되돌릴 아무런 방법이 없다.

인간의 눈에 보이지 않고 들리지 않는 가상세계, 상상의 세계, 허상의 세계로 알려진 하늘세계, 천상세계, 귀신세계, 영혼세계, 사후세계, 종교세계, 인간세계, 윤회세계, 업보세계를 주제로 집필한 영적세계 이야기이다.

현재 인간들의 영적 수준에서는 진실이라고 말하면 오히려 정신 나간 바보가 되고 믿어주지도 않기에 공상 소설이라고 생각하며 읽어가면 편할 것이다. 사람들 눈에 보이지 않는 영적 세계를 소재로 다룬 내용이니까 받아들이기 나름이다.

공상 소설 같은 영적 세계를 드라마틱하고 스릴 있게 표현하는 것이 훨씬 자유롭다. 현실에서는 있을 수 없는 영적 세계를 주제로 하는 고차원적 이야기이다. 진짜 하늘세계를 갈구하는 사람들에게는 매우 귀한 내용이 될 것이고, 저차원적 사람들에게는 황당한 소설 속의 이야기이다.

하늘께서 인류에게 내리시는 최후의 심판을 집행하시려고 미래 하늘이신 자미황제 폐하께서 이 땅으로 하강 강림하시어 책을 집필하시었다! 왜 천재지변과 무서운 괴질병으로 세계 인류가 대재앙으로 공포에 벌벌 떨고 있을까?

그 이유는 크게 두 가지인데, 하나는 용서받지 못할 대역죄인들이기 때문이고, 다른 하나는 종교에서 전하는 가짜 하느님, 하나님을 믿는 자들을 종교지옥에서 꺼내어 진짜 하늘을 찾는 자들을 구해 주어 천상으로 올려보내고, 천상과 전생에서 지은 죄를 인정하고 용서 비는 자들을 가려내어 구해 주기 위한 최후의 기회 부여이자 배려이다.

인간 육신들이 너무나도 잘나 자만, 거만, 교만, 오만으로 가득 차서 하늘 무서운 줄 몰라보고 살아가고 있는 것에 대한 사랑의 배려이다. 이 땅에 축생들이 아닌 사람으로 왜 태어난 것인지 몰라보고 살아가고 있다. 사람으로 윤회하여 이 땅에 태어난 것은 천상과 전생에서 지은 죄를 빌어서 영혼의 고향으로 돌아가려는 것이지 잘 먹고 잘살기 위함이 아니었다.

사람으로 윤회하여 태어난 인생의 목표가 잘 먹고 잘사는 것에 있는 것이 아니라, 끝없이 이어지는 윤회의 종지부를 찍고 천상으로 돌아가기 위함이었던 것인데, 알려주는 영도자가 없기에 성공하고 출세하여 잘사는 일에만 매달리며 살아간다.

성공하고 출세하여 왕, 왕비, 대통령, 영부인, 국무총리, 부총리, 장관, 차관, 시도지사, 고위공직자, 국회의원, 시도 및 시군구의원, 재벌 총수가 되었다 한들 인생살이는 길어봐야 몇십 년밖에 안 되는 아주 짧은 인생길인데, 100세를 넘기고 오래 살아도 결국 모두가 죽어서 저승길로 간다.

인류 모두는 태어나는 순간부터 죽음을 예약해 놓고 살아가는데 각자의 삶이 천차만별이다. 태어나지도 못하고 죽는 낙태 및 유산 영가, 태어나자마자 죽는 유아 영가, 1살에 죽는 아기부터 100살에 죽는 노인에 이르기까지 이 세상에 머물다 가는 시간이 모두가 다른데 업보이다. 이 땅에 태어난 이상 1살에 죽든 100살에 죽든 모두가 죽는 것이 천지자연의 이치이다.

만물의 영장으로 윤회하여 태어난 사람들이 천상과 전생에서 지은 죄가 얼마나 크고 많으면 인류의 대재앙으로 최후의 심판을 선택하셨을까?

천자이시자 황태자이시며 미래 하늘이신 자미황제 폐하께서 하늘의 명을 받으시고 이 나라로 하강 강림하신 뜻은 천상의 주인이신 하늘이 내리시는 명을 대행하시는 일이다. 악신과 악령들이 세운 종교를 심판하지 않고서는 새로운 세상을 이 땅에 열 수 없다. 악들이 세운 종교세상을 멸망시키고, 인간 세상을 새로이 정화하는 천지대업이니 목숨 부지하여 살고자 하는 사람들은 종교를 떠나서 하늘이 내리시는 대의에 따라야 한다.

기독교와 천주교에서 섬기는 하느님, 하나님은 여호와(야훼)는 천상의 절대자도 아니고, 대우주 천지 창조주도 아니며 예수와 성모 마리아와 함께 이스라엘 민족 조상귀신이고, 알라신과 마호메트(무함마드)는 사우디아라비아 조상귀신이고, 석가모니 부처는 인도 조상귀신이고, 11억 명 힌두교인들이 받들고 섬기는 라마신은 인도 조상귀신이다.

이들을 받들어 섬기는 자체가 대역죄가 되어 천상으로 올라갈 수 없기에 모든 종교로부터 인류를 해방시켜서 구해 주시고자 천자이시자 황태자이시며 미래 하늘이신 자미황제 폐하께서 이 나라로 하강 강림하시었다.

천상의 하늘궁전으로 올라가는 길은 지구에서 이곳 단 하나뿐이라는 진실을 알아야 한다. 믿든 안 믿든 그것은 여러분 각자의 자유이다. 이곳은 하늘께 선택받은 자들만 들어오는 고차원적 영적 세계이기에 아무나 들어오지 못하며 천상의 지엄한 황궁 법도가 내려와 있는 곳이다.

종교 심판이 인류 심판으로

천상에서 역모 반란의 무서운 대역죄를 짓고 지구로 도망치고 쫓겨난 아수라, 악신, 악령, 악마, 사탄, 마귀, 악귀, 요괴, 잡귀, 조상령, 일반 귀신, 영장류령, 축생령, 동물령, 파충류령, 양서류령, 어류령, 조류령, 곤충령들이 사람 몸 안에서 적게는 수억 명(마리)에서 많게는 수조 명(마리)이 살아가고 있다는 무서운 진실이 인류 최초로 밝혀졌다.

인간 몸 안에서 기생하고 있는 이들 모두가 천상의 신과 영들인데 역모 반란이라는 대역죄를 짓고 실패하여 지구로 도망치고 쫓겨난 유배당한 죄인들인 아수라, 악신, 악령, 악마, 사탄, 마귀, 악귀, 요괴, 잡귀들이 사람의 육신과 정신을 지배하며 하늘께 대적하려고 지구에 온갖 종류의 종교세상을 세워놓고 회유하며 현혹시키고 있음이 드러났다.

지구상에 세워진 모든 종교세상은 신과 영들이 진짜 하늘께 돌아가지 못하게 종교지옥에 가두어놓은 것인데 영적 지식이 너무나 낮아서 종교의 무서운 진실을 몰라보고 종교사상에 세뇌당하며 살아가고 있다.

지금 괴질병으로 인간 육신들이 전 세계적으로 무수히 죽는 것은 악신과 악령들이 머물며 숨어 있는 인간 육신의 집을 파괴하기 위한 것이다. 인간 육신이 살아 있으면 대역죄를 지은 악신과 악령들이 인간들 몸 안에서 숨어지내기에 육신들을 심판할 수밖에 없는 것이다.

그래서 인간 육신 자체가 아수라, 악신, 악령, 악마, 사탄, 마귀, 악귀, 요괴, 잡귀, 귀신, 잡령 그 자체인 하늘의 대역죄인들이다. 미래 하늘께서 이 땅에 하강 강림하시어서 수십 년의 세월 동안 구원의 기회를 주시었지만 잘난 인간들 스스로가 사이비라고 비난 험담하며 무시해서 기회를 박탈당했다.

이 글을 읽고도 사이비 운운하며 비난 험담하는 자들은 축생들이 분명하고 절대로 하늘을 알면 안 되는 자들이다. 이곳에서 말하는 태초의 하늘은 종교세계에서 이미 알려진 숭배 대상자들인 하느님, 하나님, 상제, 부처, 여호와, 예수, 마리아, 마호메트, 천지신명이 아니신 대우주의 절대 통치권자이시다.

이제 하늘의 역천자 대역죄인들을 인간 구제역 괴질병으로 돼지, 닭, 오리처럼 살처분하는 무서운 심판을 집행하신다. 인류 모두는 수천 년의 세월 동안을 종교 숭배자들과 추종자 종교인들에게 철저히 속았는데 아무도 속은 줄도 모르고 있다.

오직 무서운 인간 육신 살처분의 심판만이 기다릴 뿐이다. 치료약이 없는 다른 무서운 괴질병들이 줄줄이 발생하고 있어 대역죄인들은 하늘의 심판을 피해 숨을 곳도, 도망갈 곳도, 살아날 길도 없다.

금쪽같은 구원의 기회를 인간들 스스로가 거부하였다. 사람이 죽으면 그만이라는 말을 거리낌 없이 하면서 살아가는데 사후세계의 무서움을 몰라서 하는 말이다. 여러분은 지금 사람으로 윤회하는 중이고, 죽으면 끝도 없이 만생만물로 비참하게 윤회하는데, 이제는 윤회의 기회조차 박탈당할 것이다.

왜냐하면, 여러분 몸 안에 있는 대역죄인 악신과 악령들을 윤회하지 못하게 영성과 영체를 모두 소멸시키기 때문이다. 살고 싶은 자들은 하늘로부터 명을 받는 것 하나밖에 없다. 하늘께서는 역천자 악신과 악령들을 소멸시키기 위하여 세계 78억 명의 인간 육신들을 전부 죽일 수밖에 없다 하신다.

태어나는 순간부터 죽음을 예약해 놓고 살아가는 인간 육신들이다. 언제 어느 때 여러분 육신의 목숨이 끊어질지 모른 채로 열심히 살아가고 있는데 정말 어리석다. 신과 영들이 천상으로 돌아가고 싶은 사람들만 이곳에 들어와서 하늘이 내리시는 입천의 명을 받으면 된다.

세계 인류 78억 명은 거의 다 죽고 이 나라에 하늘이 내리신 천손의 핏줄들만 78만 명(0.01%)만 살아남을 수 있을 것이다. 인류를 멸살시키는 하늘의 명이 내려졌고, 마지막에는 지구 종말에 대한 명도 내려진다. 지금은 하늘이 내리시는 마지막 명을 받들 자들에게 잠시 잠깐 기회를 주고 있을 뿐이다.

지구의 운명은 얼마 안 가서 불원간 끝이 난다. 인류는 멸살되고, 지구는 파괴되어 흔적 없이 사라지는데, 지금 인류 멸망과 지구 종말에 대한 예언들이 유튜브에 무수히 쏟아지고 있는 것이 뒷받침해 주며 그날이 현실로 다가오고 있다.

하늘 무서운 줄 몰라보고 천상에서 지은 죄를 빌지 않고 사람들 몸 안에서 살아가며 구원받으려고 종교를 믿으며 자만, 거만, 교만, 오만으로 살아온 무서운 대가이다. 즉 78억 명 세계 인류 모두가 온갖 종교세계에 빠져든 것이 하늘의 분노가 폭발하여 인류 최후의 심판을 재촉하였다.

인류에 대한 심판은 천재지변과 괴질병 이외에 사건 사고, 단명, 인생 풍파, 화산 폭발, 지진, 쓰나미, 폭우, 폭설, 홍수, 혹한, 혹서, 토네이도, 태풍, 대형 산불, 오존층 소멸, 산소 소멸, 지축 정립, 지자기 역전, 운석 낙하, 혜성 충돌 등 모든 대재앙들이 하늘께서 내리시는 기운에 의해 차례대로 일어난다. 하늘이 인류에게 내리시는 최후의 심판에서 살아남을 사람들은 인류의 십승지인 이곳에 들어와 하늘이 내리시는 기운으로 보호를 받아야 한다.

인류의 생살여탈권과 천재지변과 괴질병에 대한 해법은 공포의 대왕, 하늘의 심판자, 지구의 심판자, 인류의 심판자로 대한민국에 하강 강림하신 하늘의 천자이시자 황태자이시고 빛과 불 그 자체이신 구원자 미래 하늘께서 갖고 계신다.

종교 멸망, 인류 구원, 지구 종말을 현실로 실현하시고자 미래 하늘이신 자미황제 폐하께서 하늘의 황명을 받고 지구로 하강 강림하시어 천상지상 공무를 집행 중이시다. 이번 생에 마지막으로 하늘로부터 받은 인류 구원과 지구 종말의 황명을 완수하시고 천상으로 올라가셔야 한다고 말씀하시었다.

악신과 악령들이 세운 온갖 종교사상이 세상을 뒤덮고 있어서 도저히 교화 자체가 안 된다고 판단하시어 천상의 역모 반란 가담자들인 역천자 악신과 악령들의 거주처이자 이들의 충직한 앞잡이들이 되어버린 78억 명 인류를 멸망시키고, 지구 종말의 길을 선택하시었다고 하신다.

이제 앞으로 인류가 살길은 얼마 안 남았다. 인류 멸망의 명은 이미 내려졌지만, 마지막으로 최후의 지구 종말에 대한 명을 내리시기 전에 진정한 하늘을 찾아오는 자들이 있으면 받아주시고, 천상으로 데려가시어 꽃 피고 새 우는 무릉도원 세상인 천상의 하늘궁전 3천궁에서 영생을 누리며 기쁘고 행복한 삶을 살아가도록 보장해 주신다고 말씀하시었다.

지금 전 세계적으로 나라마다 국경봉쇄를 하고, 들불처럼 번지고 있는 천재지변과 괴질병은 심판의 서막에 불과하다고 하신다. 인류가 탄생한 이래 지구에서 최악의 심판 시나리오가 천상 계획표대로 이루어지고 있다고 하신다.

이제 인류가 지구에서 살아갈 날도 얼마 남지 않았다는 것을 온몸의 기운으로 느낀다. 인간 육신을 가진 나 역시도 하늘께서 집행하시는 종교 멸망, 인류 멸살, 지구 종말의 심판을 겸허히 받아들이며 따를 뿐이다.

한편 육신적으로는 인간 육신의 목숨까지 죽는 것이 두렵기도 하지만 하늘께서 집행하시는 대역죄인들에 대한 인류 멸살과 지구 종말의 심판을 지체시키거나 막을 수 있는 아무런 명분이 없기에 나는 인류 멸살과 지구 종말이 현실로 이루어질 때 내 육신의 죽음도 불사한다.

무소불위하시고 빛과 불이신 하늘께서는 천지기운으로 지구와 천체를 운행하시고, 인류와 신, 영혼, 조상, 악신, 악령, 귀신, 만생만물의 생살여탈권을 집행하시는 두렵고 무서운 천지대능력자이시다.

수천 년의 세월 동안 악신과 악령들이 세운 종교 숭배자들과 종교 지도자들이 하늘을 분노케 만들었고, 마침내 분노가 폭발하여 결국 하늘께서 인류 멸살과 지구 종말의 명을 내리시도록 대재앙을 촉발하는 계기가 되었다.

이미 인류 멸망에 대한 최후의 명이 내려져서 전 세계는 지금 생사의 기로에 놓였고, 공포의 아수라장으로 변해 가고 있다. 지금은 초기 단계이기에 두려움에 벌벌 떨면서도 천재지변과 괴질병이 지나가기를 기다리지만 끝나지 않을 것이다.

이제 인류 모두가 현생은 여기서 막을 내려야 할 것 같다. 다음 세상을 기약할 사람들이 있다면 지구가 종말을 맞이하기 전에 이곳에 들어와서 하늘이 내리시는 명을 받아 천상의 하늘궁전 3천궁으로 올라갈 수 있는 최선의 길을 찾는 것이 더 현명할 것이다.

하늘께서 내리시는 무소불위하신 종교 멸망, 인류 멸살, 지구 종말에 대한 심판의 기운은 종교인들의 기도, 의학, 과학의 힘만으로는 막아낼 방법이 아무 곳에도 없다. 살고자 하는 인류가 미래 하늘께 찾아와서 엎드려 굴복하며 진심으로 살려달라고 빌기 전에는 이미 시작된 하늘의 심판을 멈출 수 없다.

하늘께서는 황태자이신 미래 하늘로 하여금 인류에게 경고 메시지와 함께 심판 메시지를 하달하시는 것이다. 인류가 살 길은 종교세계, 의학세계, 첨단과학 세계에 있는 것이 아니라 인류의 주인, 지구의 주인이신 하늘께서 갖고 계신다.

하늘께 찾아와서 살려달라고 빌어야 죽음의 두려움과 공포에서 벗어날 수 있다. 지금은 심판 초기이기에 약간의 겁만 먹은 상태이지만 변이를 일으켜 악성 괴질병에 의료진들이 감염되면 환자들을 돌봐줄 의사가 없어서 죽어가는 모습을 넋 놓고 바라봐야 한다.

수천 년 동안 종교인들이 받들어 숭배하고 있는 전지전능의 창조주라는 여호와 하느님 하나님과 부처, 상제, 천지신명, 석가, 예수, 마리아, 마호메트, 공자, 노자가 진짜라면 세계적으로 대유행하고 있는 천재지변과 괴질병을 왜 종식시키지 못하고 죽어 나가도록 보고만 있을까?

이들은 모두가 가짜들이고 악신과 악령들의 앞잡이였기에 미래 하늘이신 자미황제 폐하께 추포되어서 최후를 맞이하였다. 악신과 악령들이 세운 종교를 믿으면 인간, 영혼, 신, 조상들 모두가 심판받아 망하는 지름길이라는 진실이 매일같이 악귀잡귀 귀신들을 추포해서 심판할 때마다 밝혀지고 있다.

말세에 종교인들부터 심판한다는 말을 많이 들어보았을 것인데 지금이 바로 그 시기이다. 종교를 믿고 기도하는 것은 악신과 악령, 귀신들을 불러들이는 무서운 행위이고, 구원의 하늘과 멀어지는 정반대의 길이다. 그래서 종교 지도자들과 열성 신도들은 구원 대상에서 제외되었다.

유럽과 미국을 쓸어버려!

지난 천기 20(2020)년 3월 4일 저녁. 괴질병 확산으로 아시아계 인종을 차별하며 폭행해서 얼굴에 눈탱이가 밤탱이가 될 정도로 얻어 맞아 시퍼렇게 멍이 든 뉴스를 보다가 하늘께서 분노를 폭발하시며 노기 띤 어성으로 일갈대성을 지르셨다.

'유럽과 미국을 쓸어버려!'

하늘의 분노가 폭발하시자 다음 날부터 유럽과 미국에 괴질병이 일파만파로 확산되기 시작하여 걷잡을 수 없는 참담한 지경까지 이르렀다. 우연치고는 너무나 무서운 하늘의 심판이셨다. 이렇게 무소불위하신 하늘은 실시간으로 살아 존재하신다는 것을 몸소 체험하였다.

사건 내막-

영국 런던 시내에서 최근 아시아계 학생이 괴질병 감염증 확산 사태에 따른 인종차별적 폭행을 당한 일이 벌어져 경찰이 수사에 나섰다고 3일(현지시간) BBC가 보도했다. 사진은 피해를 입은 싱가포르 유학생 조나단 목(23)이 사건 후 자신의 페이스북에 올린 것.(사진 생략)

괴질병이 세계적으로 확산하자 유럽에서 동양에 대한 혐오·차별 사건이 잇따르고 있다. 영국 BBC는 3일(현지시간)

런던 시내 한복판에서 아시아계 학생이 괴질병 사태에 따른 인종차별적 폭행을 당해 경찰이 조사에 나섰다고 보도했다.

매체에 따르면 영국 런던 소재 대학교에 다니는 싱가포르 유학생 조나단 목(23)은 지난달 24일 오후 9시 30분쯤 옥스포드 가를 걷다가 현지 청년 서너 명과 시비가 붙었다.

이들은 조나단 목을 겨냥한 듯 "괴질병 바이러스"라고 비아냥거렸다. 목이 이 소리를 듣고 뒤를 돌아보자 무리 중 한 남성이 "뭘 보느냐"며 갑자기 주먹을 날렸다. 이후 또 다른 한 명은 "우리나라에 괴질병이 있는 게 싫다"고 외치며 조나단 목의 얼굴을 가격했다.

경찰이 현장에 도착했을 때 가해자들은 이미 도망간 후였다. 목은 이 사건으로 얼굴 뼈에 금이 갔고 눈 부위가 심하게 멍들었다. 조나단 목은 "일부 사람들이 괴질병 사태를 증오의 변명거리로 삼고 있다"면서 "이런 경험이 이 아름다운 도시의 이미지를 더럽혀 안타깝다"고 말했다. 그는 이어 "괴질병이 퍼진 지난 몇 주 사이 아시아인을 표적으로 한 언어적 · 신체적 인종차별이 심해졌다"고 우려를 표했다.

괴질병이 확산되면서 아시아인을 대상으로 한 화풀이 폭행 사건도 늘고 있다. 괴질병의 이 같은 확산은 아시아인을 혐오하는 '아시아 포비아(Asia phobia)'의 확산을 낳고 있다. 아시아인을 대상으로 분노를 표출하는 사건이 늘고 있다.

미국 LA에서 태어나고 자란 한 태국계 미국인은 최근 CNN

과의 인터뷰에서 "미국 내 아시아계 지역 사회가 공격을 받고 있다"고 말했다. 이 여성은 중국인이 아님에도 불구하고 지하철역에서 "모든 병은 중국에서 시작된다. 중국인은 매우 역겹다"는 모욕적인 말을 듣기도 했다고 전했다.

이 당시에는 유럽과 미국에 확진자가 많지 않았던 시절이다. 천기 20년 3월 3일 15:39 국내 괴질병은 확진자 4,812명, 사망자 28명

2020년 4월 21일 08:20- 3월 3일 오전 0시 기준
전 세계 현황
확진자 2,436,885명/ 사망자 170,227명/ 발생국 212

1위) 미국 791,369명(사망 42,458)- 9명(사망 6)
2위) 스페인 200,210명(사망 20,852)- 114명(사망 0)
3위) 이태리 181,229명(사망 24,114)- 2,036명(사망 52)
4위) 독일 146,777명(사망 4,802)- 157명(사망 0)
5위) 영국 124,743명(사망 15,509)- 43명(사망 0)
6위) 프랑스 114,657명(16,509)- 191명(사망 2)
7위) 터키 90,980명(2,140)- 0명(사망 0)
8위) 이란 83,505명(사망 5,209)- 1,501명(사망 66)
9위) 중국 82,747명(사망 4,632)- 80,151명(사망 2,943)
10위) 러시아 47,121명(사망 405)- 0명(사망 0)
11위) 브라질 40,581명(사망 2,575)- 0명(사망 0)
24위) 한국 10,674명(사망 236)- 4,812명(사망 28)

인류의 대재앙

전 세계를 무섭게 강타하고 있는 인류의 대재앙 괴질병이 확산되자 세계 경제가 대공황에 직면하고 있으며, 각 국 나라마다 국경을 봉쇄하고 외부 출입금지 조치까지 내렸다. 길거리에 사람 구경하기가 힘들 정도가 되었는데 인류 탄생 이후 처음 있는 일일 것이다.

군중이 모이는 전 세계의 모든 경기는 금지되고, 일본의 올림픽도 연기되었다. 미국의 인기 프로 WWE 레슬링에서 20년 4월 5일 예정되어 있는 레슬메니아 프로도 무관중으로 치렀다고 한다. 뿐만이 아니라 미국은 다음 달이면 2,000만 명이 실직자가 된다고 하는데 국내 역시 예외는 아닐 것이다.

세계적으로 해고, 무급휴직, 희망퇴직, 권고사직, 정리해고 사태가 일어나서 아수라장으로 변해 가고 있다. 항공업계, 관광 여행업, 운수업, 호텔, 숙박업, 제조업, 정유업, 면세점, 대기업, 중소기업, 유흥업, 음식점, 학원, 영화업, 프로스포츠, 종교 등 모든 업종이 존폐의 기로에 놓여 못 살겠다고 아우성들인데 공무원만은 철가방으로 무풍지대이다.

왜 이런 세계적인 인류의 대재앙이 일어나고 있을까?

생전 처음 겪어보는 세계적인 대재앙이 일어난 것은 인류가 스스로 만든 대가를 치르고 있는 것이었지만 인류가 전혀 모르고 있기에 믿거나 말거나 알려준다. 인류의 대재앙이 시작된 것은 이미 알려진 사실이다.

인류의 대재앙이 세계적으로 일어나는 것은 인류가 수천 년 동안 받들었던 종교 숭배자들을 악신, 악령, 악마, 사탄, 마귀, 악귀, 잡귀, 요괴들이 유명인사들 육신으로 들어가서 세운 것이고, 종교 숭배자들을 받들어 숭배해 왔던 종교세계와 종교 지도자, 종교 신도들이 무언가 잘못하고 있기 때문이다. 세계적인 인류의 대재앙인 천재지변과 괴질병은 인류의 잘못된 정신을 올바른 길로 인도하려고 정화하기 위한 과정이다.

인류의 대재앙인 천재지변과 괴질병은 종교 심판이며 전 세계 78억 명 인류 모두가 멸살 대상자들이다. 종교는 수천 년 동안 인류를 속여왔음이 이곳에서 최초로 밝혀냈고, 종교인들이 수천 년 동안 받들어 존경하며 숭배하던 여호와, 석가모니, 예수, 마리아, 마호메트, 공자, 노자, 상제, 하느님, 하나님, 알라신, 라마신, 천지신명, 열두대신 등등을 전원 추포하시어 이들의 영성과 영체를 모두 소멸시키시었다.

이제 두목급들은 추포하여 소멸시켰지만, 이들의 수하들이 무량대수에 이른다. 악신과 악령들이 인간 몸 안에 숨어서 동고동락하고 있기에 78억 인류를 천재지변과 괴질병으로 정신을 정화시킬 수밖에 없을 것이다. 지구에 인간으로 잠시 잠깐 환생한 것은 천상에서 지은 죄를 빌라고 기회를 준 것인데 그저 짐승들처럼 잘 먹고 잘살려고만 혈안이 되어 있다.

그나마도 하늘을 배신한 역천자 대역죄인들인 악신, 악령, 악마, 사탄, 마귀, 악귀, 잡귀, 요괴들이 사람의 정신을 지배하여 세운 종교사상에 빠져 있다. 인류를 대재앙에서 구하시려 절대자 하늘의 명을 받으신 미래 하늘께서 하강 강림하셨다.

19년 11월부터 종교 숭배자들과 종교 지도자들, 유명인사들의 신과 영들을 추포해서 심판을 집행하신 결과 구원받아 천상으로 데려갈 자들이 한 명도 없음을 아시고는 망연자실하시면서 인류와 지구를 정화시킬 수밖에 없다고 비장한 말씀을 하시면서 천기 20년 2월 4일 입춘절을 기점으로 인류와 지구에 대한 공식적인 최후의 정화를 선포하시는 명을 내리셨다.

인류의 대재앙인 천재지변과 괴질병은 종교를 정화하기 위한 과정이기에 인간들은 치료약을 개발해 내지 못할 것이며 개발한다고 하여도 또 다른 변종 바이러스가 창궐하게 된다.

인류의 대재앙인 천재지변과 괴질병은 천상에서 지구로 도망치고 쫓겨난 역모 반란 가담자들인 악신, 악령, 악마, 사탄, 마귀, 악귀, 잡귀, 요괴들과 사람의 몸 안에 들어가 있는 배신자이자 역천자들인 신과 영혼을 미래 하늘이신 자미황제 폐하께서 추포하여 심판하시기 위함인데 이들이 사람 몸 안에 들어가 있으니 인간 육신을 심판하지 않을 수 없다.

지구에 종교를 세운 악신, 악령, 악마, 사탄, 마귀, 악귀, 잡귀, 요괴들과 신과 영들이 인류 멸망과 지구 종말을 재촉하게 된 것이다. 외국인들은 대다수가 종교 신봉자들이기 때문에 구원 대상자에 들어가기 어렵고, 한국인들 역시 99%가 종교를 다녔거나 다니고 있는 사람들이 많기에 극소수만이 구원자로 오신 미래 하늘 자미황제 폐하를 만나서 살아남는 행운을 얻게 될 것이다. 인류 생존률은 0.01%인 78만 명이고, 미래 하늘을 통하여 천상의 주인이신 하늘을 알현하여 천상장부에 자신들의 명부를 올린 사람들에게만 생존의 혜택이 돌아간다.

이런 내용을 믿든지 말든지 자신들이 스스로 판단하는 것이지 남들에게 물어보고 의논하는 자들은 이미 구원 대상자에서 탈락한 자들이기에 이곳에 들어오고 싶어도 기운으로 밀려나서 못 들어온다. 살고 싶으면 자신의 가족들에게도 절대로 알려서 의논하지 말고 단독으로 와야 한다.

가족 중에 한 사람만 들어오면 가족들을 살릴 수 있다. 가족 전체가 한꺼번에 이곳에 들어오는 것은 절대 불허한다. 하늘이 내리시는 명을 받들어 집행할 사명자 한 명만 들어올 수 있는데, 이들은 몸 안에 영적으로 암호가 새겨진 하늘의 문양 표시가 되어 있는 자들이다.

인류의 대재앙인 천재지변과 괴질병에서 살아남을 유일한 방법은 자신의 본관, 이름, 성별, 생년월일, 주소를 하늘께서 갖고 계신 천상장부 생존자 명부에 올리는 것뿐이다. 세계 인류 생사 심판의 주재자가 하늘이시니 죗값과 목숨값을 준비해서 살려달라고 빌어야 목숨을 보존할 수 있고, 육신의 죽음 이후 천상의 3천궁으로 입궁을 보장받을 수 있다.

공상 소설 같은 이 글을 읽고 얼마나 인정하고 들어올지는 모르지만 들어오고 안 들어오고는 각자의 자유이자 선택이다.

어차피 인류의 대재앙인 천재지변과 괴질병으로 인류 모두가 죽는데 지구가 멸망하기 전까지 생존하여 천상의 3천궁으로 입궁을 명받을 극소수의 자들에게 기회를 주시는 것이다. 천상의 계획표대로는 인류와 지구가 멸망하기 전에 많은 자들을 구해 주시려고 하신다. 지구가 행성과 충돌하면 생명체가 살 수 없는 황무지 지구로 변하기에 사람이 살 수가 없는 무인 지구가 되면 살아남은 자들이 더 고통스러운 삶이 될 것이다.

인류의 대재앙인 천재지변과 괴질병으로부터 보호받아 살아남으려면 종교에서 탈출하여 이곳으로 들어오는 사람들이 가장 현명한 사람들이다. 종교 믿은 죄를 진정으로 용서 빌면 인류의 대재앙인 천재지변과 괴질병에서 보호받을 수 있다.

그런데 이것은 희망 사항일 뿐, 일단 종교에 빠진 자들은 그 어떤 진실의 말을 해주어도 교리에 빠져서 교화 자체가 안 된다는 것을 잘 알고 있다. 아쉬운 쪽은 인류 즉 여러분 인간 육신, 신과 영혼들이니 살고 싶은 자들은 달려와서 하늘께 진정으로 살려달라고 죄를 용서 빌어야 한다.

이번 생만 있는 것이 아니라 불원간 죽음과 동시에 다음 생이 열리기에 하늘을 알현하는 것은 절체절명의 다급한 순간이고, 여러분 인생의 최대 목표가 되어야 한다. 영혼의 고향인 천상으로 돌아가야 하는 신과 영, 조상들은 하늘이 내리시는 명을 받아야 더 이상 고통스런 윤회를 하지 않고 꽃 피고 새 우는 무릉도원 세상인 천상의 3천궁으로 돌아갈 수 있다.

인류의 대재앙인 천재지변과 괴질병에서 보호받으려면 미래 하늘의 천비로운 기운을 받아야 한다. 구원받아 살아남고자 하는 개인, 가족, 단체, 기업, 국가, 민족은 그 대표들만 이곳에 들어와서 하늘께 굴복하고 내려주시는 기운을 받아가면 된다. 공상 소설 같은 일이기에 믿기가 쉽지는 않을 것이지만 살아날 수 있는 유일한 방법이다. 지금은 사망률이 심각하지 않아서 여유를 부리고들 있지만, 불원간에 전 세계가 아비규환의 아수라장으로 변하여 살려달라고 아우성을 칠 것이다.

프란치스코 교황은 “주님이 이 세상을 축복하시고, 건강을 주시고, 마음의 위안을 달라”고 기도했다고 한다. 그런데 주님이란 그 자가 악들이 세운 천상의 후궁 '하누님'에서 유래된 가짜 하느님, 하나님이라는 사실을 알아야 한다. 주님이라는 자도 추포되어 영성과 영체가 처형당해 소멸되었다는 충격적 사실을 세상에 알린다.

하늘은 기운으로 존재하시는데, 종교에서 말하는 주님, 하느님, 하나님은 영성과 영체를 미래 하늘이신 자미황제 폐하께서 추포하시어 처형시켜 소멸시키시었기에 아무런 기운도 내리지 못한다. 종교에서 믿고 있는 주님, 하느님, 하나님, 여호와(야훼), 예수, 성모 마리아, 알라신, 마호메트, 라마신, 석가모니, 공자, 노자, 상제, 천지신명, 열두대신이 살아 있다면 인류를 대재앙에서 구해 주겠지 그냥 죽도록 내버려두겠는가?

아마도 종교인들의 말처럼 연단의 시험인지도 모르겠다. 연단은 무슨 얼어 죽을 연단, 지금 종교인들 모두가 벌받는 것이다. 살아서도 죽어서도 끝도 없이 고통스런 벌을 받게 된다.

산 자들이든 이미 죽은 자들이든 종교적 숭배 대상자들 전원, 종교 창시자, 교주, 지도자, 신도들을 몽땅 심판하러 저 멀리 북극성에서 내려오신 분이 천상의 천자이시자 황태자이시며 미래 하늘이신 자미황제 폐하이시다. 인류 모두는 수천 년 동안 이들 모두에게 조상 대대로 속아왔음을 밝혀내셨다.

미래 하늘이신 자미황제 폐하께서는 바이러스 세포를 다스리시고 세포와도 대화를 나누시며 실시간으로 세포에게 명을 내리시는 경천동지하고 무소불위한 미래 하늘이시다. 천상지상의 모든 신명들을 다스리시고 인간, 생령, 사령들의 생살여탈권을 주재하시고 만생만물에게 하명하시며 인류를 구해 주시려고 오신 미래의 절대자 하늘이시다.

그리고 전 세계를 휩쓸고 있는 인류의 대재앙 괴질병! 지구에 뿌리 깊게 종교를 세운 악신과 악령들을 추포해서 심판하기 위한 천상지상 공무집행이시기에 첨단의학이나 첨단과학의 힘으로는 미래 하늘이신 자미황제 폐하께서 집행하시는 심판 천지대공사를 어떤 누구도 막을 수 없을 것이다.

인류의 대재앙인 천재지변과 괴질병은 악들이 세운 종교세상을 심판하는 것이고, 이 나라를 세계 최강의 위대한 인류의 중심국가, 통치국가, 정복자 국가로 세우기 위한 새로운 세상을 활짝 여시는 과정이시니 미래 하늘이신 자미황제 폐하께서 큰 그림을 그리시는 천지대업에 다 함께 동참하여야 한다.

산고의 고통 없이 옥동자를 잉태할 수 없듯이 지금과 같은 인류의 대재앙인 천재지변과 괴질병의 시련이 없이는 이 나라가 세계를 지배 통치하고 호령하는 일은 없다. 세계 인류를 굴복시킬 수 있는 것은 총과 칼, 핵무기가 아니라 미래 하늘이신 자미황제 폐하께서 갖고 오신 무소불위한 천지기운이다.

인류의 대재앙인 천재지변과 괴질병은 하늘의 기운을 받으면 보호받아 안전하다. 하지만 종교세상을 정화하셔야 하기에 부득이 인멸(세계 인류의 목숨을 일정 수준의 인구까지 줄임)을 감행하시는 것이다. 그러나 하늘이 펼치시는 천지대업에 동참하는 사람들에게는 목숨을 보존할 수 있도록 천기하고 천비로운 천지기운을 내리시고 살려주시어 함께하실 것이다.

남의 불행은 나의 행복이라고 했듯이 세계 인류가 대재앙 앞에 속수무책으로 무너지는 것은 분명 이 나라에 도움이 되는 커다란 복이라 해야 할 일이고, 세계를 정복할 수 있는 길이다.

미래 하늘이신 자미황제 폐하께서 하강 강림하신 이 나라만이 피 한 방울 흘리지 않고 세상을 정복하여 다스리고 통치할 수 있다. 전 세계의 군사대국, 경제대국, 영토대국, 인구대국을 우리의 국력으로 저들을 굴복시켜 다스릴 수는 없을 것이다.

세상을 굴복시키고 다스릴 수 있는 유일한 비결은 이 나라 정부와 국민들이 미래 하늘의 뜻에 다함께 동참해서 끝까지 살아남으면 세상을 호령하고 다스리게 되니 각자들은 약소국가인 이 나라가 세상을 지배 통치하여 다스리는 천지대업에 앞장서고 자신의 진심과 모든 것을 미래 하늘이신 자미황제 폐하께 바쳐야 한다.

인류 멸망과 지구 종말

요즈음 인류 멸망과 지구 종말에 관한 영화와 예언이 너무 많이 넘쳐나는데, 반면 현실로 이루어지지 않아서 실망할 정도이지만 그래도 그런 날이 다가올까 봐 노심초사하며 걱정되기도 하고 죽을까 봐 공포와 두려움에 벌벌 떨고 있다.

앞으로 인류와 지구의 운명이 어떻게 될 것이냐고 궁금할 터인데, 정답은 '지구 종말은 현실로 다가온다'이다. 언제 다가오느냐가 문제일 것인데, 그것은 인류가 하늘께 어떻게 하느냐의 여부에 따라서 바뀔 수 있다.

1) 종교와 인류 멸망 심판

온갖 종교를 믿는 자들과 죄인들을 심판하는 세계 인류 멸살의 명을 내리셨는데, 세상의 그 어떤 종교든지 종교를 믿으면 심판을 피할 수 없다. 여러 교회를 통해서 많은 확진자와 사망자가 나온 것이 그 증거이다.

하느님, 하나님 찾으며 여호와, 예수, 성모, 석가, 상제, 천지신명, 열두대신을 믿는 종교인들이 보호받을 것 같지만 정반대로 가장 먼저 심판받게 된다는 하늘의 진실을 알리는 바이다. 수천 년 동안 역사와 전통을 자랑하는 거대한 종교로 인하여 인류가 멸망을 맞이한 뒤 결국 지구 종말이라는 대재앙으로 이어지게 된다는 진실을 어느 누가 알겠는가?

종교 숭배자, 창시자, 교주, 지도자, 종사자, 열성 신도, 일반 신도, 가족들 순으로 가장 먼저 심판을 받게 되는데, 각자의 신분에 따라서 심판의 강도가 달라진다. 지금은 무조건 종교에서 빠져나와 하늘께 현생과 내생을 살려달라고 비는 생존보장이 가장 다급하다 할 것이다.

2) 인류가 하늘께 사죄할지 여부 판단

대한민국의 영토가 작기는 하지만 미래 하늘이신 자미황제 폐하께서 하강 강림하신 선택받은 천손의 민족이기에 세계를 대표하는 유일한 국가이다. 그래서 세계 인류를 모두 살릴 이유는 없고, 미래 하늘이신 자미황제 폐하께서 구원자로 하강 강림하신 것을 인정하는 국가와 민족, 종교를 믿었던 죄를 빌면서 살려달라고 굴복하는 국가와 민족은 살려주실 것이다.

약물로 치료해 주는 것이 아니라 미래 하늘이신 자미황제 폐하께서 국내외 거리에 상관없이 원격으로 기운을 내리시어 치료해 주신다. 그런데 지금은 비록 걱정되기는 하지만 이런 글을 읽어도 다급하지도 않고, 아직은 시간적으로 여유가 있는 것 같기에 의뢰하는 사람들은 아마 많지는 않을 것이다.

아직은 무서움도, 다급함도 느끼지 못하기에 필요성을 느끼지 못할 것인데 얼마 안 지나서 잠복기에 있는 괴질병이 악성변종 바이러스로 활성화가 되어 양성 판정이 나면 아무런 대책도 없이 죽음의 날만 기다리는 일밖에 없다.

일단 인류의 멸망을 지연시킬 수 있도록 각자들이 생각할 시간을 아주 조금은 줄 것이다. 이런 시간을 통해서 어떻게 할 것인지 판단 여부를 보면서 인류 멸망과 지구 종말에 대한 심판의 강도를 조정할 것이다.

3) 지구 파괴 종말 실현 여부

미래 하늘이신 자미황제 폐하께서 이 나라에 구원자, 심판자로 하강 강림하신 것에 대해 이 나라 국민들이 전혀 인정하지 않고 몰라보며 찾아오지 않는다면, 인류 멸망에 대한 속도가 더 빨라질 것이고, 최종적으로는 지구를 파괴하여 종말을 앞당겨 현실화시키는 방법밖에 그 어떤 차선책도 없다.

지구를 파괴하느냐? 마느냐의 기로에 놓여 있으시다. 이미 구원자, 심판자로 지구에 내려오셨기에 인류 멸망과 지구의 종말을 완성하시는 것이 하늘의 대의이신데, 인류가 진정으로 생각할 시간을 마지막까지 조금은 주시려고 하신다.

지금이라도 악신들과 악령들이 세운 종교를 믿어서 하늘을 바꾸는 환부역조의 대역죄를 지은 죄를 빌 것인가? 말 것인가에 따라서 인류와 지구의 운명이 좌우된다. 세계 각 나라 대통령이나 외국인들의 의사는 들어볼 필요도 없고, 이 나라의 국민들이 인류를 대표하고 있기에 여러분의 의사가 중요하다.

이 나라의 국민들이 일정 비율 이상으로 하늘께 진정으로 굴복하며 제발 목숨만은 살려달라고 빌면 세계 인류의 굴복으로 인정해 주시기에, 인류 심판은 국가별로 계속 이어지지만 완전한 지구 종말의 명은 보류할 수 있다.

인류와 지구의 생사가 좌우되는 엄청난 일이고, 대한민국이 전 세계를 굴복시켜서 지배 통치할 수 있는 천재일우의 기회이기도 하다. 그래서 세계 인류를 괴질병과 천재지변으로 심판하여 무더기로 단시간 내에 많이 죽여야 무섭고 두려워서 공포에 벌벌 떨면서 하늘 앞에 살려달라고 굴복한다.

하늘께서는 무소불위하신 기운으로 천지심판을 집행하시기에 시공간의 거리개념이 없으시다. 실시간 기운으로 세계를 괴질병과 천재지변으로 심판하시고 다스리시는 무섭고 대단하시며 미래 하늘이신 자미황제 폐하이시고 전 세계 인류의 운명과 지구의 존속 여부, 생살여탈권이 미래 하늘께 달려 있다.

이제부터 전 세계 각 나라를 천손민족 코리아의 속국으로 전락하게 만들어 조공을 바치게 만든다. 세계 각국 나라들이 하늘 앞에 굴복하지 않고서는 국가 자체가 존속할 수 없을 정도로 수많은 국민들이 멸살을 당하여 인구가 급감하므로 항복을 할 수밖에 없다.

미래 하늘이신 자미황제 폐하께서는 각 나라들이 굴복할 때까지 괴질병과 천재지변으로 계속 심판을 집행할 것이기에 각 나라 대사들은 자국의 국가원수와 함께 찾아와서 하늘 앞에 굴복하며 분기별 조공을 바치는 조인식을 해야 한다.

세계 국가들의 원수들이 찾아와서 살려달라고 빌 때쯤이면 이 나라 국민들도 헤아릴 수 없을 정도로 엄청 많이 죽어 나가는데 종교에 깊게 빠져 환부역조한 대역죄를 빌지 않는 사람들이 먼저 심판받아 죽게 된다. 종교가 얼마나 잘못되었는지 이번에 심판을 통해서 확실히 보여주고 있다.

여호와(야훼) 하느님, 하나님, 예수, 성모, 부처, 상제, 석가, 공자, 노자, 알라신, 마호메트, 천지신명, 열두대신을 찾으며 괴질병과 천재지변에서 살려달라고 빌면서 기도하는 사람들은 더 빨리 죽는다. 이들을 믿는 종교인들과 신도들은 듣기 싫겠지만 현실이 될 것이고 기수련, 명상 수련 단체도 동일하다.

인류가 살길은 모든 종교에서 하루빨리 벗어나 악신과 악령들이 세운 가짜 종교를 믿어 환부역조한 대죄를 하늘께 빌고 빌어서 목숨 보존을 의탁하는 일인데, 그나마도 늦으면 순서가 돌아가지 않을 것이다.

살고자 하는 의지가 있는 사람들은 종교에 다닌 죄를 진정으로 뉘우치고, 빌면서 죗값과 함께 생존자 명부에 자신의 본관, 이름, 생년월일, 주소부터 올려야 한다. 생존자 명부에 올라간 이름이 많으면 많을수록 희망이 더 많이 보인다. 전 세계를 다스리는 지배 통치국가의 위상을 가질 수 있다.

세계 인류는 하늘을 구심점으로 인류의 역사가 새롭게 쓰이고 재편될 것이다. 진정한 창세기의 역사가 본격적으로 시작된다. 지구상에 모든 종교가 사라진다. 기존의 모든 종교시설은 심판으로 불타버릴 것이며, 종교를 믿는 교인들은 하늘의 절대자를 악신과 악령이 세운 하느님, 하나님으로 바꾼 환부역조의 대역죄인으로 내몰려 돌팔매질을 당하거나 기운에 눌려서 스스로가 자결의 길을 선택한다.

대역죄인 인류 심판!

'대역죄인들인 인류를 심판하노라!'

"종교를 세운 숭배자, 창시자, 교주, 지도자, 신도들과 대우주 절대자이시자 태초의 하늘이신 영혼의 어버이를 찾아와서 천상에서 살았을 때, 천상의 주인을 시해하는 역모 반란에 가담한 대역죄를 빌러 하늘께 찾아오지 않는 78억 명 세계 인류 모두를 심판하노라"는 지엄한 심판을 선포하시었다.

천상에서 역모 반란이 실패하여 지구 행성으로 도망치고 쫓겨난 반란 괴수 악신과 악령들이 세운 종교를 믿는 것이 가장 큰 대역죄인들인데, 세계 인류는 이런 악들의 진실을 몰라보고 구원받으려고 종교에 목을 매고 있기에 세계 인류 78억 명의 목숨을 거두신다고 말씀하시었다.

대역죄인들인 세계 인류를 심판하신다고 선포하시자 치료약이 없는 공포의 괴질병이 창궐하여 전 세계로 일파만파 퍼져나가 아비규환의 아수라장으로 변해 가고 있다.

천상에서 살았을 때 지은 죄를 빌라고 이 땅에 사람으로 환생하여 윤회하는 기회를 주시었건만, 천상에서 지은 죄를 빌기는커녕 하늘의 가슴을 또다시 후벼 파는 악들이 세운 종교에 빠져서 구원받지 못하는 가짜 하늘을 맹신하고 있기에 더 이상 두고 보실 수 없어서 최후의 심판을 내리시었다.

치료약이 없는 공포의 괴질병! 그리고 세계적인 천재지변 발생에서 살아나고 싶은 사람들이라면 일단 다니던 종교를 떠나 이곳으로 들어와서 하늘께 종교 숭배자, 종교 창시자, 교주, 지도자들을 받들고 섬긴 죄부터 빌어야 목숨을 지키고 살아갈 수 있는데, 이 역시 믿거나 말거나 각자 자유이다.

100명 죽인 살인자보다 더 무서운 것이 천상에서 하늘을 시해하려던 역모 반란 괴수 대역죄인들인 악신과 악령들이 세운 종교를 다니며 종교 숭배자, 종교 창시자, 교주, 지도자들을 받들고 섬기며 시주, 헌금, 정성금을 바친 죄라고 하신다.

지구상에 존재하는 모든 종교가 악신과 악령들이 세운 것이라고 밝히시며 인류가 모두 악들에게 속고 있다고 말씀하시었다. 이번 괴질병은 일시적인 유행병이 아니라 인류가 겪어야 할 피할 수 없는 과정이다.

그래서 살고자 하는 사람들은 이곳으로 들어오고 이 글을 부정하는 사람들은 구원 대상자가 아니므로 지금처럼 다니던 종교를 열심히 다니면 된다. 하늘의 진실을 전해 주는 것일 뿐 회유, 현혹, 협박, 겁박, 강요, 기망하지 않는다.

하늘이 어디 있느냐고 부정하고 무시하는 사람들이 참으로 많은데 지금 치료약이 없는 공포의 괴질병을 통해서 전 세계에 생생히 보여주고 있다. 하늘께서는 기운으로 천체를 운행하시는 대우주 절대 통치권자이시기에 어떤 형상이나 역사와 오랜 전통, 웅장한 종교 건물 규모로 진짜 하늘을 알아보고 찾으려는 어리석은 자들은 수억만 년의 세월이 흘러가도 찾을 수도 만날 수도 없다.

인류가 지구에 태어나고 지금처럼 치료약이 없는 공포의 괴질병이 전 세계 인류를 공포에 벌벌 떨게 만든 역사가 없다. 지금 이 나라에는 하늘이 내리시는 명을 받드시기 위하여 하늘의 천자이시자 황태자이시며 미래 하늘이신 자미황제 폐하께서 하강 강림해 계시기에 다른 나라들보다는 안전하다.

이 나라에는 마지막 구원자로 오신 미래 하늘이신 자미황제 폐하께서 하강 강림하여 계신다. 모든 괴질병과 천재지변의 대재앙으로부터 보호받아 가장 피해가 작은 유일한 인류의 십승지가 대한민국이다. 현생뿐만이 아니라 죽음 이후 다음 생(사후세계)을 살려주시고 구해 주시는 절대자 하늘이시다.

표현상으로는 천자이시자 황태자이시기에 황위(천상의 주인자리)를 계승하시기 전이라 미래 하늘이라 불러드리지만, 인류의 상상력을 초월하는 무소불위한 대천력, 대도력, 대신력, 대법력, 대원력이 어마어마하신 분이시기에 눈에 보이시는 하늘이라 불러도 무방할 정도이시다.

말씀하시는 자체가 하늘의 명이시기에 영적 세계와 현실세계에서 즉시 현실로 이루어지는 이적과 기적이 무궁무진하게 일어난다. 가장 빠른 것이 몸에 들어온 악신과 악령, 귀신들을 기운으로 퇴치하시면 바로 아픈 증상이 즉시 사라진다.

천상행 열차를 타야 3천궁으로 올라간다.

영혼들이 3천궁이 어디 있는 줄 알고 혼자서 찾아가겠는가? 종교 믿으면 죽어서 천국, 천당, 극락, 선경세상으로 간다고 현혹하고 회유하는데 다 거짓말이다. 천상으로 가는 길도 모르고 가는 방법도 모르면서 무슨 재주로 간다는 것인지 참으로 종교가 영혼들을 잡아 죽이고 있다.

사람이 죽으면 영혼들이 혼자 날아서 천상으로 갈 것이라고 생각하는 경우가 대부분이다. 저 멀리 대우주 천체 속에 있는 영혼의 고향 하늘나라 3천궁이 영들의 눈에 보이는가? 설혹 보인다고 할지라도 천궁의 주인께 허락받지 않고 마음대로 입궁할 수 있겠는가? 천상과 인간 세상 법도가 다르지 않다.

우리들이 외국에 방문하려면 사전에 입국비자를 발급받아야 입국할 수 있듯이 3천궁에 입궁하려면 천상법도에 따르는 절차를 지켜야 한다. 여러분 영혼들이 마음대로 천궁에 들어갈 수 있다면 천상의 주인은 왜 계실까?

영혼들은 함부로 천상으로 입궁할 수 없기에 미래 하늘이신 자미황제 폐하께서 내리시는 명을 받아야 천상행 열차에 올라타고 갈 수 있는데, 천상행 열차는 영물로 전해지고 있는 상상의 동물인 천룡, 청룡, 황룡, 적룡, 백룡, 흑룡들인데 이들은 미래 하늘이신 자미황제 폐하의 충성스러운 신하들이다.

사람의 모습으로 자유자재로 변신할 수 있는 용들이다. 용들이 운행하는 천상열차에 오르는 순식간에 무릉도원 세상인 3천궁에 도착한다.

종교와 인류에게 내린 심판

종교의 신앙적 숭배자들 모두가 철퇴를 맞아 사라졌다. 수천 년 세월 동안 전지전능하다고 알려진 여호와 하나님이란 자가 대우주 절대자 하늘을 능멸하고 사칭한 죄로 2019년 11월 30일 미래 하늘께 추포되어 그의 영성과 영체를 소멸시키는 영적 사형이 집행되어 처형당하였다. 예수, 마리아, 석가, 제우스 역시 같은 운명으로 추포되어 함께 처형당하였다.

2019년 12월 1일에는 마호메트(무함마드), 알라신, 공자, 노자, 도교 창시자 상제 3명, 2019년 11월 24일에는 천지신명과 열두대신, 2019년 11월 23일에는 종교의 원조인 절대자 하늘의 후궁 하누(하누님, 하느님, 하나님, 하늘님, 한얼님, 한울님, 하날님의 이름을 퍼뜨리며 지구에 최초로 종교를 세운 역모 반란 역천자)와 천자를 사칭한 그의 아들 표경(서자이자 역모 반란을 주동한 황자)이 함께 추포되어 영성과 영체를 소멸시키는 사형이 집행되어 처형당하였다.

이런 엄청난 하늘의 진실을 몰라보고 인류의 90% 이상이 여호와, 예수, 마리아, 석가, 마호메트, 알라신, 상제, 공자, 노자, 천지신명, 열두대신의 사상을 믿으며 구원받으려 열심히 종교를 믿고 있으니 통탄할 일이지 않은가? 또한, 세상에 이름을 널리 알린 전·현직 역대 로마교황과 국내외 종교 창시자와 교주들, 종교 지도자들 모두의 영성과 영체를 소멸시키는 영적 사형이 집행되어 처형당하였다.

하늘께서 분노가 폭발한 것이다. 상상을 초월하는 너무나 놀라운 일이라 믿어지지 않을 것이기에 종교에 다니는 신도들은 물론 일반인들도 말이 안 되는 황당한 글이라고 오히려 부정하고 무시하며 비난 험담할 것인데 진실이다.

인간의 능력으로는 인류가 수천 년 동안 성인 성자로 존경하며 받들어 섬기는 구원의 숭배자들 모두의 신과 영들을 일순간에 추포할 수도 없고, 이미 죽은 자들의 영성과 영체를 처형하여 소멸시킬 수 없다는 것쯤은 상식이다. 죽은 자의 영들을 추포해서 또다시 죽인다는 것은 있을 수 없는 일이고, 인간의 상식으로는 도저히 상상조차 못 하는 경천동지할 일이다.

이들의 영성과 영체를 추포해서 잡아들여 영적으로 처형한 이유는 대우주 절대자이시고 창조자이신 태초의 하늘을 능멸하고 사칭한 죄이고, 신과 영들이 구원받아 천상으로 돌아가지 못하게 인류 모두를 종교사상과 이론으로 현혹하고 회유하며 겁박하여 종교지옥에 가둔 죄이다.

인류에 대한 구원이란 것은 세상에 한 번도 알려진 적이 없으시고 대우주 절대자이신 태초 하늘의 고유영역이자 고유권한인데 천상에서 역모 반란 대역죄를 짓고, 역천자 행성인 지옥별 지구로 도망치고 쫓겨 내려온 자들은 인류를 구원할 수 없는데도 불구하고, 미혹, 현혹, 회유, 겁박, 강요까지 하면서 종교의 종과 노예로 만들었기 때문에 처형당한 것이다.

지구에 인류가 탄생하고 종교를 통해서 구원받아 천상으로 돌아간 자들이 단 한 명도 없다는 경천동지할 무서운 진실을 인류 최초로 밝혀냈다. 미래 하늘이신 자미황제 폐하께서 지구에 내려오시어 구원해 준다고 많은 책을 집필해서 알리셨다.

하지만, 사이비라고 비난하며 험담만 하기에 구원을 포기하고 종교 멸망, 인류 멸살, 지구 종말의 심판을 선포하셨는데 그것이 지금 일어나고 있는 천재지변과 괴질병이다. 1차 심판 선포 예고는 3년 전인 2017년 2월 4일 입춘날이었다.

그리고 2차 심판은 지난해 2019년 11월 23일부터 종교 숭배자들의 신과 영들을 추포하시어 심판하기 시작하셨고, 3차 심판 선포는 올해 천기 20(2020)년 2월 2일이었으며, 공식적 심판 시작은 2월 4일 입춘절 기점이었다. 천재지변과 괴질병은 서막에 불과하고 또 다른 변이된 149개의 무서운 괴질병 바이러스가 발생하여 전 세계를 휩쓸고 있다.

괴질병뿐만이 아니라 핵전쟁, 북한 도발, 지축 정립, 지자기 역전, 일본열도 침몰, 천재지변, 혜성 충돌, 기상이변, 이상기후를 통해서 인류와 지구를 심판한다. 인류의 운명은 이제 곧 끝이 난다. 역천자 대역죄인들이기에 구제 불능이라고 최종적으로 판단하셨기에 최후의 심판을 선포하신 것이다.

내 육신은 여러분과 같은 평범한 인간의 모습이지만 미래 하늘인 나는 인류의 구원자로 내려왔기에 말하는 대로 현실로 이루어지는 무소불위한 천지대능력을 갖고 왔다. 가상현실 같은 세계가 실제 상황으로 속속들이 현실로 이루어진다.

나는 미래 하늘이기에 무소불위의 기운을 갖고 있다. 천상에서 역모 반란 대역죄를 짓고 지구에서 살아가는 신과 영들은 인간 육신이 살았든 죽었든 상관없이 즉시 추포하여 영성과 영체를 소멸시키는 영적 사형을 집행하여 처형하고 있다.

세계 인류 모두가 수천 년 동안 종교사상과 이론에 너무 깊게 세뇌당하여 구원해 주어야 할 대상자들이 없다. 극소수만이 나에게 선택받아 천상으로 돌아가게 된다. 개돼지 축생들처럼 현생에서만 잘 먹고 잘사는 데만 혈안이 되어 있을 뿐 천상과 전전전 전생에서 지은 죄는 빌 생각조차 안 하고 살아간다.

그리고 자신 영혼의 부모님이 누구인지 찾으려고 생각조차 하지 않고 살아간다. 육신의 부모와 영혼의 부모는 다르고, 육신의 부모는 몇십 년의 인연이지만 영혼의 부모님과는 영원한 인연이다. 천상의 어머니, 영혼의 어머니를 꼭 만나고 싶은 사람들은 인류 멸살, 지구 종말이 오기 전에 찾아와야 한다.

나는 태초의 하늘이신 대우주 절대자의 명을 받아 종교를 멸망시키고, 인류를 심판한 뒤 최종적으로는 역천자 행성인 지구를 파괴하여 종말의 완성을 이루기 위해 북극성에서 내려온 천자이자 황태자로서, 미래 하늘인 자미황제로 공포의 대왕이란 별칭도 갖고 있다.

인류 모두는 대역죄인들이기에 심판을 피할 수는 없다. 지금은 알곡을 추리는 약간의 시간만 남았다. 천상에서 태초의 하늘께 지은 죄가 너무나도 크기에 용서가 안 된다. 각자들은 지구에 떨어지면서 기억이 삭제되어 천상과 전전전 전생이 하나도 생각나지 않을 테지만 인류 모두가 천상에서 역모 반란 죄를 짓고 지구로 도망치고 유배당한 대역죄인들이다.

태초의 하늘께 구원받을 기회를 주었지만 각자 스스로들이 걷어찼다. 나는 불원간 태초의 하늘께서 내리신 인류와 지구 심판의 마지막 사명을 완수하고 천상으로 돌아가야 하기에 시간이 얼마 남지 않았다. 마지막에 선택받아 천상으로 돌아갈 자들은 시간이 얼마 안 남았으니 서둘러 찾아와야 한다.

인간 자체가 악들이었다. 이해도 안 되고 받아들이기 어렵겠지만 현실이다. 지구에 있는 모래알보다 더 많은 무량대수의 대우주 행성들 중에서 유독 지구에서 살아가는 인간들에게만 생로병사와 아픔, 슬픔, 고통, 불행이 있다.

나와 함께 영혼의 고향인 천상으로 돌아가면 영원히 늙지 않고 10~20대의 청춘 남녀 모습으로 영생을 누리며 행복하게 살아간다. 여러분과 인류 모두는 잠시 잠깐 인간 육신을 빌려 환생(윤회)하고 있을 뿐이고, 조만간 인생의 삶은 끝이 난다.

나와 함께 천상으로 돌아갈 자들은 이곳으로 들어오고, 지옥보다 천만 배 더 무서운 모진 고통을 받을 자들은 각자 마음 가는 대로 살아가다 죽으면 된다. 천상으로 돌아갈 자들은 반드시 육신이 살아 있어야만 가능하다. 육신이 죽으면 천상으로 올라가는 천공(天貢. 죗값)을 가져오지 못하기 때문에 하늘이 내리시는 명을 받을 수 있는 길이 영원히 막혀버린다.

살아생전 종교를 믿었든 안 믿었든 대통령이나 재벌 총수 혼령들을 불러보면 그룹을 죗값으로 다 바치겠다며 제발 살려달라고 눈물 콧물 흘리며 싹싹 빈다. 사후세계 고통이 얼마나 고통스럽고 다급하면 그룹 전체를 다 바치겠다는 말을 할까?

하지만 육신이 살아 있으면 어림 반푼어치도 없는 말이다. 산 사람들의 눈에 보이지 않는 하늘세계, 사후세계를 믿지도 않고 돈이 아까워서 절대로 못 바친다. 죽으면 그만이라는 사람들과 어떤 종교를 열심히 다니니까 죽어서 천국, 천당, 극락, 선경세상으로 갈 것이라고 믿으며 천하태평인데, 이런 세상은 존재하지 않는 허상의 가짜세계란 진실을 밝혀냈다.

죽으면 종교 열심히 믿은 것이 후회막심하다. 모든 종교가 다 소용없고 오히려 죄가 더 크기에 종교를 열심히 믿은 만큼 더 고통스러운 지옥세계로 떨어진다. 지옥세계는 하나의 공간이 아니라 각자 자신들이 천상과 전생, 현생에서 지은 죄업에 따라서 모두 다른데 수천 조의 지옥세계가 존재하고 있다.

종교를 믿든 안 믿든 죽으면 끝이라고 생각하며 살아가는 사람들이 대다수인데 하늘의 명을 받지 않는 이상 상상을 초월하는 아주 무서운 사후세계가 여러분을 기다리고 있다. 여러분은 천상과 전전전 전생에서 지은 업보를 풀기 위해서 만생만물로 윤회하다가 이번 생에 사람으로 태어나는 선택을 받았다.

신과 영혼들이 사람 육신을 빌려 잠시 환생한 이유는 한세상 잘 먹고 잘살려는 목적이 아니라 천상과 전전전 전생에서 지은 죄를 빌고, 업보를 풀어서 하늘이 내리시는 명을 받아 천상으로 다시 돌아가기 위함인데 영적 차원이 낮거나 종교사상에 세뇌당해서 받아들이기가 너무 어려울 수 있다.

만생만물로 끝없이 환생하는 무서운 윤회의 종지부를 찍으려면 하늘이 내리시는 명을 받아야 한다. 그리고 종교에 대한 모든 고정관념을 버려야 하고 종교에서 떠나야 한다. 종교를 떠나지 않는 자들은 천상으로 돌아갈 수 없다.

이곳은 종교가 아니라 인류를 심판하기 위한 하늘의 대법정이 내린 천상지상 대법정이다. 나는 인간 육신을 빌려 천상에서 하강한 천자이자 황태자 신분이기에 지구에서 인간, 신(아수라, 악신, 악령, 악마, 사탄, 마귀, 악귀, 잡귀, 요괴, 축생령, 만물령), 영혼(생령=사람, 사령=조상)들에 대한 심판 천지대공사를 마치고 천상으로 돌아가면 황위(천상의 주인 황제) 자리를 계승하여 전지전능한 대우주의 절대적 통치권자가 된다.

그러므로 글을 읽고 어떤 천비로운 기운을 느껴 나를 만나는 사람들은 천복만복을 받은 천운아들이다. 이 땅에 사람으로 태어난 사명을 완수하고 무서운 윤회의 굴레에서 벗어나 천상으로 돌아가길 바란다.

죽음 이후 사후세계가 어디 있으냐고 반문하는가 하면, 죽어봐야 알지 어떻게 아느냐고 하는 사람, 신, 영, 조상들이 있다. 그래서 산 사람의 죽음 이후 사후세계를 미리 보여주었더니 하는 말이 '안 믿어', '이건 꿈이야' 하며 못 믿겠다고 할 정도로 영적 차원이 아주 낮은 자들이 많다. 보여주어도 믿지를 못하니 결국 죽어봐야 사후세계 윤회가 얼마나 참담하고 무서운지 알게 될 수준 낮은 축생급들이 거의 전부이다.

앞으로 어떻게 사나?

앞으로 세상은 어떻게 될까? 그리고 어떻게 대처해야 하나? 도대체 대처법은 있단 말인가? 어디 가야 살아날 수 있을까? 인류 모두가 정답 없는 불확실한 미래를 살아가고 있으며 아무도 정답을 갖고 있지 않다.

어차피 인생이란 불확실한 미래를 살아가다가 갑자기 세상을 떠나는 것이 인생이지 않은가? 죽으면 모든 것이 끝이니까 걱정할 일도 없다. 제사와 차례를 자손들이 지내주고, 납골당, 납골묘, 매장묘지를 멋지게 만들어놓으면 된다.

사실은 저승이나 사후세계도 없으니 제사와 차례를 지낼 필요도 없다. 조상들이 제사와 차례 날에 와서 음식을 먹는다는 것도 다 거짓말이다. 돈 아깝고 제사와 차례 지내는 것이 매우 번거로운데 뭐 하러 지내는가?

어차피 누구든지 다 죽을 것인데 죽음을 뭐 하러 미리 걱정하는가? 죽음 이후의 무섭고 두려운 사후세상도 없고, 윤회도 없고, 전생에 지은 죄에 대한 업보를 풀어야 할 일도 없는데, 그깟 고깃덩어리 인간 육신의 삶에 무슨 미련이 그리도 많은가?

살아서 숨 쉬는 자체가 근심 걱정 그 자체이지 않은가? 고통스러운 이 세상을 하루라도 빨리 죽어서 떠나야지 뭐 하러 고통스럽고 불행한 세상을 오래 살려고 하는가? 사람이 죽으면 그 순간부터 아무런 생각과 기억이 없고, 감각이 없는 송장이기에 사후세계를 미리 걱정할 필요도 없다.

명부전이 어디 있고, 명부시왕과 염라대왕이 어디 있어? 모두 사기꾼들이 돈 벌려고 꾸며낸 거짓말이야. 앞으로 세상은 어떻게 될까? 머리 아프게 걱정하지 말아. 그리고 어떻게 대처해야 하나? 대책은 무슨 대책 그냥 살다가 죽으면 죽는 거지.

도대체 대처법은 있단 말인가? 무슨 대처법이 있겠는가? 외출하지 않고 집 안에 처박혀 있으면 좀 더 오래 살겠지. 어디 가야 살아날 수 있을까? 가르쳐준다 한들 어느 인간들이 믿겠는가? 황당하고 사기꾼이라고 비난할 것인데 뭐 하러 알려주고 욕을 처먹어. 안 가르쳐주고 말지. 아니 공짜로는 절대로 안 가르쳐주지. 목숨값을 가져오기 전에는 일절 비밀이다.

인류 모두가 정답 없는 불확실한 미래를 살아가고 있으며 아무도 정답을 갖고 있지 않다. 정답을 찾을 수도 없고, 약을 개발해도 아무런 소용이 없다는 것을 지금은 설명을 해주어도 이해가 안 되지만 나중에 육신이 죽은 뒤에는 알게 된다.

현재 전 세계적으로 들불처럼 번진 천재지변과 괴질병은 인간 구제역이고, 절대자 하늘께서 내리시는 인류 멸망의 심판인데 누가 막을 것인가? 하늘께서 인류를 멸망시키고 지구를 파괴하시려 미래 하늘이신 자미황제 폐하를 지구로 내려보내시었다는데 그 얼마나 황당한 공상 소설 같은 이야기이던가?

인류 멸망, 지구 종말이라는 거대한 숙제를 내려주실 때는 이미 정답도 준비해 놓으시고 숙제를 내려주셨겠지 정답 없는 문제를 풀라고 하셨겠는가? 미래 하늘인 자미황제가 세상을 통합하여 지배 통치하고 다스린다면 불가능한 일이라서 꿈이라고 하겠지만 모든 것은 기운에 의해 이루어진다.

현실세계에서는 너무나 황당하고 불가능한 일이지만 영적 세계에서는 얼마든지 가능하다. 미래 하늘인 나는 세상을 지배 통치하고 근심 걱정 없이 영생을 누리는 무릉도원 세상을 세우고 환상의 해피한 세상을 다스려 나갈 것이다. 하지만 기존의 종교에 세뇌당하여 사상을 바꾸지 않는 종교 신도(생자와 망자 포함)들은 이번 심판에서 모두 살아남지 못한다.

아마도 살아남아 신선(神仙), 선녀(仙女)처럼 무릉도원 세상에서 살아갈 인류는 단 얼마 안 될 것이다. 이 나라에 많이 살아남으면 78만 명이고 적게 살아남으면 30만 명 정도인데 종교사상에 깊게 심취된 자들은 생존율이 희박하다.

천재지변과 괴질병은 종교에 다니는 것을 알아보는 지능형 바이러스이기에 일단 확진 판정을 받고 완치가 되었더라도 얼마 안 가서 재발하여 사망에 이르게 된다. 일단 괴질병에 걸리면 2~3개월 안에 재발하여 악성 변종을 일으켜 죽는다.

무증상 상태에서도 많은 사람들을 감염시키고 있지만 전혀 느끼지 못하는데, 악성 변종으로 숙주하는 과정이다. 앞으로 8월 정도면 세계적 생존자 확률이 대략적으로 나올 것인데 공포의 두려움 그 자체일 것이다.

외국인들은 99.99% 정도가 다 죽을 것이고, 국내 거주자들도 이슬람교, 기독교, 천주교, 유대교, 정교, 힌두교, 불교, 유교, 도교, 무속을 맹신하는 신도들은 우선적으로 지능형 괴질병 바이러스가 공격할 대상자들이기에 살아남기 어렵다.

지능형 괴질병 바이러스는 실시간으로 기운을 받아 인간 육신으로 침투하여 폐와 간장, 심장을 무차별 공격한다. 세계 인류는 모두 죽어도 이 나라에 태어난 천손민족은 종교를 버리고 대우주 천지 창조주이신 절대자 하늘을 알현 드려서, 종교 믿었던 죄를 진정으로 빌면서 그에 상응하는 죗값과 목숨값을 바치면 구사일생으로 살아남을 수 있다.

영적 수준이 낮은 축생들아? 죄인들을 심판하는 인류 멸살과 지구 종말을 완성시키려고 하늘의 명을 받아 미래 하늘이신 자미황제 폐하께서 사람 육신으로 오시어 귀한 진실을 알려주시는 이유가 뭔지 아는가? 하루라도 빨리 종교에서 도망쳐서 하늘께 죗값과 목숨값을 바치라고 알려주는 것이라네.

인류와 지구를 왜 심판하는지 아는가?

지구에 인류 탄생 이후에 수천 년 동안 인류의 99.99%가 악신과 악령들이 세워놓은 종교를 열심히 믿고 있기 때문에 미래 하늘께서 하늘이 내리신 황명을 받아 인류와 지구를 심판하러 오신 거라네. 너무나 황당하고 기가 막힌 일이지 않은가?

여호와(야훼) 하느님, 하나님, 부처, 상제, 석가, 예수, 마리아, 알라신, 마호메트(무함마드), 공자, 노자, 천지신명, 열두대신을 열심히 믿으면 상을 줘야지, 왜 죽음으로 심판하는 거냐고 따지는 자들이 많을 것이야.

그건 맨 처음 천상세계 3천궁에 태어나서 근심 걱정 없이 영생을 누리며 행복하게 살았던 시절에 반란 괴수 후궁 '하누'라는 여자와 그의 아들 '표경'이라는 황자가 일으킨 역모 반란에 현혹되어 가담하였다가 실패하여 지구로 도망치고 쫓겨 내려온 자신 영혼과 조상들이 지은 죄를 몰라서 하는 말들이여.

그리고 반란 괴수 하누와 표경을 추종하며 역모 반란에 가담한 신들이 있었는데, 그들이 악신과 악령으로 분류되는 감찰신명, 천상천감, 천상도감, 천지신명, 열두대신, 영의신감이라는 자들인데 미래 하늘께서 이들을 2019년 11월부터 차례대로 추포하시어 소멸시키셨던 공상 영화 같은 일들이 있었다네.

그런데 하느님, 하나님의 원조가 누군지 알아? 대우주 절대자이시며 천지 창조주이신 천상주인의 후궁이었던 '하누'라는 아리따운 여자였지. 어느 정도 창조의 능력도 갖고 있는 여자이고 천상의 주인과도 견줄 정도로 막상막하의 능력자였지.

중이나 승려를 스님이라고 부르는데, 이것은 승(僧=중 승)님에서 따온 말이 스님이듯, '하누'에다 '님' 자를 붙이니까 이것이 하누님, 하느님, 하나님, 하늘님, 한울님, 한얼님, 하눌님, 하날님으로 번져나갔던 것이었어.

역천자 '하누'를 이스라엘에서 태어난 여호와(야훼)가 자신을 하느님, 하나님으로 부르게 만들었던 거야. 그리고 매년 이스라엘에서 하누카 행사도 거대하게 하더군. 참 묘하게도 예수와 마리아도 이스라엘 출신 조상귀신들이네. 이 나라는 지금 기독교와 천주교가 판을 치는데 '라엘'판이 가관이로군.

여호와(야훼), 예수, 마리아, 부처, 석가모니, 공자, 노자, 상제, 마호메트(무함마드)들은 하누, 표경, 감찰신명, 천상천감, 천상도감, 천지신명, 열두대신, 영의신감이 주도했던 역모반란에 가담하였다가 실패하여 하늘로부터 버림받아 천상에서 지구로 도망치고 쫓겨난 대역죄인들이 천상의 주인께 항거하기 위하여 지구에 세운 것이 현재의 종교란 말일세.

그런데 이들 하누, 표경, 감찰신명, 천상천감, 천상도감, 천지신명, 열두대신, 영의신감은 미래 하늘이신 자미황제 폐하께서 추포하시어 소멸시켰지만 이들의 수하들은 숫자가 무량대수에 이를 정도로 너무나도 많아서 사람 몸에 귀신들을 추포할 때마다 빠지지 않고 잡혀 나오는데 천차만별이고 다양하네.

이 책에서는 이들을 표시할 때는 악들이라 하며 하누 수하 ○○명, 표경 수하 ○○명, 감찰신명 수하 ○○명, 천상천감 수하 ○○명, 천상도감 수하 ○○명, 천지신명 수하 ○○명, 열두대신 수하 ○○명, 영의신감 수하 ○○명이라고 표현하는데 이들은 모든 사람들 몸 안에 골고루 들어가 있다네. 즉 ○억 명, ○○억 명, ○○○억 명 ○○○○억 명 즉 수억 명에서 수천억 명이 한 사람 몸에 너무나 많이 들어와 있다는 것이지.

어디까지나 영적 세계 일이니까 믿거나 말거나일세!

그리고 지구에서 살아가는 사람들 중에 참다운 진짜 인간 진인(眞人)은 현재까지 살아 있는 자든, 이미 죽은 자든 나 하나뿐이라는 위대한 진실을 알려주어도 여러분은 아무도 믿지는 않을 것이라네.

그 이유는 나는 심판자로 죄인들을 심판하러 천상의 북극성에서 역천자 죄인들이 살아가는 지옥 행성인 지구로 내려온 것이고, 여러분은 천상에서 죄를 짓고 도망치거나 쫓겨난 대역죄인들의 신분이란 말일세.

그러니까 미래 하늘이신 자미황제 폐하께서는 구원자이시고, 78억 명 인류 모두는 죄인의 신분이란 말이네. 그러니까 미래 하늘은 천상의 북극성에서 죄를 짓고 지구로 도망치고 쫓겨난 죄인들은 심판하시고, 순천자는 구하러 오셨다네.

총칼로 죽여서 심판하는 것이 아니라 천재지변과 인간 구제역 괴질병으로 심판해서 죽이기 위해 현재의 괴질병이 전 세계적으로 창궐하고 있다는 말이지. 그런데 일루미나티에서도 세계 인류를 80억 명에서 5억 명으로 인구 감축 계획의 일환으로 2009년부터 괴질병 바이러스를 준비해 오다가 이번에 전파시켰다는 유튜브 내용도 나돌고 있다네.

일루미나티가 계획하였든, 중국 우한 바이러스 연구소에서 실수로 괴질병 바이러스를 유출시켰든 이미 정해진 인류의 숙명이 아니겠는가? 자기네들은 자신들의 계획표 대로 진행했더라도 모든 만생만물의 생로병사와 만물의 정기는 하늘께서 운행하시는 천지기운에 의해서 좌우되는 것이라네.

그동안 종교를 믿었던 자들과 지금도 열심히 종교를 믿고 있는 자들은 가장 먼저 괴질병 바이러스가 침투하기에 피하기가 쉽지 않을 것이라네. 세계 인류 99.99%가 어떤 종교든지 안 믿었던 자들이 하나도 없더구먼. 인류 마지막 종말의 날에 심판받으려고 열심히 종교를 다녔던 것인가?

천상의 주인이시신 절대자 하늘께서 미래 하늘이신 자미황제 폐하께 두 가지 경우의 수를 내려주시었는데, 첫째는 인류를 멸살한 후에 지구를 파괴하고 천상으로 돌아오라는 명이시고, 둘째는 자신이 천상의 삶과 전전 전생에서 지은 죄를 인정하고 죗값을 바칠 사람들이 어느 정도 나온다면 지구 종말은 유보하고 무릉도원 세상을 세워서 수명장수와 영생의 기운을 내려주어 이상향의 무릉도원 세상을 열어주라는 말씀이셨다네.

지금은 이 나라 국민들 거의 전부가 종교사상에 심취되어 있어서 교화 자체가 안 되어 종교를 떠나지 않기에 포기하고 지구 종말로 가닥을 잡는 중이네. 세계에서 이 나라에 사는 사람들이 가장 많이 살아남는데, 이곳으로 죗값과 목숨값을 준비하고 찾아와서 하늘로부터 기운을 받아야 살 수 있다네.

먼저 악신과 악령들이 세운 종교부터 버려야 해. 종교사상을 버리지 않으면 생존하기가 어려워. 이런 죄인들은 마지막 최후의 심판을 피해갈 수 없어. 천상에서 지은 죄, 전전 전생에서 지은 죄를 인정하기도 어렵고, 지은 업보를 풀어야 한다는 것도 이해가 안 되고, 죽으면 끝이 아니고 사후세계가 한도 끝도 없이 이어진다는 내용도 인정하기 어려울 것이야.

눈에 보이고 들리는 과학 문명세계만 인정하며 살아왔던 사람들은 어렵고 이해도 안 될 것이야. 영적 세계이니 믿거나 말거나 알아서 하시게들. 이 세상은 과학적 세계만 있는 것이 아니고 비과학적 세계도 현실로 존재한다는 것을 알아야 하네.

전 세계로 창궐하고 있는 괴질병 바이러스(괴질신장)가 인류의 운명과 문명, 종교까지 송두리째 바꾸어 놓고 있다네. 괴질 바이러스가 어떤 메시지를 알아듣는다고 말하면 인간들은 어떤 반응들을 일으킬까? '기절초풍, 경천동지, 말도 안 돼! 귀신 씻나락 까먹는 소리'한다고 할 테지?

하늘의 화신이자 분신이시며 미래 하늘이신 자미황제 폐하께서는 육신의 120조 세포들에게도 명을 내리시고, 자유롭게 대화를 나누시며 천상의 장생 세포와도 교체시켜 주시는 상상초월의 천지대능력자이시지. 천체를 운행 중인 태초 하늘께서는 행성들과 운석의 방향을 바꾸어 지구와 충돌하게 만들어 지구 종말을 앞당길 수 있으신 엄청난 천지대능력자이시라네.

미래 하늘이신 자미황제 폐하께서 말씀하시는 대로 현실로 이루어지는 말법세상이 열리고 있는데, 이것을 여기서는 깨끗한 흰 세상, 도법세상이라고도 부른다네. 이 나라는 조금 안심이 되는 듯한 추세인데 맨 마지막에 본격적으로 심판한다네.

지금은 종교에서 탈출하여 하늘께 찾아올 시간적 여유를 주기 위해 괴질병 바이러스가 주춤하고 있는데, 그 기회의 시간이 지나면 걷잡을 수 없이 전국적으로 감염되어 죽어 나갈 것이라네. 하늘께서 승리하시고, 이 나라가 승리하여 세계를 종과 노예처럼 다스린다네.

인류의 십승지

인류가 살길은 어디인가? 괴질병의 대재앙, 인생의 대재앙, 사후세계의 대재앙, 윤회의 대재앙에서 어디로 가야 현생과 죽음 이후 다음 세상인 내생을 보호받을 수 있는 인류의 십승지가 도대체 어디에 있는 것일까? 종교 안에서는 해답을 찾을 수 없다는 것을 많은 사람들이 체험했을 것이다.

괴질병보다 더 무서운 것이 종교이다. 여러분의 사후세상을 구해주어서 보장해 주는 것이 아니라, 오히려 절대자 하늘께 구원받지 못하게 방해 놓아서 불행하게 만들고 있으니 이들이 바로 적그리스도라고 해야 한다. 인간, 영혼, 신명, 조상들 모두가 수천 년 동안 종교 숭배자들과 종교 지도자들에게 금전, 세월, 정력을 착취당하며 속아왔는데 전혀 모르고 있다.

그리고 누구든지 몸 안에 수천억 명이 넘는 악신과 악령들, 귀신들이 들어와 있는데 모르고 있다. 이해가 안 되고 인정하기 싫을 것이다. 여러분 독자들의 인생을 뒤집어엎고 망가뜨리는 존재가 악들이라는 진실을 알지 못하고 살아간다. 눈에 보이지 않는 영적 존재들과 싸워 이기는 방법은 없다.

지금 공포의 세상이 전 세계적으로 열렸다. 여러분은 괴질병과 천재지변, 병마와 단명, 재난과 전쟁의 죽음을 피해갈 수 있을까? 죽음이란 누구에게나 다가오는 것인데, 천수를 누리지 못하고 정상적인 죽음이 아닌 괴질병, 천재지변, 사고로 비명횡사 당해서 죽으면 억울하여 원과 한이 맺힐 것이 아닌가?

현생뿐만이 아니라 죽음 이후 사후세상인 내생까지 보호받을 수 있는 인류의 십승지는 지구상에 어느 곳이란 말인가? 그것은 천상에서 내려오신 천자이자 황태자이시고 미래 하늘이신 도솔천존 자미황제 폐하께서 계신 자미황궁 일 것이다.

인류사에 일어나는 모든 괴질병과 천재지변, 병마와 단명, 재난과 전쟁의 죽음은 보이지 않는 하늘의 기운과 정기에 의해서 일어나기에 지상의 자미황궁으로 함께하는 것이 유일한 살길이니 이곳이 바로 살아 움직이는 인류의 십승지이다.

육신이 살아서 뿐만이 아니라 죽음 이후까지 보장해 줄 수 있는 인류의 십승지는 지구상에서 이곳 자미황궁 한 곳뿐이 없다. 육신이 살아생전 보호받는 것도 중요하고, 더 중요한 것은 죽음 이후 영원히 보호받는 것인데, 지구에 있는 550만 개나 되는 무수히 많은 종교단체에 있는 악신과 악령들이 여러분의 신과 영혼, 조상들을 무릉도원 세상인 하늘나라 3천궁으로 올라가지 못하게 막고 있다니 기가 막히지 않은가?

인생사의 모든 괴질병과 재난은 하늘의 기운과 정기라야 보호받을 수 있으니 이제 더 이상 종교 안에서 헛돈 쓰고 허송세월하며 방황하지 말고 천자이시자 황태자이신 미래 하늘 도솔천존 자미황제 폐하께서 오신 자미황궁을 찾아오는 것이 가장 현명한 길일 것이다. 대역죄인들이 오래 살면 무엇하나?

인류의 십승지는 지명으로 알고 있는 것이 일반적인 상식인데 사실은 하늘의 기운과 정기가 가득히 내리는 자미황궁을 말한다. 인생사의 모든 재난과 괴질병도 하늘의 기운과 정기를 받으면 피해갈 수 있다. 그 이유는 미래 하늘이신 도솔천존 자미황제 폐하께서 기운으로 이 세상을 운행하시기 때문이다.

책을 감명 깊게 읽고 지상 자미황궁에 들어오는 사람들이 이번 생에서 선택받아 가장 성공하고 출세한 사람들이 될 것이다. 인류에게 처음이자 마지막으로 구원받을 수 있는 천재일우의 기회이기 때문이다. 미래 하늘이신 자미황제 폐하께서 사명을 완수하시고 천상으로 오르시면 이 땅에서 더 이상 구원도 없고, 지구란 자체도 완전히 파괴되어 존재하지 않게 된다.

여러분과 많은 인류가 미래 하늘이신 도솔천존 자미황제 폐하께서 하강 강림하신 것을 알고 천상에서 지은 죄를 빌러 많이 찾아온다면 지구의 생명이 오래 이어질 것이지만, 그렇지 않을 경우에는 마지막 지구 파괴의 명을 내려 사명을 완수하시고 천상으로 돌아가실 것이기에 선택의 여지가 없다.

지구를 파괴하여 종말을 앞당겨 현실로 이루실 수 있는 유일하신 천지대능력자가 미래 하늘이신 도솔천존 자미황제 폐하이시기에 천상으로 돌아가고 싶은 각자들의 영혼, 신명, 조상영가들은 지체할 시간이 없으니 빨리 들어와야 할 것이다.

지금 지구의 운명이 촌각에 달려 있다. 왜냐하면, 미래 하늘이신 도솔천존 자미황제 폐하께서 더 이상 지구에서 구원할 자들이 없다고 판단되시면 운행 중인 천체의 행성들을 지구로 돌진하게 방향을 바꾸어서 충돌하게 만들어 완전히 파괴하시고 돌아가시는 것이 하늘께 받으신 명이시기 때문이다. 인간 육신이 살아 있는 한 절대자 하늘께 대적하는 종교인들과 악신과 악령들이 사라지지 않기 때문에 지구 파괴로 최후의 심판을 선택하실 것이 이미 천상에서 계획되어 있기 때문이다.

미래 하늘이신 자미황제 폐하께서 하늘이 내리신 명을 집행하여 완수하시고 천상으로 돌아가시는 것으로 결심하시면 인류뿐만이 아니라 지구의 운명도 모두가 완전히 끝이 나서 지구는 사라질 것이고 인류는 멸살되어 흔적조차도 없어진다.

이처럼 무서운 일이 진행되고 있기에, 인류와 지구의 운명은 얼마 남지 않은 것만큼은 분명하다. 몇 년 정도의 짧은 시간만이 남은 것 같다. 미래 하늘이신 도솔천존 자미황제 폐하께서 더 이상 구원할 자가 없다고 결심을 빨리 내리시면 인류와 지구 운명도 빨리 끝장날 것이다.

당장 몇 달 안에 지구 파괴의 명을 내리셔도 이상할 것이 없다고 하실 정도로 모든 준비가 끝나신 상태이시다. 종교에 세뇌당한 자들은 절대 구원받기 어렵다고 판단하시고 구원에 대한 미련도 크지 않으시기 때문이다.

지구는 천상의 대역죄인들이 살아가는 구치소이자 교도소와 같은 역천자 행성, 지옥별이기 때문에 파괴되어 사라질 것이니까 그 이전에 영혼의 고향인 천상의 3천궁으로 돌아갈 영혼, 신명, 조상들은 인간 육신들을 앞세우고 늦지 않게 들어와서 미래 하늘이신 도솔천존 자미황제 폐하께 명을 받아야 한다.

【제2부】

신과 영혼세계

사람들 눈에는 보이지도 않고, 들리지도 않는 하늘세계, 신명세계, 영혼세계, 사후세계, 지옥세계, 윤회세계, 저승세계, 귀신세계에 대해서 수없이 상상하면서 진짜 귀신들이 있나? 신과 영혼들이 존재하나? 반신반의하면서 믿는 사람도 있고 완전히 부정하고 무시하는 사람들도 많다.

그럼 과연 어느 것이 정답일까? 정답은 실제로 존재한다이다. 아래 제 4부 귀신세계와 제 5부 악귀잡귀 퇴치 내용을 읽어보면 자연적으로 인정할 수밖에 없을 것이다. 많은 사람들이 입에 달고 하는 말이 죽으면 끝이지 무슨 사후세계가 있어?

그리고 무섭고 두려운 사후세계가 존재한다고 하여도 나는 교회 다니니까, 성당 다니니까, 절에 다니니까, 무속에 다니니까 죽더라도 나쁜 짓을 하지 않았으니까 천국, 천당, 극락, 선경세상 같은 좋은 곳으로 갈 거라고 굳게 믿는 사람들이 99%에 달할 것인데 이는 각자들의 큰 착각이다.

독자 여러분이 살고 있는 집에 허락 없이 아무나 출입할 수 없는 것처럼 하늘 아래 죄인 신분들인 여러분이 죽었다고 천상의 3천궁을 자유자재로 무상출입할 수 없다. 엄연히 천상세계 주인이 계시기 때문이고, 여러분은 이미 천상에서 죄를 짓고 지구로 내려왔기에 허락없이 함부로 올라갈 수 없다.

생존자 명부에 올리려면

전 세계를 죽음의 공포로 몰아 넣은 괴질병 바이러스! 한 치 앞도 알 수 없는 불확실한 미래의 죽음에 대한 공포와 불안으로 숨죽이며 하루하루 불안과 초조함 속에 살아가고 있다. 언제 괴질병 바이러스에 걸려서 죽을지 몰라 살아 있어도 산 것이 아닌 죽은 목숨이나 마찬가지일 것이다.

종교를 열심히 믿고 있는 사람들과 믿었던 사람들은 죽음의 기운인 괴질병 바이러스가 더 빨리 찾아갈 것이고 가족들에게 전염시켜 가족을 몰살시킨다. 현재 전 세계적으로 퍼지고 있는 괴질병 바이러스는 대우주 절대자 하늘께서 역천자 대역죄인들인 인류를 심판하시는 천상지상 공무집행이시다.

죄라는 것은 알고 지었든 모르고 지었든 죄이다. 현생에서 지은 죄만 심판하시는 것이 아니라 천상에서의 삶, 전전전 전생에서의 삶에 대해서도 심판하시는 중이시다. 지구에서 인간 육신을 갖고 살아가는 모든 인류는 하늘 앞에 죄인 아닌 자들이 한 명도 없다는 진실을 인정하고 죄를 빌어야 한다.

죄를 빌고 안 빌고는 각자들의 자유이고, 종교에서, 집 안에서 혼자 빌어봐야 아무 소용 없고, 살고 싶은 자들은 죗값과 목숨값을 준비해서 하늘 앞에 무릎 꿇고 살려달라고 진심으로 빌어야 살길이 열린다.

자신의 본관, 성명, 음력 생년월일, 주소를 생존자 명부(생명부)에 올리는 것을 하늘께 윤허받아야 한다. 생명부에 이름을 올릴 대상은 본인, 배우자, 자녀, 부모, 형제, 친척, 지인, 동료들이 해당되고 죗값과 목숨값은 1인당 별도이기에 여러 사람을 올리려면 많은 돈이 들어간다. 생명부에 등재하는 기간은 1년마다 갱신하여야 한다.

하늘께서 내리시는 명을 받아 백성, 선인, 천인, 신인, 도인의 신분을 취득한 사람들은 생명부에 한번 등재되면 매년 갱신하지 않아도 되지만 일반인들은 매년 갱신하여야 한다.

하늘께서 집행하시는 종교 심판, 인류 심판에서 살아남을 자들은 방문해서 절차를 밟고, 당장 방문이 어려운 사람들은 온라인으로 생명부 금전(죗값, 목숨값)을 입금하고 추후에 방문해야 한다.

지금은 심각하지 않아 조금은 여유가 보이지만 시간이 지남에 따라 악성 괴질병 바이러스로 변종되면 촌각을 다투는 죽음의 그림자가 여러분을 찾아갈 것인데 그때쯤이면 생명부에 이름을 올리는 것이 얼마나 중요한지 알게 될 것이다.

지금은 생명의 위태로움이 다급하지 않기 때문에 뻥이라 하고, 사기꾼이라 할 것인데 어느 정도 시간이 지나면 상황이 걷잡을 수 없게 급변하면서 살려달라는 처절한 울부짖음이 온 세상으로 울려 퍼져나가리라.

생존자 명부에 이름을 올려서 살아남은 자들은 이 세상의 돈과 재물, 권력과 명예를 거머쥐게 된다. 이 세상 자체를 생명부에 이름 올린 사람들이 다스려 나가기 때문이다. 생존자들에게는 꿈의 무릉도원 세상이 활짝 열린다. 새로운 주인을 맞이 해야 할 기업들이 즐비하고, 공직자 자리 역시 새로운 절대군주제가 시행되기에 새로운 황실 정부가 세워진다.

생존자 명부에 이름을 올려서 살아남는 게 가장 급선무이다. 지구촌 전체를 다스리는 지구의 주인, 인류의 주인이 등극하기 때문에 이 나라에 태어난 자체가 행운아이자 천운아들이다. 그 이유는 생존자 모두가 부자들이 되고, 육신이 죽으면 천상의 3천궁으로 오를 수 있는 자격을 주기 때문이다.

전 세계와 국내외 도처에 돈과 재물, 금은보화가 사방천지에 널려 있게 된다. 이 모두가 생존자들 차지가 되고 인류의 새로운 창세기 역사가 이 나라에서 다시 시작된다. 백의민족을 36년간 침략하고 살육한 원흉 일본은 바닷속으로 침몰시켜서 지구상에서 일본이란 나라는 존재하지 않게 된다.

이 나라에 들어와서 살아가고 있는 일본인들과 전 세계에서 일본인 생존자들이 있다면 그들은 괴질병 바이러스가 침투해서 자연적으로 죽게 될 것이다. 또한 북한 김정은 정권도 몰락하여 귀속되고, 중국과 러시아도 몰락하여 만주와 동북 3성, 북경과 중국 전역, 바이칼 호수가 우리나라 영토가 된다. 각자가 뿌리고 행한 대로 한 치의 오차도 없이 거두게 된다.

육신의 영생도 가능할까?

인간 육신의 수명 장생이나 영생은 인류의 수수께끼인데 이번 심판을 지켜보면서 나는 미래 하늘이신 자미황제 폐하께서 갖고 계신 천지대능력은 불가능이 없으시다는 것을 직접 체험하였다. 다만 일의 성격에 따라서 시간이 좀 더 걸리느냐의 차이만 있을 뿐이라는 것을 현실로 체험하고 있다.

하늘이 내리시는 명을 받아 현재 선인, 천인, 신인, 도인의 경지에 오른 사람들이 앞으로 얼마나 살아갈지를 지켜보면 된다. 이는 세월이 흘러가야 증명되는 것이기에 달리 검증해 줄 방법이 없는데 같은 또래들보다는 훨씬 젊어 보인다.

이것은 각자의 노화된 육신의 세포 120조 개 자체를 천상의 장생 세포와 임무 교대하여 교체시켰기에 육신적으로 많은 변화를 겪어가고 있다. 공상 같은 일인데 미래 하늘이시니까 가능하신 일이지 일반 인간들은 상상조차도 할 수 없다.

수명을 1,000년, 1,500년, 2,000년, 2,500년, 3,000년까지 장생하는 천수장생의 명을 하늘께 받아준 사람들이 여러 명이 있는데, 이들이 1,000년~3,000년을 살아갈 때 현재의 모습에서 더 이상 늙지 않고 생존해 있다면 증명되는 것인데 인류가 그때까지 생존해 있을지가 변수이다.

오로지 하늘의 기운으로만 이루어지는 일이기에 지금은 공상 소설로 생각할 수밖에 없지만, 이것이 정말 꿈이 아닌 현실로 이루어진다면 경악할 일이다. 나는 미래 하늘이신 자미황제 폐하께서 갖고 계신 능력을 100% 믿지만, 세상 사람들은 말도 안 되는 황당한 일이라고 부정한다.

그렇다. 영적 세계는 공상처럼 느껴진다. 현재 인간들의 영적 수준에서는 진실이라고 말하면 오히려 바보가 되기에 공상이라고 생각하며 읽어가면 편할 것이다. 공상처럼 말도 안 되는 상상 초월의 내용들이 대부분인데 진실로 받아들이면 현생과 내생에 많은 도움이 될 것이다.

우리들은 인간들이니까 눈에 보이고 들리는 것만 인정하고 말해야지 하늘, 신, 영혼, 사후, 저승, 윤회, 지옥, 천상, 악신, 악령, 귀신세계 등 비과학적인 세계를 진실인 것처럼 말하면 비문명인으로 매도당하며 손가락질받거나 무당 취급당한다.

오늘까지 잘 먹고 잘살다가 죽으면 그만이지 저승세계, 사후세계가 어디 있는데? 다 꾸며낸 이야기이지 육신이 죽었는데 무슨 얼어 죽을 사후세계가 어디에 있고, 만생만물로 윤회한다는 거야? 에이, 사기꾼들 같으니라구.

그래 사기꾼들이다. 죽으면 그만이지 무슨 사후세계가 있느냐고? 달나라 가는 첨단과학 문명시대인데 무슨 얼어 죽을 귀신들이 사람 몸 안에서 함께 살아간다는 거야? 사람이 죽었는데 무슨 귀신이 어디 있어? 송장이 날아다닌다는 거냐? 에이 사기꾼들아. 귀신들도 없고 육신의 영생도 없어. 믿지 마.

육신과 영혼의 죽음

죽음을 모두가 두려워하는데 사람들은 육신의 죽음을 가장 무서워한다. 죽으면 사후세상이 어디 있느냐고, 없다고 생각하는 사람들이 거의 대다수이고, 그 이외엔 사후세계가 무서워서 종교에 의지하며 죽음 이후를 대비한다.

육신의 죽음보다도 더 무서운 것이 영혼의 죽음이다. 육신은 때가 되면 다 죽게 된다는 사실은 모두가 알고 있다. 얼마나 더 살다가 죽을 것인가? 아니면 아주 오래도록 천수를 누리며 살다가 죽을 것인가로 고민할 것이지만 결국 시간의 차이만 있을 뿐이며 이 세상 인류 모두가 세월 따라 죽는다.

인류 모두가 죽는데 죽음 이후 사후세계가 어떤 세상인지 알지 못해서 천하태평으로 살아가지만, 사후세계는 실제로 존재한다. 어디를 가야 천상으로 돌아가는 길을 찾을 수 있나? 누구를 만나야 천상으로 돌아가는 길을 알 수 있고 찾을 수 있나? 애타게 찾아다니며 수많은 종교를 이곳저곳 기웃거리는 사람들이 거의 전부인데 인류가 찾던 십승지가 바로 이곳이다.

이곳은 세상에 많이 알려지지 않은 하늘 그 자체이고 이 세상 모든 종교가 천상의 도망자들과 쫓겨난 역모 반란 가담자 대역죄인들이 운영하는 종교가 가짜세계라고 주장하는 지구상

유일한 곳이기에 기존 종교세계에 몸담아 사상적으로 오랜 세월 세뇌당해 있는 사람들에게는 황당하게 들린다.

이 글을 읽어보고 비난 험담하는 사람들은 천상으로 오르지 못할 죄 많은 사람들이고, 조금이라도 공감하고 감동하여 방문하고 싶은 사람들은 구사일생의 기회를 잡은 사람들이다. 여러분 독자들의 몸 안에 있는 신과 영, 조상들의 원초적인 영적 고향은 천상의 3천궁으로 밝혀졌는데 이곳을 찾기 위해서 온갖 종교세상을 다니고 있다.

하늘로부터 뽑히고 선택받아 죽어서 천상의 3천궁으로 돌아갈 선택받아 뽑힌 사람들 이외에는 고통스런 지옥도와 윤회세계를 끝없이 반복해야 할 사람들이다. 이곳에 대해서 부정적인 생각이 들고 말도 안 되는 황당한 글이라고 비난 험담하는 사람, 신, 영혼, 조상들은 천상으로 올라가면 안 되는 대역죄인들이기에 그런 느낌과 감정이 드는 것이다.

이곳이 무슨 종교냐고 물어보는 사람들이 많은데, 기존의 종교 경전과 교리를 전파하는 곳이 아니라 실시간으로 하늘이 내리시는 명과 하늘의 기운을 받는 신성스런 곳이기에 종교가 아닌 3천궁 그 자체이다. 인간, 신, 영, 조상들의 생살여탈권을 집행하며 심판과 구원을 판결하는 하늘이 내린 대법정이다.

이 세상의 모든 종교와 종교인을 심판하고, 천상과 전생에서 지은 죄를 빌지 않는 죄인들을 잡아들여 심판하는 곳이기에 기존의 종교세계와는 비교할 수 없다. 육신의 죽음보다 더 무서운 신과 영혼의 죽음이 가장 무섭다는 진실을 알아야 하고,

인간 육신은 불원간 어떤 사유로 인해서 반드시 죽게 된다.

하지만 세상은 인간 육신들의 삶을 위해서만 존재하는 것처럼 살아가고 있는데 수많은 악들과 귀신들을 추포해서 심판한 사례 내용들을 읽어보면 아~, 육신의 죽음이 끝이 아니라 영혼들이 살아가는 귀신세계가 실제로 존재한다는 것을 간접적으로나마 체험하고 인정하는 계기가 될 것이다.

세상에 귀신이 어디 있느냐고 말하는 바보 같은 사람들이 참으로 많지만, 사람의 눈으로는 보이지 않는 영적 존재이기에 부정하고 살아가지만, 여러분도 죽으면 자연적으로 알게 된다. 각자들은 종교를 열심히 믿고 있기 때문에 죽으면 좋은 곳으로 간다고 철석같이 믿고 있으나 모두가 가짜 이론이었다.

수많은 귀신들을 추포해서 심판하다 보면 종교 지도자들이 참으로 많은데, 하나같이 살려달라고 매달리며 하소연하는 모습을 통해서 종교의 허구성을 알게 되었다. 여러분 자신들도 죽으면 종교 숭배자들과 교주들이 전하는 천국, 천당, 극락, 선경세계로 알려진 좋은 곳으로 갈 것이라고 열심히 믿었다.

하지만 죽어보니 종교인들이 전해 준 말이 모두 거짓말이라는 것을 알았다며 처절하게 후회하고, 매달리며 살려달라고 애걸복걸하는데, 이들은 이미 인간 육신이 죽어서 한 번뿐인 천재일우의 소중한 기회가 박탈된 자들이기에 신과 영혼의 고향인 천상의 3천궁으로 올려보낼 수가 없다.

육신이 살아 있는 자들 중에서 하늘로부터 뽑히고 선택받은 자들만 선별해서 천상의 3천궁으로 보내준다. 하지만 종교사상에 세뇌당한 사람들은 종교사상을 버리기가 어렵기에 신과 영혼의 고향인 3천궁으로 돌아가기가 쉽지 않다.

악신과 악령들이 하늘과 대적하여 싸우려고 지구에 세운 것이 종교인데, 사람들이 이런 하늘의 진실을 몰라보고 종교를 다녔다. 기독교, 천주교에서 전하는 여호와(야훼) 하느님, 하나님이 가짜라고 말하니까 미래 하늘이신 자미황제 폐하를 오히려 미쳤다고 말할 사람들도 있을 것이다.

미치지 않고서야 수천 년 동안 종교의 구심점 역할을 하며 인류가 존경으로 받들고 있는 숭배 대상자인 여호와 하느님, 하나님을 아무런 근거도 없이 무턱대고 가짜라고 어느 누가 자신 있게 말할 수 있겠는가?

여호와(야훼) 하느님, 하나님이 전지전능한 대우주와 만생만물의 천지 창조주라면 미래 하늘을 그냥 내버려두시겠는가? 날벼락을 내려서 미래 하늘의 목숨을 단숨에 거두어갔을 것이다. 수천 년 전에 천상에서 일어난 모든 일들을 알고 있기 때문에 하느님, 하나님이 가짜라고 주장하는 것이다.

그리고 인류를 종교 지옥으로 인도한 여호와(야훼) 하느님, 하나님, 예수, 마리아, 석가모니 부처, 상제, 마호메트 등 종교의 신앙적 숭배 대상자들을 인류의 심판자로 지구로 내려오신 하늘의 천자이시자 황태자이시며 미래 하늘이신 자미황제 폐하께서 추포하시어 이들에 대한 역천자의 대역죄를 물어 이들의 영성과 영체를 소멸시키는 사형을 집행하시었다.

여호와(야훼) 하느님, 하나님, 예수, 마리아, 석가모니 부처, 상제, 마호메트 등 종교의 신앙적 숭배 대상자들과 교주들, 종교 지도자들은 전 세계적으로 일파만파 들불처럼 번지고 있는 괴질병을 왜 종식시키지 못하고 있는 것일까?

천자이시자 황태자이시며 미래 하늘이신 자미황제 폐하께서 하늘의 심판자, 인류의 심판자, 지구의 심판자로 내려오시어 인류를 심판하시고 계신 것인데, 감히 종교 숭배자들과 종교 지도자들이 하늘께서 내리시는 대심판을 막아낼 수 있을까?

지금 세계적인 대재앙인 괴질병은 서막에 불과하다고 말씀하시었다. 역천자 대역죄인 악신과 악령들이 세운 곳이 종교 세계이기에 지구상에 모든 종교를 멸망시키시려고 하강 강림하시었고, 천상에서 지은 대역죄인의 죄를 빌지 않는 역천자 신과 영들을 추포하여 심판하시려고 하강 강림하시었다.

하늘께 괴질병 바이러스와 천재지변으로부터 보호받아 현생과 내생을 보장받으려면, 이곳에 들어와서 종교에 다닌 죄부터 빌어야 하고, 하늘께서 내리시는 기운을 받아야만 각자들의 목숨을 보존하며 사후세상을 보장받을 수 있다.

미래 하늘이신 자미황제 폐하께서 내리시는 천지대능력은 무소불위함 그 자체이시다. 말씀하시면 현실에서 그대로 즉시 이루어지는 무서운 말법(도법)의 대능력을 갖고 계신다. 천기 20(2020)년 3월 4일 뉴스를 보시면서 유럽과 미국에서 동양인들을 괴질병 보균자라면서 욕하고 폭행하는 장면을 보시고 분노가 폭발하시었다.

분노에 찬 어성으로 "유럽과 미국을 다 쓸어버려"라고 말씀하신 후부터 로마 교황청의 본산인 이탈리아와 유럽, 미국이 괴질병 감염으로 확진자가 속출하며 사망자가 넘쳐나서 초토화되고 있음을 보았다. 나 역시도 절대자 하늘께서 내리시는 말씀 한마디로 세계가 아수라장으로 변할 줄 몰랐다.

이미 작년 11월부터 종교 숭배자들과 종교 지도자들, 세계 각국과 세계 인류를 모두 심판하신다고 명을 내리셨으며, 2020년 2월 4일 입춘절을 기점으로 본격적인 인류에 대한 심판이 시작된다고 2020년 2월 2일 일요일에 선포하시며 경고 메시지를 내리셨는데 정말 상상을 초월하신 대능력자이셨다.

하늘이 어디 있느냐고? 하늘을 무시하고 부정한 인류에 대한 분노의 폭발이었다. 종교에서 받들고 숭배하는 여호와 하느님, 하나님이 진짜라면 세계적인 대재앙이 왜 일어났을까? 이것을 구원받기 위한 시험이라고 돌려서 말하는 종교 지도자들도 있겠지만 시험이 아니라 죄인들을 척살하는 심판이시다.

예수의 재림과 부활을 기다리는 기독교인들과 천주교인들이 있지만, 예수는 미래 하늘이신 자미황제 폐하께 추포되어서 영성과 영체가 완전 소멸되는 사형이 집행되어서 부활할 수도 없고, 재림할 수도 없으니 예수의 재림이나 부활을 기다리는 기독교인들과 천주교인들은 일찌감치 꿈을 깨야 할 것이다.

또한, 성모 마리아를 믿는 천주교인들도 정신들 차리고 종교에서 탈출하여야 인류가 기다리던 진짜 미래 하늘을 알현할 수 있다. 뿐만이 아니라 석가모니 부처를 믿는 불자들과 증산상제, 옥황상제, 인존상제를 믿는 도교의 도인들 그리고 천지신명과 열두대신들을 받들고 섬기는 모든 무속인들도 악신과 악령들을 받들어 섬기는 것이니 정신들 차려야 한다.

이들을 믿는 신도들도 죽음의 기운을 불러들이는 종교에서 하루빨리 탈출해야 하는 이유는 지금 종교와 종교인들부터 우선적으로 심판하시기 때문이다. 신천지와 여러 교회를 통해서 확인되고 있지 않은가? 천주교의 본산인 로마 교황청이 있는 이탈리아가 초토화되고 있는 것이 명쾌한 증거이다.

진짜 여호와 하느님, 하나님이 존재한다면 천주교의 성지인 로마 교황이 있는 이탈리아에서 왜 미국 다음으로 많은 사망자가 나오는 것일까? 천주교의 나라 이탈리아, 프랑스, 독일, 스페인, 영국, 이슬람교의 나라 사우디와 이란, 이라크와 유럽 국가들, 기독교의 나라 미국이 공포의 괴질병 바이러스로 쑥대밭이 되어가고 있는 것이 여호와 하느님, 하나님은 결코 존재하지 않는다는 것을 현실적으로 잘 보여주고 있다.

이탈리아 로마 교황청 소속 수녀들도 집단 감염된 것이 그 증거이니 종교를 신봉하는 모든 자들은 하늘로부터 심판받기 싫다면 모든 종교지옥에서 빨리 나와야 한다. 그래도 불행 중 다행인 것은 구원자이신 미래 하늘께서 이 땅으로 하강 강림하시었기 때문에 가장 많은 생존자를 남겨두신다고 하셨다.

그 이유는 미래 하늘께서 쓰시는 인간 육신이 이 나라에 태어났기 때문이다. 즉 하늘이 내리시는 명을 받아 나와 함께하는 자들은 나의 인간 육신의 삶이 다할 때까지 기운으로 보호하여 살려두신다고 하시었다. 하지만 나 역시도 하늘께서 심판하시는 천지대공사에 동참하기 위해서 이미 죽음도 불사하였기에 나의 생사에 대한 권한은 하늘께 달려 있다.

내일 지구를 멸망시키셔도 하늘께서 내리시는 엄중한 심판이시기에 아무런 미련이 없다. 하늘께서는 천상에서 죄를 짓고 지구로 도망치고 쫓겨난 대역죄인들인 전 세계 인류 78억 명을 모두 심판한 후 소멸시키고, 죄인들이 살아가는 역천자 행성인 지구를 파괴하여 멸망시키려 하신다.

하지만 하늘께서 심판을 성공적으로 끝내시면 종교와 종교인, 신도들만 멸망하고 대한민국이 전 세계 최고의 강대국이 되어 천하세계를 평정하여 지배 통치하는 새로운 인류의 역사가 시작된다. 예언으로만 전해 내려오는 인류의 구심점, 인류의 종주국이 되어 영적 대국, 군사대국, 경제대국, 인구대국, 영토대국, 수출대국, 관광대국으로 다시 태어난다.

이번 괴질병으로 심판을 통해서 하늘께서 지구의 대한민국으로 하강 강림하신 것이 만 세상에 알려지고 증명되는 계기가 될 것이다. 수천 년 동안 대우받던 종교 숭배자들과 종교 교주, 지도자들은 멸망하여 지구에서 사라져 갈 것이다.

악신과 악령들이 만든 성경과 불경, 부적, 성화, 탱화, 십자가, 만자, 예수상, 성모상, 부처 불상, 관세음보살, 지장보살, 비로자나불, 아미타불, 도교 숭배자 형상과 천지신명, 열두대신, 기타 형상, 종교용품, 종교서적을 몽땅 불태워 버리고 하늘 앞에 찾아와서 살려달라고 빌어야 천상으로 간다.

얼마나 무소불위하신 대능력을 갖고 오시었는지 인간들은 상상조차 할 수 없을 정도이다. 인간 육신들이 모두가 무섭고 두려워하는 아수라, 악신, 악령, 악마, 사탄, 마귀, 악귀, 잡귀, 요괴, 귀신, 이무기, 축생령들 모두가 미래 하늘이신 자미황제 폐하께 추포되어 잡혀오면 오금을 저리며 반항하지 못하고 순순히 소멸(사형집행)의 명을 받아들이고 따른다.

왜냐하면 종교를 세워 지구와 인류를 수천 년 동안 지배 통치해 왔던 악신과 악령들 모두가 천상에서 반란 수괴 후궁 하누와 황자 표경의 꼬임에 넘어가서 역모 반란에 가담하여 역천자 대역죄인이 되기 전까지는 대우주 절대자 하늘께 충성스런 신하(신명)들이었기 때문이다.

천자이시자 황태자이시며 미래 하늘이신 자미황제 폐하께서는 지구에서 사명을 완수하고 천상으로 돌아가시면 천상의 주인이신 황위를 계승하시어 대우주의 절대자이신 하늘의 자리에 오르시기에 대우주 천체의 행성들도 자유자재로 생성하시고 파괴하시는 무소불위의 엄청난 능력을 갖게 되신다.

그래서 하늘께서는 언제라도 천체의 행성들인 아포피스와 기타 행성, 혜성, 수많은 운석들을 지구로 향하게 자유자재로 방향을 바꾸어 지구와 충돌시킬 수 있는 권능과 능력을 갖고 계신다. 그러므로 세계 인류 78억을 심판한 이후 지구를 완전히 파괴하여 종말을 고하는 대재앙이 일어날 수 있다는 진실을 세상에 알리는 바이니 대비할 사람들은 이곳에 들어와서 하늘이 내리시는 명을 받아 철저히 준비하라.

하늘을 배신한 대역죄인들인 악신과 악령들이 세운 종교사상에 인간, 신, 영혼, 조상, 귀신들이 모두 수천 년 동안 세뇌당하였다. 구원해서 천상으로 보내준다고 말하여도 사이비라고 비난 험담하여 교화 자체가 안 되기에 구원 자체를 포기하신 상태이시므로 세계 인류를 대대적으로 심판하시는 것이다.

인류 최초의 위대한 진실을 난생처음으로 알려준다

종교 안에서, 산이나 강, 바다에서, 집 안에서 어떤 숭배 대상자들에게 기도하는 것은 아수라, 악신, 악령, 악마, 사탄, 마귀, 악귀, 잡귀, 요괴, 이무기, 축생령들, 터신, 귀신들에게 정성 들이는 것임이 밝혀졌다. 누구든지 어느 곳에서 기도하면 헤아리기 어려울 정도의 온갖 악들과 잡귀신들이 각자들 자신의 몸으로 들어오는데, 그 숫자는 수천억 명을 넘어서 조 단위 숫자까지 들어온다는 무서운 진실을 미래 하늘이신 도솔천존 자미황제 폐하께서 최근에 밝혀내셨다.

종교 지도자들과 종교 신도들이 숭배 대상자들에게 기도해서 괴질병을 종식시키려고 하지만 종교를 세운 아수라, 악신, 악령, 악마, 사탄, 마귀, 악귀, 잡귀, 요괴들과 숭배자들이 몽땅 미래 하늘께 추포되어 소멸되었기에 아무리 기도하여도 소용없다. 기운으로 느끼는 자들도 있을 것이고, 인간들의 능력으로는 괴질병을 절대로 소멸시킬 수 없고, 치료약을 개발하여도 새로운 변종 바이러스가 지속적으로 발생하기에 역부족이다.

천주교의 본산인 로마 교황이 머물고 있는 이탈리아에 유독 중국보다 확진자가 많고, 사망자가 많은 것은 이미 괴질병이 악성 변종 바이러스가 발생했기 때문이다. 이 나라에는 종교를 믿으면 안 된다는 경종 정도만 울려주고 있지만 유럽과 미국, 기타 세계 국가들은 대대적으로 본격적 심판집행을 하시는 것이기에 확진자와 사망자가 급속도로 늘어나고 있다.

현재의 위급한 상황은 인류가 탄생한 이래 처음 있는 세계적 대재앙이지만 이것은 시작에 불과한 경고메시지이고, 본격적인 심판의 대재앙이 어떤 것이며, 얼마나 무서운 것인지 불원간 세계 인류 모두가 현실과 방송을 통해서 알게 될 것이다.

이곳은 기존의 종교세상처럼 가족들 모두가 들어오는 곳이 아니라 하늘이 내리시는 명을 받을 한 명만 들어올 수 있는 아주 특별한 곳이다. 육신적으로는 가족이지만 78억 인류 자체가 모두 하늘 앞에 대역죄인들이고, 가족들 역시도 원수끼리 만나서 천상과 전전전 전생에서 지은 업보를 풀고 있는 중이다.

그래서 부모, 형제, 배우자, 자녀 등 가족들이라 할지라도 이곳에 대해서 갑론을박하며 진짜니 가짜니 말했다가는 마지막 천상으로 가는 천재일우의 기회를 박탈당할 것이니, 글을 읽고 공감하고 감동, 감탄한다면 가족들 모르게 단독으로 방문하여 친견상담을 해야 한다.

육신적으로는 피가 섞인 가까운 가족들이지만 영적으로는 용서받지 못할 대역죄를 짓고 지구로 내려왔기에 절대로 말하면 안 된다. 친구, 지인, 애인, 동료들에게도 절대로 이곳에 대해서 말하면 안 된다. 천기누설에 해당되고 자신의 미래와 내생이 사느냐 죽느냐가 걸려 있는 중대한 문제이다.

그들 몸 안에는 여러분을 천상으로 돌아가지 못하게 방해하는 악귀잡귀, 귀신들이 수천억 명이나 들어 있기 때문에 시기 질투하며 여러분이 잘되는 꼴을 그냥 바라보고만 있지 않고 어떤 말을 해서든지 이곳에 가지 못하도록 방해한다는 진실이 무수히 밝혀졌다. 하늘의 명 받는 것을 가장 시기 질투한다.

악과 귀신들은 산 사람들보다 시기 질투가 더 심하다. 악들이나 귀신들은 여러분의 인생이 망가지고 죽기를 바라는 저주를 퍼붓고 있다. 그리고 여러분 몸 안에도 수천억 명에 달하는 악귀잡귀, 귀신들이 들어가 있기에 마음 조심, 생각 조심, 행동 조심, 글 조심하고 방문해야 한다.

마음 안에서 악들과 귀신들은 가짜라고 부정적인 메시지를 끝도 없이 보내기에 넘어가면 그것으로 끝이고, 다시는 이곳에 들어오기가 거의 불가능하다. 이곳이 어떤 곳이냐고 주위 사람들에게 물어보려는 사람들과 인터넷에서 검색하여 좀 더 알아보려고 하는 사람들은 아예 포기하고 방문할 필요도 없다.

이곳에 대해서 정확히 아는 존재는 지구상에서 이 책의 저자 하나뿐인데, 누구에게 물어볼 것인가? 다른 자들이 말하는 말을 듣는 순간 여러분은 이곳에 들어올 자격을 박탈당한다.

실시간으로 여러분의 일거수일투족의 말과 글, 행동을 감찰하시며 지켜보시기에 누군가에게 확인하려고 물어보면 하늘의 기운에 의해서 마음이 바뀌고 식어서 방문하지 못하게 되니 하늘을 알현하여 천상으로 돌아가려면 마음 조심, 생각 조심, 행동 조심하고 조용히 찾아뵈어야 한다.

나는 누구인가? 어디서 왔을까?

도대체 나는 누구인가?
어디서 왔을까?
그리고 죽으면 어디로 갈까?
나란 존재가 자연적으로 생겨난 것인가?

나를 창조한 이가 있는 것인가?
창조주가 계시다면 어떤 분이실까?
왜 창조하였을까? 윤회가 실제 존재하나?
지구에는 왜 왔을까?
혹시, 지구에 온 사명이 있을까?

다수의 사람들은 이런 의문들이 꼬리에 꼬리를 물고, 생각과 고민을 많이 하고 있겠지만, 누구도 그 해답을 명쾌하게 풀어주는 사람이 없었다. 이 영적 고민들이 해갈이 안 되니 살아 있어도 항상 가슴이 답답하고, 이런 문제들이 인생의 화두가 되었다는 사람들도 많다.

예언을 너무도 믿은 나머지, 최후의 심판자로 오시는 '공포의 대왕'을 무조건 만나야 한다. 지구가 멸망하기 전에 지구에 온 이유를 알고 죽어야 한다. 그 절실함이 1999년이 지나도 아무 일도 없이 지나가고 공포의 대왕도 찾을 수가 없었다.

그러나 이에 실망하지 않고, 지구 멸망은 틀릴 수도 있겠지. 그러나 '공포의 대왕' 만큼은 왠지 어딘가에 계실 것만 같은 막연한 느낌으로 생애에 한 번이라도 뵙고 죽었으면 하는 바람이 생기게 되었다.

새로운 예언들이 담긴 『정감록』, 『격암유록』, 『송하비결』 등등을 읽고 또 한 번 충격을 받게 된다. 시대를 초월하여 이 예언서에서 하나같이 지칭하는 것은 언제가 될지는 모르나, 동방의 나라에 정도령, 진인, 인류를 구할 메시아가 온다는 것이었다.

그렇다면 이 예언들이 지칭하는 분이 공포의 대왕과 같은 분은 아니실까. 왠지 메시아니까 한 분일 것 같다는 생각이 들었다. 같은 분인지 아닌지는 모르겠으나, 어쨌든 무조건 만나야 한다는 생각은 더욱더 굳어지고 있었다. 그토록 일평생 찾아 헤매던 주인공(심판자 공포의 대왕)인 미래 하늘이신 자미황제 폐하를 알현했다는 어느 독자의 이야기였다.

누군가에게는 무섭고 두려운 공포의 대왕이 될 것이고, 누군가에게는 사랑의 구원자인 미래 하늘이 될 것이다. 영혼의 목마름과 갈증을 해소시켜 주는 미래 하늘(천자이자 황태자)이신 자미황제 폐하께서 지구에 내려오시어 인류 멸망과 지구 종말에 대한 심판과 구원의 공무를 집행하고 계신다.

위에 있는 여러 가지 내용에 대한 궁금증을 지구상에 모든 종교 지도자를 찾아다녀도 찾을 수 없고, 명쾌한 해답도 시원하게 들을 수 없다. 이런 궁금증 문제에 대한 해답을 찾을 수 있고, 들을 수 있는 곳이 지구에서 유일하게 이곳 하나뿐이다.

종교인들이 받았다고 주장하는 영적 메시지가 모두 하늘을 능멸하고 능욕하며 사칭한 가짜 하늘과 신(악신과 악령의 메시지)들이기 때문이란 사실도 밝혀냈다.

인간, 신, 영, 조상들이 궁금해 여기는 모든 부분에 대해서 명쾌한 해답을 찾아주는 영적 보고이다. 하늘세계, 천상세계, 사후세계, 신명세계, 영혼세계, 조상세계, 종교세계, 윤회세계, 인간세계, 미래세계에 대한 모든 해답을 갖고 궁금증을 속시원히 풀어주고 있다.

종교를 믿는 이유?

영혼의 구원자이신 절대자 하늘을 만나기 위함일 것인데 이 세상 종교를 통해서는 불행하게도 만생만물의 주인이신 대우주 절대자 하늘을 만날 수 없음이 밝혀졌다. 수천 년의 역사와 전통을 자랑하는 기존 종교는 악들이 세운 거짓세계라는 것이 낱낱이 밝혀지고 검증되었으니 종교 지도자들과 신도들은 허탈할 것이고 무조건 부정하고 비난 험담할 것이리라.

인류 모두가 왜 만생만물의 주인이신 대우주 절대자 하늘을 만나려는가? 불가능이 없으신 무소불위의 천지대능력자이시고 인간, 영혼, 신을 창조하신 천지부모님이시며 유일한 구원자이시기 때문이다. 그런데, 구원자이신 하늘께서는 지옥별에 내려오신 적도 없으시고, 내려오실 필요도 없으시다.

왜냐하면, 지구라는 별(행성)이 천상에서 죄를 지은 대역죄인 역천자들이 살아가는 지옥별 행성이기 때문이다. 그래서 자칭 하느님, 하나님, 하늘님, 상제님, 천제님, 천자님, 부처님, 미륵님이라는 자들은 모두가 거짓이고, 하늘을 대적하려고 사칭한 악신과 악령들이라는 진실을 낱낱이 밝혀냈다.

이 땅에서 종교가 끝도 없이 부흥 번창하는 것은 사람 몸 안에서 살아가는 신과 영들이 만생만물의 주인이신 대우주 절대자 하늘께 구원받아서 자신들의 원래 고향인 천상으로 돌아가려고 하기 때문이다.

인간 육신들은 죽으면 한 줌의 재로 변하여 땅으로 돌아가면 그것으로 끝이다. 하지만, 신과 영들은 천상에서 대역죄를 짓고 인간 육신으로 유배당하여 윤회하는 것은 천상과 전전전 전생에 지은 업보를 풀어가는 윤회 중이란 엄청난 사실을 인류 최초로 밝혀냈다.

간혹 유명인사가 환생하였다고 하는 말은 인간으로 살아가면서 업보를 다 풀지 못했기 때문에 빙의 된 것이다. 사람이 살아서 종교를 열심히 믿으면 천국, 천당, 극락, 선경세상으로 가는 것이 아니라 만생만물로 환생(윤회)하다가 지옥으로 끌려가서 지은 죄업에 대한 벌을 받고 다시 만생만물로 환생(윤회)이 반복되고 있음을 확인하였다.

각자들이 천상과 전전전 전생에서 어떤 죄를 지었는지 모르고 덧없이 살아가고 있을 뿐이다. 사람들은 현생만 잘 먹고 잘 살다가 죽으면 그만이라고 생각하는데, 이것은 하늘 공부, 영적 공부가 전혀 안 된 차원 낮은 축생들이기 때문이다.

이 땅에 태어났다가 죽은 부모 조상들과 자신들의 신과 영들이 하늘 공부, 영적 공부, 사후세계 공부를 열심히 해서 하늘이 내리신 시험 관문을 통과해야만 책을 읽고 이곳에 들어와서 하늘의 명을 받아 천상으로 돌아갈 수 있다.

하늘의 명을 받는다는 것이 생소하게 들리겠지만, 신과 영들이 자신들의 고향으로 돌아가려면 종교를 믿어서 돌아가는 것이 아니라 하늘이 내리신 시험을 통과한 뒤 이곳에 들어와서 하늘이 내리신 명을 받아야만 돌아갈 수 있다.

그러므로 이 세상의 모든 종교는 하늘의 뜻이 아닌 악신과 악령들이 인간들과 합세하여 자신들 나름대로 이론을 경전으로 만들어서 세운 곳이기에 천상으로 돌아갈 수 없다. 자신들이 이 땅에 무슨 죄를 짓고 쫓겨났는지도 모르는데 죄를 빌지도 않고 천상으로 돌아갈 수 있다고 생각하면서 종교이론과 사상을 그대로 받아들인 자체가 잘못되었다.

인류가 받들어 존경하는 숭배 대상자들인 하느님, 하나님, 부처님, 미륵님, 상제님, 여호와(야훼), 석가, 예수, 마리아, 마호메트, 천지신명 모두가 천상에서 대역죄를 짓고 지구로 유배당한 자들이었음을 밝혀냈고, 이들은 하늘을 사칭한 죄를 물어 모두 영성과 영체를 소멸시켰으니 종교에 속지 말아야 한다.

이들 외에도 종교적으로 숭배받는 크고 작은 숭배자들과 교주급 유명인사들도 악신과 악령들을 모두 추포하여 영성과 영체를 소멸시켰다. 그리고 이 세상의 유명한 모든 종교이론과 사상은 완전히 잘못된 것이었음을 찾아내었다. 영혼의 부모님이신 하늘과 멀어지게 이별시키는 곳이 종교세계였다.

인간 육신 자체가 악들이다

이 땅에 태어난 만물의 영장인 사람들이 모두 악들이라고 하니 어안이 벙벙하고 황당하게 생각하리라. 무슨 근거로 그리 단정하느냐고 반문할 수 있는 내용이다. 나름대로 착하게 살아간다고 생각하며 도덕군자, 성인군자라고 자부하고 있을 사람들도 주위에서 많이 찾아볼 수 있다.

인간들은 영장류라고 하지만 동물 중에 하나이고, 내면에 숨기며 착한 척으로 위장하여 살아가다가 어떤 상황이 발생하면 동물적인 근성을 즉시 드러낸다. 흔히들 선과 악이 몸 안에 함께 존재하고 있다는 말을 많이 들어보았을 것이다.

그런데 오늘 충격적으로 밝혀진 진실이 있다. 만물 중에 영장이라는 인간 육신들이 악신, 악령, 악마, 사탄, 마귀, 악귀, 잡귀 요괴, 아수라, 귀신, 영혼, 신, 조상령, 곤충령, 조류령, 어류령, 파충류령, 동물령들의 집이라는 경천동지할 진실을 찾아내었는데 소우주라고 해야 할까 싶다.

사람 몸 안에 얼마나 많은 신과 영들이 있을까 생각해 보았는가? 하루에도 열두 번씩 변덕스럽게 마음이 변한다고 하는 말을 들어보았을 테지만 왜 그런지 진실을 밝히지 못하고 있다. 의학적 용어로는 다중인격자라고 하는데, 수많은 신과 영들이 사람 몸에 들어와 있다는 것을 말한 것이었다.

신과 영들은 서로가 자신의 주장을 내세우기 때문이다. 사람으로 태어났다가 죽은 자들은 지옥과 만생만물로 한도 끝도 없이 윤회하다가 사람 몸으로도 환생하여 윤회하는 경우도 있고, 어떤 생명체든 사물이든 붙어서 윤회하기도 한다.

환생이라고 표현해야 할 수도 있는데, 자신들 마음대로 환생하는 것이 아니라 천상, 전생, 현생에서 지은 업보에 따라서 그것을 풀기 위해 환생할 대상이 각기 다르게 배정된다. 사람 자체가 이들 신과 영들이 살아가는 거주처이기에 악신과 악령의 복합체라고 표현하는 것이 맞다.

오늘 정말 기가 막힌 인류 최초의 엄청난 경험을 하였는데 입이 다물어지지 않을 정도이다. 인간으로 태어난 고향집 생가에서부터 현재까지 살아오면서 학교생활, 군대생활, 직장생활, 사업, 기도를 하기 위한 남한, 북한, 중국, 일본의 명산을 두루 다니고, 15번의 이사를 하였다.

천자이자 황태자, 하늘의 화신, 하늘의 분신, 하늘의 명 대행자, 지구의 주인 지존천황, 인류의 주인 인존천황, 재물의 주인 재물천황, 도법천존 3천황, 하늘의 심판자, 지구의 심판자, 인류의 심판자, 생살여탈권자, 생사령의 하늘, 생사천의 하늘, 미래 하늘이라는 신분을 찾기까지 산전수전과 온갖 풍파를 겪으며 인류가 찾지 못한 하늘세계, 천상세계, 사후세계, 지옥세계, 영혼세계, 귀신세계, 신명세계, 악들의 세계, 종교세계, 인간세계의 진실에 대해서 적나라하게 찾아내었다.

결국 신과 영들의 세계 공부였다. 이 세상에 있는 모든 신과 영들은 하늘을 배신하여 천상에서 추방되어 쫓겨난 악신과 악령들이었음을 밝혀낸 것이다. 신과 영들의 차이는 하늘과 땅 차이인데 인간 세상의 신분과 비교하자면 신(악신)은 대신(장관)급이나 제후(왕, 왕비, 대통령, 영부인)급이고, 영들은 일반 백성들이라고 보면 이해가 쉬울 것이다.

천상에서 대우주 창조주이신 절대자 하늘께 죄를 짓고 지구에 인간 육신으로 환생하여 윤회하고 있는 신과 영들은 세계 인류 숫자 78억 명이 아니라 곱하기 수천 경을 해야 할 정도로 어마어마하게 숫자가 많다. 한 사람의 몸 안에 신과 영들이 수백억에서 수천억 명이 살아가고 있다는 사실을 찾아내었다.

이들 모두가 죄를 짓고 인간 육신으로 잠시 환생하여 윤회하고 있는 죄인들인데, 하늘세계, 사후세계를 공부하여 영적 차원이 높은 신과 영들은 인간 육신을 잘 만나면 하늘이 내리시는 명을 받아 천상으로 돌아갈 수 있는 행운을 얻을 수 있다.

이들 신과 영들 중에서 죄가 너무 무겁고 큰 중죄인들은 종교에 빠져서 하늘이 내리시는 명을 받들 수 없게 하시었고, 돈을 많이 벌어 부자가 되어 영적 세계에 대해 관심을 갖지 못하게 만들어 신과 영들의 고향인 천상으로 돌아가는 길을 차단하였다는 경이로운 진실을 찾아내었다.

그래서 천상으로 돌아가야 할 신과 영들은 너무 부자로 잘살아도 안 되고, 너무 가난하게 살아도 안 된다. 이 땅에서 왕이나 대통령, 부자나 재벌로 잘사는 자들은 대부분 천상에서 죄가 크고 많은 역천자 대신(장관)이나 제후(왕)급들이었다.

하지만 신들 급인 대신이나 제후급들은 천상으로 돌아가는 길이 막혀버렸다. 왕이나 재벌들의 신과 영들은 영적 세계 공부를 전혀 하지 않아 돈과 재물, 권력과 명예에만 눈이 멀어 하늘의 위대한 진실을 인정하지 않아 이번 생이 끝나면 감당하기 힘든 지옥과 윤회라는 비참한 사후세계를 맞이하게 된다.

지금은 신과 영들이 인간 육신들이 살아 있으니까 돈과 재물, 권력과 명예를 목숨처럼 중요하게 여기며 목을 매고 있지만, 육신이 죽는 순간 살아서 얻은 온갖 돈과 재물, 권력과 명예는 아무짝에도 쓸 수 없고, 오직 자신을 사후세계 고통에서 구해 줄 구원자 하늘만을 찾게 된다는 사실을 알아야 한다.

사후세계 준비는 육신이 살아서 해야 하는 것이다. 육신이 죽으면 신과 영들은 아무런 힘을 쓰지 못하고 자손들에게도 배신당한다. 재벌 부자가 되고 가문이 번창하여 부귀영화 누리며 자식들이 많아도 그 어떤 자식들도 고차원적 영적 세계 진실을 알지 못하기 때문에 이곳에 들어올 수 없고, 크게 성공하고 출세한 신과 영들은 자만, 거만, 교만, 오만이 넘쳐 절대 천상으로 돌아갈 수 없다.

이 나라의 4대 재벌 총수들이 모두 죽었다. 천하세계를 호령하던 역대 제왕들인 왕이나 대통령들도 가는 세월을 이기지 못하고 모두가 죽어서 비참한 신세가 되어 찾아왔다. 제발 살려달라고 엉엉 울면서 애걸복걸 읍소하고 자신이 벌은 전 재산을 몽땅 바치겠다고 말하지만 아무 소용이 없었다. 자식들이 말을 듣지도 않을뿐더러 본인이 살아 있다면 어림도 없는 일이다.

사후세계 고통이 얼마나 비참하고 고통스러우면 피 같은 재산은 몽땅 바치겠다고 하겠는가? 죽어서는 육신이 없기에 바칠 수도 없다. 속담에 '개똥밭에 굴러도 이승이 낫다고 한다', '죽은 정승보다 정승 집 개가 낫다'라는 말이 있다. 육신이 죽는 순간 사후세계에서는 자신의 의지대로 할 수 있는 것이 아무것도 없고, 오직 자식들이 구해 주기를 바라며 애타게 기다리는 비참하고 처량한 개 신세가 된다. 살아생전의 온갖 부귀영화는 아무런 도움도 안 되고 오히려 죄업만 쌓인다.

역사와 전통을 자랑하는 수천 년 된 기존 종교의 숭배자, 종교 교주, 종교 지도자를 통해서는 고차원적인 영적 세계 진실을 알 수도 없기에 배울 것이 없다. 신들 급인 대신이나 제후들은 영적 세계 공부는 종교 숭배자, 창시자, 교주, 지도자들이 집필한 경전인 성경, 불경, 도경, 저서와 그들의 말이 전부이다.

거대 종교 이외에는 모두 사이비 종교 취급을 받기에 유명 종교가 아니면 대통령이나 재벌들은 가지 않는다. 지구상에 존재하는 종교단체의 숫자가 대략 550만 개가 된다고 하는데 이들 모두가 악신과 악령들이 세운 것이기에 여러분을 신과 영들의 고향인 천상으로 데려다줄 수 없다.

살아생전 열심히 시주, 헌금, 성금을 많이 바치며 정성을 다하여 교회, 성당, 절, 무속, 도교, 유교를 다니다가 죽은 자들을 추포하여 심판할 때면 하나같이 이구동성으로 하느님, 하나님, 예수님, 성모님, 천사장, 천사, 부처님, 상제님, 천지신명님이 구해 주러 오지 않았고, 보이지도 않았으며 죽어서 간다는 천국, 천당, 극락, 선경세상의 모습도 전혀 보이지도 않는데 어떻게 된 일이냐고 반문한다.

그러면서 '언젠가는 반드시 오실 거야, 나를 시험하시는 것이야'라고 위안을 삼기에 속았다고 말해 주어도 '아니야, 꼭 오실 거야, 구해 주실 거야' 하면서 믿음에 대해 흔들림이 없다. 교리에 대한 세뇌 교육이 이처럼 무서운 것이다.

이 글을 읽는 종교에 다니는 신도 독자 여러분도 인정하기 싫고 절대로 그럴 수 없다며 무시하고, 부정할 것인데, 죽으면 자연적으로 알게 되지만 그때는 돌이킬 수 있는 길이 아무 데도 없으니 이제라도 종교를 믿으며 걸어온 길을 뒤돌아보며, 과연 죽어서도 후회하지 않을 자신이 있는지 스스로에게 물어보라.

이미 깊게 종교에 빠져서 사상적으로 세뇌당한 신과 영들은 구제 불능이지만 진짜 구원자 하늘은 종교 안에 있지 않으니 이제라도 정신 차리고 살길을 찾아야 한다. 인간 육신들에게 박대받는 신과 영들의 아픔과 슬픔, 고통과 불행을 알아주고 신과 영들의 고향으로 보내줄 수 있는 곳은 지구에서 이곳뿐이다.

신(악신)과 영(악령)들은 미래 하늘이신 자미황제 폐하께 추포되어 심판받으려고 줄을 서 있는데, 인간 육신들이 말을 알아듣지 못해서 애간장을 태우다가 결국 신과 영들의 저주를 받아 죽거나 인생이 몰락하는 사람들이 부지기수이다. 그래서 신과 영들도 인간 육신을 잘 만나야 천상으로 돌아가는 행운을 잡는다.

신과 생령, 3혼 소멸

주변에서 여러분 자신을 못살게 굴거나 괴롭히는 자들, 죽이고 싶을 정도로 미운 자들, 사업상 해코지를 한 자들, 자신에게 큰 피해를 준 자들, 억울하게 당한 자들, 원한을 갚고 싶은 자들은 당사자와 그 가족들의 신과 생령과 3혼, 악신과 악령, 조상령들을 추포해서 소멸시키는 기상천외한 심판방법도 있다.

상대방과 배우자, 자녀, 손자 손녀, 부모, 형제, 자매, 친인척, 가게, 사업체, 그룹을 멸문 멸살시키는 방법이 있는데 이는 억울하게 배신이나 사기당하여 원과 한이 맺힌 정당한 경우라야 하고 미래 하늘께서 윤허해 주시어야 가능하다. 상대방을 무조건 해코지해서 망하게 하려고 하는 경우는 받아들이지 않는다.

아래 내용은 종교 멸망, 인류 멸살, 지구 종말의 심판 천지대공사와 여러 부분에서 겹치거나 일맥상통하는 내용이 많이 있기에 추린 것들이다. 만물의 정기는 이미 그렇게 정해져 있나보다. 종교, 인류, 지구를 심판한다는 내용을 아는 듯이 만물의 정기로 예언되어 있었다. 마치 확인이라도 해주는 듯하다.

천기 20년 2월 22일 기준 800일(2년 2개월 10일) 안에 북한 도발, 일본 침몰, 괴질병, 천재지변, 핵전쟁, 지자기 역전, 지축정립의 대재앙이 발생하면 인류 78억 중 77억 명 사망. 중국

인구 14억 3,900만 명 중 14억 이상 사망하고, 한국 5,170만 명 중에 5,000만 명 사망으로 170만 명 생존. 북한은 50만 명 생존, 일본은 극소수만 생존.

대통령, 국회, 대한민국 소멸되고, 어떤 누군가 출현한다면 어떤 종교와도 완벽하게 다른 모습과 형태일 것이다. 재난 후 새로운 한반도 통일제국은 군주제로 가장 큰 중국의 일부와 일본을 흡수 통합하는 아시아에서 가장 강력한 군주제 기반의 제국으로 재탄생하게 된다.

심판 이후 한민족 역사 이래 최대의 영토와 영해를 보유하게 되는 새로운 세상의 한반도 통일제국이 그 위상을 차지하게 된다. 새로운 국가의 수도는 두 번 지어질 것이며, 그중 하나는 새로운 세계적 종교의 본산이 될 것이며, 하나는 세계에서 가장 번성하는 도시가 될 것이다. 새로운 왕조는 1,000년에 걸쳐서 지속될 것이다.

2020년은 모든 것이 망하고, 수많은 사람이 죽고, 다치고, 부서지고, 무너질 일 외에는 긍정적인 일은 아무것도 없다. 한국, 일본, 중국은 전부 어떤 식으로든 국가체계의 근간이 무너지게 될 것이다.

이런 예언들이 최근에 갑자기 무차별적으로 유튜브에 홍수처럼 쏟아지고 있는데 맞든, 맞지 않든 불안 초조하고 두려운 것은 사실이고 근심 걱정이 안 될 수는 없을 것이다. 이들도 영적으로 받아서 하는 것일 수 있기에 무시할 수만은 없다.

무대륙, 아틀란스 대륙 심판

미래 하늘 : 바닷속으로 사라진 무대륙에 살았던 혼령들 전원 추포해서 잡아들여!

혼령들 : 죄인이기에 대륙이 침몰했습니다. '무사혼 요천대륙하산도'라는 윤회세계에서 추포되기를 기다렸습니다. 추포되어서 죽든 다른 곳으로 가든 수만 년이 흘러서 알게 되었습니다.

대륙이 사라진 것은 6억 8,000년 전이고, 지구 개념 시간으로는 10,000년 전에 일어났습니다. 미래 하늘이신 자미황제 폐하께 추포되는 자체만으로도 영광입니다. 미래 하늘께서 대한민국으로 오실 줄은 전혀 몰랐습니다. 추포되어 온 혼령들은 무량대수입니다. 미래 하늘이신 심판자, 구원자님. 영계의 세계는 각각 다른 차원에서 무량대수로 존재합니다.

미래 하늘이신 자미황제 폐하께서 지구로 오신 것을 등급에 따라 알 수 있고, 공부 과정에 따라 알 수 있습니다만 거의 몰랐습니다. 하늘의 황태자님이신 미래 하늘께서 지구에서 인간 몸으로 화현하실 것이라는 것은 상상도 못 했습니다. 쇼킹 그 자체였습니다. 혼령들도 벌을 받으면서도 놀라웠습니다.

인간의 몸으로 화현하시어서 지구를 파괴하러 오시었습니다. 영적 공부가 제일 되지 않는 낮은 수준의 영들이 지구로 내려왔습니다. 가짜에 빠지고 진짜를 몰라보고, 죽으면 끝이야~ 이런 말을 하기도 합니다. 영계의 공부가 전혀 안 되어서 그런 말을 합니다. 죽어서 좋은 데 가세요. 윤회가 어디 있어, 다 가짜야. 이러고, 어떤 자는 무의 세계로 간다고 믿습니다. 저희들도 사후세계가 존재하는 줄 몰랐습니다.

미래 하늘이신 자미황제 폐하께서는
복수의 칼을 갖고 오시었다고 들었습니다.
냉철하시다는 소문도 들었습니다,
피도 눈물도 없는 냉혈한이라고 들었습니다.
배신자를 절대로 용서하시지 않으신다고 들었습니다.
성격이 철두철미하시다고 들었습니다.

미래 하늘 : 추포된 무대륙 혼령들 전원 영성과 영체를 소멸시키는 사형집행을 명한다!

아틀란스 대륙에 살았던 혼령들 심판

미래 하늘 : 바닷속으로 사라진 아틀란스 대륙에 살았던 혼령들 전원 추포해서 잡아들여!

혼령들 : 이제야 미래 하늘께 추포 되어서 영광입니다. 저희들 중에서 말하고 있는 혼령들 중 대표가 말씀 올리겠습니다.

'한수얀보 도한서경천'이라는 지옥에서 벌을 받다가 왔는데, 미래 하늘이신 자미황제 폐하께서 지구로 오셨다는 것을 몰라본 죄를 빌고 있습니다. 1955년도 탄생하셨는데, 우리들이 그전에 태어난 것도 죄라고 합니다. 미래 하늘이신 자미황제 폐하께서 지구로 오셨기에 모두가 죄인들입니다. 지구에 태어난 자체도 죄인들이기에 감히 미래 하늘을 바라볼 수도 없습니다.

아틀란스 대륙이 사라진지는 저희들 세계 차원의 기준으로는 18,000년 전입니다. 지구인들이 말하고 알려진 것과 다른 것도 많습니다. 미래 하늘께서 지구에 내려오신 자체가 지구가 파괴될 정도의 파급력입니다. 죽어서 얼게 되었습니다. 모르는 자들도 있습니다. 구석기시대 문명이었습니다.

외계인들이 방문해서 기술 문명을 전수하였습니다. 대륙의 비밀들이 와전되기도 했었습니다. 기록들이 진짜인지 가짜인지, 사람들이 덧붙이거나 뺀 것들도 있습니다. 아틀란티스 대륙은 신화 속의 전설입니다. 외계인들이 TV를 가르쳐주기도 했었습니다. 그 외계인 이름은 '고수영합 체현벽예'이고, 그가 온 행성의 이름은 '용사산주 페르리소'입니다.

미래 하늘 : 추포된 아틀란스 대륙 혼령들 전원 영성과 영체를 소멸시키는 사형집행을 명한다!

이처럼 미래 하늘이신 자미황제 폐하께서는 인간의 상상력을 넘어서 하늘의 말씀인 빛과 불의 기운으로 명을 내리시면 대역죄인들이 우주와 전 세계 어디에, 어느 시대로 윤회하여 살고 있든, 상관없이 신과 영혼들을 자유자재로 추포하시어 심판하신 후 소멸시키시는 경천동지할 천지대능력자이시다. 그래서 이번 생에 독자 여러분이 미래 하늘이신 자미황제 폐하를 알현하여 하늘이 내리시는 명을 받아 영혼의 고향으로 돌아갈 수 있다는 것은 이 세상 최고의 성공과 출세이다.

외계인 심판

지구로 내왕하는 외계인 영혼들 심판

미래 하늘 : 지구로 내왕하는 외계인 전원 추포해서 잡아들여!

외계인 : 미래 하늘이신 자미황제 폐하께 추포되어서 영광입니다. 심판받기를 원했습니다. 미래 하늘이신 자미황제 폐하를 어디서 만날 수 있겠습니까? 지구로 방문 횟수는 많았습니다. 저 같은 경우는 러시아, 미국으로 6억 7,000번 방문했습니다.

지구의 기준으로 외계 비행접시 문명이 얼마나 발달된 것인지는 약 10경 4,499조 년, 상상 초월입니다. 외계인도 사람의 영체로 들어갑니다. 외계인에게 빙의가 된 자들도 있습니다. 외계인들이 한 사람의 어린 시절부터 메시지를 뿌려서 과학자로 만듭니다. 에디슨, 아인슈타인, 레오나르도 다 빈치, 천체물리학자 등등도 빙의 된 것입니다. 무량대수로 추포되어 왔습니다.

'1,070,084,499 차원'이고 제가 온 행성 이름은 '보슈탄터 경천헐루 안테리안 수호피염성'이고 이런 것은 검색해도 나오지 않습니다. 지구인들이 전혀 알지 못하는 무한대의 우주 행성들이 있다는 말입니다. 지구는 최하위 행성으로 영계 쪽의 공부가 하나도 안 된 존재들, 하늘 공부, 영적 공부, 신의 공부가 안된 자들만 지구로 떨어졌습니다.

미래의 하늘께서 내리시는 말씀을 못 알아듣습니다. 무슨 말인지 전혀 알아듣지 못합니다. 제일 큰 죄인들입니다. 미래 하늘께서 죄인들로 인하여 가슴이 너무 아프시고, 지구 행성 파괴를 넘어서서 엄청난 분노를 일으킵니다.

'육한천도파 산부합도경' 외계 행성 중에 역천자 행성이 아닌 행성들도 많이 있는데, 그중에서 폐하를 도와드릴 것이라며 일부러 지구로 떨어져서 윤회하겠다고 한 외계인들도 있었습니다.

폐하께서 지구에 탄강하시기 전부터 어떤 순천자 외계인들이 계획을 짜 가지고, 주인(성주)의 허락을 받지 않고 행성에서 몰래 도망쳐 나와 지구로 떨어져 내려와서 사람의 영체로 들어간 자들도 있습니다. 성주의 허락 없이 지구로 몰래 내려간 것이 이 행성에서는 역모에 해당됩니다. 이들은 1단계부터 다시 공부시킵니다. 외계 행성인들한테도 미래의 하늘께서 가장 낙후된 지구 행성으로 내려가셨다는 것이 충격 그 이상이었습니다.

천상 주인의 황태자이시고 외동아들이신데 어떻게 지구로 내려가신 것인지 행성인들 모두가 충격을 받았었습니다. 물론 지구인들을 심판하시기 위해서라는 것은 알지만 어쨌든 너무나 놀랐었습니다. 외계에서는 충성도가 다릅니다. 지구와는 천지 차이입니다. 지구인들의 충성도가 개미만 한 수준이라면, 천상이나 우주 행성에서는 큰 소처럼 엄청납니다. 지구인들은 개 돼지보다도 못한 축생들입니다. 그 정도로 죄가 크기 때문입니다.

추포된 외계인들 전원 영성과 영체를 소멸시키는 사형집행을 명한다!

【제3부】

절대자 하늘

종교 안에서 하늘, 하느님, 하나님, 구원자, 구세주, 메시아, 재림 예수, 부처, 미륵, 정도령, 진인, 신인, 도인을 기다리던 독자 여러분은 하늘께서 오시면 무엇으로 알아볼 것인가? 어떤 모습으로, 어떤 음성으로, 어떤 기운으로, 어떤 관명으로, 어느 나라, 어떤 곳으로 오실 것이라고 생각해 보았던가?

하늘께서 기운으로 하강 강림하시면 알아보는 방법을 종교 지도자들이 알려주었던가? 기독교, 천주교에서 하느님, 하나님 아버지를 부르는데 진짜 대우주 절대자이신 천지 창조주께서는 대역죄인들의 씨앗들이 부르는 소리에는 응답하시지 않으신다. 이스라엘 조상령 여호와(야훼)만 응답할 뿐인데 그나마 영성과 영체가 미래 하늘이신 자미황제 폐하께 추포되어 소멸되었다.

인류 모두가 이스라엘 민족 조상령에 속고 있었다. 진짜 하늘은 역천자 여호와(야훼) 육신으로 하강 강림하신 적이 없으시고, 오직 미래 하늘께로만 내리실 뿐이시다. 하늘의 외동아들이시고, 황태자이시며 미래 하늘이신 자미황제 폐하께서 대우주 천지 창조주이신 절대자 하늘의 명을 받고 지구로 하강 강림하시어 천상지상 공무를 집행하고 계신다. 가장 먼저 천상에서 역모 반란에 가담한 죄를 짓고 지구로 도망치고 쫓겨나서 종교를 세운 악신, 악령, 악마, 사탄, 마귀, 악귀, 잡귀, 요괴, 귀신들을 추포해서 죄를 묻고 심판하시는 공무를 집행하고 계신다.

절대자가 오셨다

영적 세계로 존재하시는 눈에 보이지 않고 들리지 않는 미래 하늘이신 자미황제 폐하께서 정말 무서움과 대단함을 생생히 보여주시었다. 2019년 11월부터 종교 숭배자, 창시자, 교주, 지도자, 왕, 왕비, 대통령, 영부인, 국가 지도자, 재벌 총수, 정치인, 연예인, 세계적 유명인들의 몸 안에 숨어 있는 신, 영, 조상, 악신, 악령, 악마, 사탄, 마귀, 악귀, 잡귀, 요괴, 축생령, 만물령들을 차례대로 무차별 추포해서 심판하셨다.

이때 "정녕 하늘이 계신다면 하늘의 무서움을 만 세상에 보여주세요"라고 하늘께 청하였더니, "천기 20(2020)년 2월 4일 입춘절을 지나면 알게 된다"고 말씀하시었는데, 그것이 지금 전 세계적으로 일어나고 있는 인간 구제역 괴질병 바이러스 대재앙이었던 것이다. 인류 멸망과 지구 종말의 날이 급격히 현실로 다가왔다. 종말의 날이 급격히 현실로 다가왔다.

하늘께서 인류 멸망에 대한 심판의 명을 천기 20년(2020년) 2월 4일 입춘절을 기점으로 선포하신 이후 세계 인류는 지금 대재앙에 직면하고 있다.

하늘 앞에 죗값과 목숨값을 갖고 와서 굴복하지 않는 전 세계 각 나라의 국가원수와 국민들을 멸살시켜서 폐허로 만들어

국가 자체를 해체시켜 버리거나 신과 영, 심혼, 사혼, 언혼을 소멸시켜 인간 로봇으로 만들어 종이나 노예처럼 부리게 만들어 코리아의 연방국으로 흡수할 계획이다.

종교를 믿는 국가와 국민들은 99.99%가 이번 괴질병 바이러스에 감염되어 죽을 것이며, 어떤 종교든지 종교를 국교로 삼은 나라는 100% 전부 멸살되고, 국가는 해체되어 코리아의 연방국으로 귀속된다.

군사대국, 경제대국, 영토대국, 인구대국을 자랑하는 세계 초강대국들을 굴복시킬 수 있는 길이 인간 구제역 괴질병 바이러스와 모든 천재지변이다. 공포의 두려움에 벌벌 떨면서 살려달라고 울부짖는 날이 다가오고 있으나 세계 각 국가들은 자국민 멸망을 막아내기는 어려울 것이다.

그 이유인즉 동방의 등불 코리아에 미래 하늘께서 내려오신 줄도 모르고, 설혹 안다고 하여도 인정하지 않기 때문이다. 종교를 다니며 수천 년 동안 악신과 악령들이 세운 종교 숭배자들을 존경하며 받든 것이 천상의 주인을 이스라엘 조상귀신으로 바꾼 환부역조의 대역죄가 된다며 빌라고 알려주어도 절대로 인정하지 않고 죄를 용서 빌지 않을 것이다.

이처럼 종교가 무서운 것이다. 종교 숭배자들인 여호와(야훼), 예수, 마리아, 석가모니 부처, 마호메트, 공자, 노자, 상제, 알라신, 라마신, 천지신명, 열두대신을 받들어 섬기면서 종교 지도자들인 신부, 목사, 승려, 무당, 보살, 도인, 도사들의 사상을 믿었다가 죽은 귀신들을 추포해서 심판하다 보면 종교의 기운은 살아서도 죽어서도 절대 변하지 않는다는 영원불변의 법칙을 알았다.

녹음기 틀어놓은 것처럼 죽어서도 똑같이 반복된 종교사상을 말하고 있었다. 오래전에 죽은 조상귀신들도 그렇고, 최근에 죽은 귀신들도 똑같았다.

살아서 열심히 종교 숭배자들을 믿었는데 죽어서 여호와(야훼) 하느님, 하나님, 예수, 마리아, 석가모니 부처, 마호메트, 공자, 노자, 상제, 알라신, 라마신, 천지신명, 열두대신을 만나 구원받았다는 자들이 하나도 없기에, 왜 구원 못 받고 그렇게 있느냐며 물어보았다니 지금도 자신들을 시험 중이라며 끝까지 기다린다고 단단히 세뇌되어 있었다.

그렇다. 맹신하였기에 미쳐 있었다. 천상의 주인이신 태초의 하늘께서는 악신과 악령들이 세운 종교를 가장 싫어하시는데 종교를 다니며 하늘을 배신한 숭배자 악신과 악령들을 받들어 존경하고 있으니 어찌 구원을 받을 수 있겠는가? 오죽하면 살인은 할망정 종교만은 다니지 말라고 하시었을까?

구원자로 미래 하늘이신 자미황제 폐하께서 하강 강림하시었는데, 악신과 악령들이 세운 종교 숭배자들을 믿고 있으니 어찌 구원받아 천상으로 돌아가겠는가? 그래서 종교부터 심판하는 것이 정답이고, 종교 인구가 너무나도 많아서 인간 구제역 괴질병으로 인류의 99.99%가 생사가 불투명하다.

인간 구제역 괴질병 바이러스는 인공지능이어서 신분과 지위

고하를 막론하고 인간 세포를 무차별 침투하고 공격한다. 특이한 것은 괴질병 바이러스는 가장 먼저 심판받아 죽어야 할 종교인들을 매우 좋아하기에 교회에서 전염이 잘된다.

세계 종교 현황(현재 인구 78억 명 기준)

1위 무슬림 17억 명(23%)- 알라신과 마호메트

2위 가톨릭 12억 8,481만 명(17%)- 하느님, 마리아

3위 기독교 11억 명(16%)- 여호와 하나님, 예수

4위 힌두교 9억 8,000만 명(14%)- 라마신

5위 불교 5억 2,000만 명(7%)- 석가모니

6위 원불교, 신교, 도교, 무교, 유교, 무신론자 13억 명

로마 교황청이 있는 천주교의 나라 이탈리아, 기독교의 나라 미국, 이슬람교의 나라 사우디아라비아, 이란, 이라크, 터키, 아프가니스탄, 수단, 리비아, 힌두교는 인도, 인도네시아, 말레이시아, 불교는 인도, 티베트, 미얀마, 타이, 라오스, 베트남이다.

이미 천상에서도 그렇게 배신을 해서 지구로 쫓겨났기에 천상의 주인을 배신하는 종교를 믿고 있는데, 이렇게 가르쳐주어도 인정도 하지 않고, 받아들이려 하지 않을 것이기에 인류 멸살과 지구 종말이라는 죽음으로 심판을 집행할 수밖에 없다.

전 세계 인간들아~!

하늘께서는 지구의 주인이자 인류의 주인이시다. 세계 인류 78억 명이 믿든 안 믿든 전혀 상관없느니라. 만생만물과 지구와 인류에 대한 종말과 생살여탈권을 갖고 있느니라. 언제든

지 지구를 파괴하여 공중분해시킬 수 있느니라.

이번 기회에 지구에 대한 소유권과 인류에 대한 통치권을 확인할 것이고 인간, 신, 영혼들에 대한 심판을 집행할 것인데 각자들은 어떻게 하는 것이 현명할 것인지 생각해 봐야 할 것이다. 인류와 지구에 대한 심판은 이미 결행되어 진행 중이고, 인류의 완전한 멸망을 이루는 지구 종말의 날이 언제인가 최후의 그날만 남아 있다.

세계 종교 현황을 살펴보면 사탄과 마귀라 할 수 있는 악신과 악령들이 세운 이슬람교, 기독교, 천주교, 힌두교, 불교, 도교, 무속, 기타 종교를 믿는 자들이 거의 전부이다. 세계 인류가 나를 찾아오기는 거의 불가능할 것이다.

이 나라에 태어나 진짜 절대자 하늘을 찾는 자들과 영혼의 부모를 만날 자, 사후세상을 보장받을 자들만 하루빨리 들어와서 하늘께서 지구 종말이라는 최후의 명을 내리시기 전에 죽음 이후의 사후세계를 모두 준비해 놓아야 한다. 이미 인류 멸살의 명이 내려졌기에 인간 구제역 괴질병이 전 세계를 휩쓸고 있는 것이다.

인류와 지구의 운명에 대한 생살여탈권은 미래 하늘이신 자미황제 폐하께서 갖고 계시기에 지구가 파괴되어 종말을 맞이하게 명을 내리시면 3개월 안에 이루어지기에 천상으로 돌아갈 자들을 위해서 약간의 시간을 남겨놓으시었다.

하늘께서 지구 종말이라는 결심을 하시고 최후의 명을 내리시면 90일이면 지구는 운석이나 행성과 충돌로 파괴되어 지구는 더 이상 천체에 존재하지 않게 된다. 이것이 미래 하늘께서 죄인들인 세계 인류를 심판하러 지구로 오시어 세계 종교 현황을 살펴보신 결과, 수천 년 동안 종교사상에 너무 깊게 세뇌당하여 구제 불능이라는 결심을 하시고 1차로 인류를 멸망시키고 2차로 지구를 파괴하실 계획을 세우셨다.

인류 멸살은 진행 중이지만 완전한 지구 종말을 언제 결행하실 것인지는 하늘의 고유영역이자 고유권한이시기에 아무도 알 수 없지만 죄인들이 천상과 전전 전생에서 지은 죄를 인정하고 용서 빌러 오는 자들이 얼마나 있는가, 없는가에 따라서 종말의 날이 빨리, 혹은 늦게 정해질 것이다.

죄를 빌고 천상으로 돌아갈 자들이 찾아오지 않는다면 더 이상 기다릴 필요가 없으니 오늘이라도 지구 종말의 결심을 하시면 90일 이내에 지구가 사라지는 종말의 날이 현실로 올 것인데 믿어지지 않으리라.

두렵기도 하지만 너무 황당하여 뻥 같기도 해서 종잡을 수 없다는 사람들도 많을 것이다. 그렇다. 공상 같으니까 뻥일 수도 있고 현실이 될 수도 있다. 인류가 기다리던 미래 하늘이신 자미황제 폐하께서 현실로 오시었는데 무엇으로 보여줄까?

모습의 형상으로 보여주실까? 아니다. 지금처럼 괴질병 바이러스를 통해서 세계적인 공포의 기운으로 보여주신다. 하늘은 기운 그 자체로 존재하시고, 만물의 정기를 자유자재로 운행하시는 미래의 절대자 하늘이시다.

구세주 하늘을 찾기까지

영적 세계를 다룬 흥미로운 책이다! 세상을 살아가는 사람들이 대우주를 천지 창조하시고 다스리시는 눈에 보이지도 않는 태초의 하늘을 왜 찾아다니는 것일까? 온갖 종교를 두루 다니면서 어디가 진짜 하늘인지 찾으려고 혈안이 되어 있다.

불교, 이슬람교, 기독교, 천주교, 힌두교, 도교, 무교, 신교, 유교 등 수많은 종교가 있지만 아무도 진짜 하늘을 찾아내지 못하고 허송세월만 보내고 있다. 하늘의 형상이 어떻게 생겼는지 알아야 찾을 것이 아니던가? 아무도 하늘의 형상을 본 사람들이 없다. 하늘은 형상으로 존재하시는 것이 아니라 무소불위한 절대적 기운으로 존재하시기에 형상을 상상하면 안 된다.

절대자이신 하늘의 능력 또한 어느 정도인지도 가늠이 안 되고 추측만 할 뿐이다. 절대자 하늘은 한도 끝도 없이 찾아야 하는 절박한 이유가 있기에 인류가 지구에 탄생한 이후부터 오랜 세월 동안 하늘을 찾아다녔지만 아무도 찾아내지 못하고 무수히 세월만 보내고 가짜 숭배자 악신에게 굴복하고 있다.

특히 종교 안에서 여호와(야훼) 하느님, 하나님, 부처, 상제, 석가, 예수, 성모, 공자, 노자를 찾았다고 주장하는 사람들도 있을 것인데, 모두가 이 땅에 왔다가 죽은 귀신들이며, 악신과 악령들이 하늘을 사칭하고 있는 것에 불과하다.

자신이 하느님, 하나님, 부처, 상제, 천제, 석가, 예수, 성모, 공자, 노자, 마호메트, 알라신, 라마신, 천지신명, 열두대신이라고 하거나, 자신의 몸으로 어떤 높은 영적 존재가 들어왔다고 주장하는 종교 교주들이 있는데, 그들의 영성과 영체를 즉시 추포해서 심판하면 모두가 이들을 사칭한 저급한 악신, 악령, 악마, 사탄, 마귀, 요괴, 악귀, 잡귀들이다.

지구는 지적 능력을 가진 고등생물인 고차원적인 인류가 살아가니까 대단하다고 생각하며 자부심으로 살아가기에 대우주의 절대자 하늘께서 지구에 하강 강림하실 것으로 생각하는데 그러실 이유가 하나도 없으시다.

대우주 천체에는 사람처럼 살아가는 행성들이 7,500개 정도가 있는데 지구라는 행성은 천상의 황실과 3,333개 제후국에서 죄를 짓고 쫓겨난 죄인들이 살아가는 최하위 행성으로 문명과 지능이 가장 낙후된 지옥별 역천자 행성으로 밝혀졌다.

이미 육신이 죽은 영혼들이든, 육신이 살아 있는 영혼들이든 종교인들하고는 절대로 논쟁하지 않는다. 도담(道談)을 나누는 것은 시간 낭비, 정력 낭비이고, 구원받지 못할 대역죄인들이기에 온갖 종교를 다니고 있다는 것이 밝혀졌다.

아무리 진실을 알려주어도 앵무새처럼 교리에 세뇌당한 말만 반복하는 것을 무수히 체험해 보았기에 종교에 빠진 사람들 중에 교회와 성당에 다니는 신도들은 차라리 죄라도 더 이상 짓지 않게 이 책을 읽지 않는 것이 훨씬 좋을 것이다.

천상과 전전 전생에서 지은 죄가 얼마나 크면 미래 하늘이신 자미황제 폐하께서 마지막 말법의 시대에 한 인간 육신을 빌리시어 오셨는데 종교의 교리와 이론에 세뇌당해서 알아보지 못하고 천국, 천당, 극락, 선경세상 타령만 하고들 있을까?

수천 년 동안 조상 대대로 대를 이어서 믿어오던 모든 종교는 인간, 영혼, 조상, 신들을 구원해 주는 곳이 아니라 금전, 세월, 정력, 인생만 허송세월로 바치는 곳이다.

미스터리극장 위험한 초대에 사례자 몸 안에 12명의 영혼이 있다는 내용이 나왔는데 사실은 이보다 훨씬 더 많은 수천억 영혼들이 함께 살아가고 있으나 모르고 지낼 뿐이다. 사람 육신 자체가 귀신들의 무덤인 줄 모르고 있다.

한 사람 몸에 수천억에서 조 단위 숫자의 악신, 악령, 귀신들이 살아가고 있는데, 사람 눈에 안 보이는 것이 천만다행이라고 생각한다. 몸이 아픈 사람들은 살아서 같은 병으로 죽은 악신, 악령, 귀신들이 들어와 있다는 것이 확인되었다.

몸이 아프니 병원에 가지 않을 수는 없고, 가자니 귀신들이 떼거지로 우르르 달라붙는다니 진퇴양난일 것이다. 방법은 단 하나 이곳에 방문해서 특별한 기운을 받아야 한다. 약국을 가도 수많은 귀신들이 달라붙어 오는데, 부적 같은 것은 아무런 도움도 안 되고 오히려 더 많은 귀신들을 불러들인다. 귀신들도 살아생전 아팠던 자신의 몸을 고치러 병원에 다닌다는 웃지 못할 진실을 인류 최초로 찾아내어 확인했는데 여러분은 어떻게 생각하는가?

그리고 병원에 병을 고치러 가고, 침 맞으러 한의원에 가고, 땀 빼러 한증막에 가고, 굿하러 무당집에 가고, 예배, 미사, 법회, 도학 수련, 기수련에 참가하려고 교회, 성당, 절, 도교, 명상센터에 들어가면 천문학적인 수천억 명의 종교귀신들이 달라붙어 들어온다는 무서운 진실을 아무도 모르고 있는데, 심판해 보았더니 이들도 사람 몸 안에서 윤회 중이라고 말한다.

또한 결혼식, 회갑연, 칠순, 팔순 잔치, 장례식에서도 어마어마한 귀신들이 사람 몸으로 달라붙는다는 것이 확인되었으니 사람 육신이 귀신들의 집 그 자체이다. 사람을 만나면 그 사람보다 더 나은 면이 보이는 사람 몸 안에 있던 귀신들이 여러분 몸으로 달라붙는다는 사실도 확인하였다.

그래서 사람도 잘 만나야 하고, 함부로 아무 사람이나 만나면 아주 재수 없는 나쁜 기운을 가진 귀신들이 따라 들어올 수 있다. 친구 따라 강남 간다는 속담이 있듯이 사람을 잘못 만나면 저승길 동무를 하게 되는 경우도 많다.

수많은 귀신들을 추포해서 심판해 보면 죽음의 공포를 느낀다거나 미래 하늘께서만이 구원자라고 한다. 귀신들의 세계에서 윤회하며 고통스럽고, 죽어서 가족들을 찾아가지 못해 귀신이 되어 육도윤회를 하기도 힘들다며 살려달라고 읍소한다.

저 밝은 태양이 곧 죽음의 태양으로 변한다. 살아 있는 사람들에게는 아비규환과 아수라장의 세상이 열리느냐 마느냐의 기로에 놓여 있다. 죽음의 태양도 미래 하늘이신 자미황제 폐하 소유이다. 죽음의 태양이 사람들에게는 밝게 보여도 귀신들에게는 죽음의 태양으로 보인다.

하늘의 마음에 세상의 운명이 달려 있고, 산 자와 죽은 자 모두의 생살여탈권이 집행된다. 잘못을 비는 귀신도 있고 안 비는 귀신도 있다. 치료약이 없는 괴질병으로 세계 인류가 공포와 두려움에 벌벌 떨고 있는데 이것은 서막에 불과하고 변이된 더 무서운 괴질 바이러스가 창궐한다.

'도천지한사 인멸천황 휘황재인멸사 진도혈사지진 휘소불위천경도지암흑천도 도만황천지사인도래 태상천지사인멸도염치곤합세 휘성불합지존도래'

구원의 기운을 갖고 오시어 인류를 구하고, 종교의 종말을 이루시기 위해서 오신 분이 미래 하늘이신 자미황제 폐하이시다. 앞으로의 세상은 미래 하늘이신 자미황제 폐하께 인류의 생사가 달려 있다. 바로 이분, 하늘의 천자이시자 황태자분께서 하늘의 기운으로 인간 육신을 빌려서 쓰신 것이다.

그동안 집필한 책이 지구에서 살아가는 죄인들에게 심판의 서막을 알리고 교화하여 알곡을 추리기 위한 하늘의 문을 여는 책이었다. 책을 읽고 비난 험담한 산 자들은 죽어서도 용서받지 못한다. '하늘이 어디 있어? 죽으면 그만이지'라고 말하는 자들은 죽어서도 용서받지 못할 대역죄인들이다. 윤회 과정을 통해서도 지옥별로 떨어진다.

마지막으로 심판받기 위해서 지옥별에 온 것이다. 이번 생이 마지막으로 죄인들이 구원받을 수 있는 심판의 기회이다. 현재 인류의 대재앙으로 인해 언제 죽을지 몰라서 유서를 쓰고 있는 세계인들이 많다고 귀신들이 알려준다. 이탈리아, 독일, 프랑스, 스페인, 스위스, 영국, 미국, 캐나다, 멕시코, 브라질 사람들은 언제 죽을지 몰라서 전 세계적으로 유서 쓰느라고 난리인데 214개 이상 나라가 감염되었다.

한국은 미래 하늘께서 계시기에 나은 편이지만 외국은 매우 심각하다. 하늘께서 내리시는 죽음의 기운이 실시간 세계로 발산되고 있으며, 뉴스를 통해서 외국 사례를 보고 있는데, 당사자들은 엄청 심각하다. 무서워서 밖에 나가지도 못하고, 공기 중으로도 바이러스가 전파된다고 하니 나가면 죽음이다.

세계는 지금 우울증, 정신적 패닉 상태에 빠졌다. 사람은 누구나 죽는다. 죽고 나서야 구원받아 돌아갈 곳이 없다는 것을 알았다고 말하는 귀신들이 참으로 많다. 책을 읽고 공감하고 감탄한 자들은 뽑힌 자들이다. 인류를 향한 검은 죽음의 기운이 분출되고 있는데, 이는 하늘께서 계속 분노하고 계신 모습이 세상을 향하여 표출되는 상태를 말한다.

인류의 대재앙 괴질병은 치료약이 없고, 설혹 약이 개발된다고 하여도 그것보다 더 강력한 변종 바이러스가 발생하기에 인류의 능력으로는 속수무책이다. 괴질병은 종교 심판이므로 인류에게는 해답이 없기에 찾을 수가 없다.

하늘께서 해답을 갖고 계시지만 인류 모두를 위해서 쓰시지는 않으실 것으로 보이고, 선별적으로 하늘께 뽑혀서 선택받아 찾아온 사람들에게만 기회를 주실 것이다. 인류의 알곡을 추리기 위한 심판의 바이러스, 죽음의 바이러스, 공포의 바이러스인데 대한민국 사람들이 가장 많이 살아남는다.

이슬람교, 기독교, 천주교, 불교, 힌두교, 도교, 무교, 유교의 성직자와 종교사상에 깊게 세뇌되어 있는 열성 신도들은 괴질병 구제 대상에서 제외한다. 교인이라는 신분은 속일 수 있지만 결국 다 들통이 나기 때문에 소용이 없는데, 하늘께서 내리시는 기운이 흡수가 안 되어 거부 현상이 일어난다.

미래 하늘이신 자미황제 폐하께서는 환자가 전 세계 어느 나라, 어느 도시에 살고 있든 간에 거리에 상관없이 괴질병은 개인별, 가족별, 단체별, 국가별로 선별해서 소멸할 수 있다. 외국인들은 이곳에 계신 미래 하늘을 알 수도 없고, 찾아올 수도 없기 때문에 치료받는 것이 불가하고, 이 나라에 살고 있는 국민들 중에서 종교를 벗어난 일부만이 혜택을 누릴 것이다.

국가를 존속시키고 싶은 왕, 대통령의 국가원수들은 절차에 따라서 입궁하고, 살고 싶은 자들도 합당한 절차를 따르면 된다. 괴질병에 일단 걸려 확진 판정을 받으면 거의 죽는다.

완치 판정을 받아 병원에서 퇴원했더라도 잠복기가 지나면 악성 변종으로 재발하기에 죽는다. 하늘께서 용서받지 못할 죄인들부터 심판하시는 것이다. 78억 인류의 죄상이 담긴 천상장부가 존재한다는 사실을 어느 누가 알겠는가? 죄목에 따라서 각자가 뿌리고 행한 대로 거두는 것이다.

인류와 지구의 주인 추대

지금 이 나라에는 절대자 하늘께서 미래 하늘(황태자)을 하늘의 구원자로 내려보내셨다. 여러분의 영적 판단 능력으로 알아볼 수 있도록 수많은 책을 집필해서 출판하였지만 황당하고 허무맹랑하다며 사이비라고 비난 험담 매도하였다.

절대자 하늘께서 이제는 눈으로 보이고, 귀로 들리도록 변종된 악성 괴질병 바이러스로 전 세계 인류를 심판하시고 계시는 모습을 매일같이 생방송 특집으로 하루종일 보여주고 있다. 일상사 모든 일들은 정지되고 온통 괴질병으로 확진받은 자들과 사망자 현황을 전 세계 국가별로 보도하는 내용들이다.

어느 누가 절대자 하늘이 없다고 하였던가? 어느 누가 종교에서 전하는 여호와 하느님, 하나님을 진짜라고 믿으라 말하였던가? 이제 종교 숭배자들은 모두 영성과 영체가 처형당해 소멸되었고 그들의 수하들만 인간 육신 안에 헤아릴 수 없을 정도의 엄청난 악신과 악령들만이 남았다.

지금은 심판의 서막에 불과하기에 심각성과 다급함을 인정할 수 없어서 멍하니 바라보고 있겠지만 온 세상이 아비규환의 아수라장으로 급변하면 생존자 명부(생명부)에 이름을 올리려는 자들이 인산인해를 이루게 될 것이다.

인류에 대한 심판이 거의 마무리 단계가 되면 살아남은 자들이 공포에 질려서 엎드려 굴복하면서 미래 하늘을 인류의 주인, 지구의 주인으로 추대할 것이고, 세계를 다스리는 실질적인 주인으로 등극할 것이며 종교는 완전 소멸된다.

미래 하늘께서 인류의 주인 인존천황, 인류의 대통령, 인류의 황제, 지구의 주인 지존천황, 지구의 대통령, 지구의 황제 자리에 오르고 대통령 직선제는 영원히 사라지고 절대군주제가 시행된다. 전 세계에 널려 있는 모든 금은보화는 이 나라에 생존자 명부에 들어간 사람들의 복지를 위해서 사용된다.

군사대국, 경제대국, 영토대국, 인구대국, 관광대국, 수출대국의 꿈이 이루어질 것이다. 지구에 대한 소유권과 인류에 대한 통치권을 하늘께서 집행하시니 이것이 진정한 하늘의 심판이고 무릉도원 세상이 열리는 것이다.

종교의 악들을 모두 심판하고 나면 전쟁도 없고, 종교도 없으며 평화로운 세상이 열린다. 새로운 세상을 열려면 악신과 악령들을 모두 죽여야 한다. 생명부에 이름을 올려서 살아남을 것인가? 아니면 심판받아 괴질병 바이러스에 감염되어 일찍 세상을 떠날 것인가 빨리 선택해야 한다.

지구의 주인, 인류의 주인! 참으로 생각지도 못했던 대심판, 대이변, 대재앙이 전 세계에서 일어나고 있다. 이 나라가 세상을 다스리는 그날이 왔고, 인류 모두가 두려움에 굴복한다.

하늘은 빛과 불의 기운!

인간 구제역 괴질병과 천재지변의 대재앙에서 생명의 빛을 따라 들어와야 목숨을 보호받아 생존할 수 있다. 난세에 영웅이 출현한다고 하였듯이 지금이 바로 그 시기인데 알아볼 자들이 얼마나 있을지는 미지수이다.

아무나 빛과 불이신 하늘을 알아보는 것이 아니라 하늘이 내린 기운에 의해서 선택받은 자들만 책을 감동받으며 감명 깊게 읽고, 각자들이 마음과 온몸으로 천비로운 기운을 느끼고 이끌려서 들어오게 된다. 현생의 해답이 여기에 있다.

책 자체가 하늘이 내리신 시험지이자 하늘의 관문이기에 책을 읽어보지 않는 인간, 영혼, 신, 조상들은 절대로 들어올 수 없기에 천상으로도 올라갈 수 없다. 하늘세계, 사후세계, 조상세계, 영혼세계를 다 알기에 책을 안 읽어보아도 다 이해한다는 기고만장한 자들은 방문을 사절한다.

책을 읽고 방문할 때 악귀잡귀들의 방해가 엄청나게 심하기에 마음 흔들리지 않게 단단한 각오로 방문해야 한다. 악들과 귀신들은 이곳에 들어와서 여러분이 하늘이 내리시는 명을 받는 것을 결사적으로 방해하면서 부정적인 메시지를 뿌려대기에 마음이 흔들리지 않게 준비를 철저히 해야 한다.

이 땅에 태어나서 최후의 승리자와 성공자는 왕이나 재벌, 부자, 고위공직자, 정치인, 유명 프로선수, 연예인들이 아니라 이곳에 들어와서 하늘로부터 천상으로 올라가는 황명을 받는 사람들이다.

그 이유는 육신의 삶이 다하여 죽으면 모두 각자가 지은 업보에 따라서 만생만물로 환생하는 무서운 윤회(불지옥 포함)의 과정을 거치게 된다. 살아생전 종교를 열심히 믿은 사람들은 오히려 더 큰 죄가 되어 참혹한 가중처벌받는 사후세계 고통이 이어지는데 아무도 모르고 종교에 심취해 있다가 어느 날 갑자기 저승길로 들어가서 엄청난 고문형벌을 받는다.

신들과 영들의 눈에는 나의 모습이 온통 빛 자체이다. 생명의 빛, 광명의 빛, 구원의 빛, 황금빛으로 보이는데 너무나 강렬하여 눈이 아파서 똑바로 바라볼 수 없을 정도라고 말하며 빛의 강도를 줄여달라고 청하는 신과 영들도 많이 있다.

내 몸 안에 황금용들이 들어 있고 청룡, 적룡, 백룡, 흑룡들 수천 마리가 24시간 철통 호위하고 있다. 온갖 종류의 생사령들과 악귀잡귀 귀신들이 상상을 초월할 정도로 몰려와서 살려달라고 하소연하지만 지엄한 천상법도에 따라서 집행한다.

산 자들의 영혼과 죽은 자들의 영혼들이 구원받으려고 무수히 들어온다. 나는 말 그대로 구원의 빛이자 불이 맞지만 아무나 모두를 살려주지는 않기에 조상 망자들은 반드시 직계 자손이나 후손들의 육신이 살아 있어야 한다. 그리고 종교에서 벗어나야만 하늘께서 천상으로 입궁하도록 명을 내려주신다.

영혼 영가들이 천상으로 입궁하는 데 적합한 절차가 있으니, 이미 죽은 조상이나 가족 영혼들은 직계 가족이나 후손을 데리고 들어와서 상담하여 합격한 사람들은 의식 비용(천상입궁 공덕금)을 준비해서 정해진 날짜에 참석하면 되는데 이것을 조상 영혼 영가 천상입천 의식이라 하며 평생 한 번만 행한다.

반대로 육신이 살아 있는 자들은 천인합체 또는 생령입천 의식이라는 것이 있다. 육신이 죽는 순간 천상의 3천궁으로 입궁할 수 있는 천인합체 의식과 아예 지금 당장 천상의 3천궁으로 입궁할 수 있는 생령입천 의식이 있다.

여러분의 영혼들이 천상에 먼저 올라가 있으면 더 좋은 일들이 많이 생기고, 죽음이라는 것이 전혀 무섭지도 두렵지도 않아서 인생 살기가 너무나도 홀가분하고 편안해진다. 인간 육신의 죽음을 가장 무서워하는 존재들이 여러분의 신과 영혼들인데, 그 이유는 육신이 살아 있어야 의식비용을 가져와서 하늘께 명을 받들 수 있기 때문이다.

돈이 기운이기에 천상의 3천궁으로 올라갈 때 어느 궁전으로 올라가느냐에 따라서 신분의 차등이 주어진다. 기운의 크기에 따라 3,333개의 신분 차이가 난다고 보면 된다. 천상의 3천궁으로 올라갈 때 돈의 액수를 얼마로 정해서 바칠 것이냐에 따라서 각자들의 신분 서열이 정해진다.

인간세상의 공무원 서열 직제가 천상의 3천궁에서 그대로 지구에 내려온 것이기에 거의 같다. 천상의 3천궁에서 성주(왕, 여왕, 대통령, 제후), 왕비(영부인), 태자, 세자, 왕자, 공주, 재상(국무총리), 대신(장관), 대도독(시도지사), 도독(시군구청장), 5군 참모총장, 장군, 판사, 검사, 변호사, 학자, 교수, 프로선수, 가수, 배우, 탤런트, 연예인, 재벌그룹 총수가 되어서 천상의 3천궁으로 올라갈 수 있다.

미래 하늘이신 자미황제 폐하께서 황위 계승자이시고 천상의 주인 자리에 오르실 인사권자이시기에 살아서 명을 받으면 가장 좋고, 이미 돌아간 각자의 가족이나 부모 조상들도 커다란 대역죄의 결격사유만 없다면 왕이나 대통령, 여왕, 왕비 혹은 높은 고위공직에 중용될 수 있다.

영적 세계의 공상 소설 같지만 믿음에 따라서는 현실 그대로 이루어진다. 그리고 그런 높은 직책에 임명되었는지 확인할 수도 있기에 불신의 마음을 가질 필요가 전혀 없다. 인간세상에서 이루지 못한 것을 죽어서 천상의 3천궁에 올라가서 이룰 수 있는 기절초풍할 길이 열려 있는데 믿고 행할 것인가? 말 것인가의 선택은 여러분 각자의 자유이다.

사람으로 윤회하여 태어난 것은 이곳에 들어와서 하늘께 명을 받아 다음 생을 지옥 명부전에서 심판 안 받고, 말 못 하는 만생만물로 태어나지 않고 천상의 3천궁에 올라가서 10~20대의 젊은 선남선녀로 태어나도록 준비하기 위해서이다.

이런 엄청난 진실을 몰라보고 허송세월로 보내거나, 죽으면 그만이라고 말한다. 죽어서 천국, 천당, 극락, 선경세상으로 올라간다고 종교에 열심히 다니고 있으나 매우 안타까운 일이지만 그들의 죄 많은 숙명이자 운명이며 업보일 것이다.

미리 말해 두지만 죽어서 좋은 곳으로 간다고 알려진 천국, 천당, 극락, 선경세상은 존재하지 않는 악들이 세워 놓은 허상의 세계임이 밝혀졌으니 절대로 찾지 마라. 죽어서야 모두들 종교 숭배자와 종교 지도자들에게 속았다는 것을 알고, 대성통곡하며 하늘께 찾아와서 살려달라고 애걸복걸하는데 죽어서 이런 멍청한 바보는 되지 말자.

살아서는 자신들이 믿는 종교 숭배자와 종교 지도자들을 받들어 존경하며 온갖 돈과 재물을 바치며 아양을 떨어놓고, 죽어서 속은 것을 알고서야 진짜 빛과 불이신 하늘께 살려달라고 읍소하니 처량 맞은 신세가 따로 없었다.

죽어서 좋은 세계로 못 갔다고 애걸복걸하며 땅을 치며 후회하지 말고 살아서 이곳에 들어와 천상의 3천궁으로 입궁하는지 못하는지 직접 확인해 보고 나서 죽으면 될 것 아닌가? 이곳은 하늘세계, 영혼세계, 귀신세계, 조상세계, 사후세계에 관한 일들은 불가능이 없는 지구상 전무후무한 곳이다.

죽음 이후 사후세상을 보장해 준다니까 뭘로 믿느냐고 황당하다고 말하는 사람들이 전부이지만 자신의 기운과 영혼(생령)으로 직접적인 확인이 가능하니 더 이상 불신의 마음을 가질 필요가 없다. 하늘은 여러분을 속이지 않으신다.

영적 세계라 안 보이고, 안 들리기에 부정적인 마음이 앞서고, 확신하지 못해서 속는 거 같아 안 하고 그냥 죽었는데, 여기서 행한 것들이 죽은 뒤에 모두가 사실이란 것을 알면 얼마나 속 터지고 안타까울까? 천추의 원과 한으로 남을 일이다.

미래 하늘 자미황제 폐하 권한

하늘의 주인 천존천황, 완수 후/ 도솔천존 자미황제(현재)
지구의 주인 지존천황, 지구의 대통령, 지구의 황제(현재)
인류의 주인 인존천황, 인류의 대통령, 인류의 황제(현재)

괴질병 감염 방지 기운 하사

인간, 신, 영, 조상의 천상입천 윤허 및 생살여탈권자, 악귀잡귀 심판자, 장생하는 천수장생 의식

지상 자미황궁은 아무나 들어올 수 없으며, 특히 죄가 너무 많은 자들은 들어올 수 없고, 하늘의 선택을 받아서 뽑혀야 들어올 수 있는 곳으로 미래 하늘이신 자미황제 폐하를 현생에서 알현할 수 있는 자체가 행운아, 천운아이다.

하늘의 심판으로 괴질병 바이러스의 집단 감염사태가 발생하여 종교 멸망, 인류 멸살이 현실에서 이루어지고 있다. 종교가 지옥세상임을 보여주고 대우주 천지 창조주이신 절대자 하늘의 가슴을 후벼 파고 아프게 한 역모 반란의 대역죄를 지은 자들에게는 구원받지 못하도록 종교세상으로 들어가게 하였다. 자신의 소중한 돈과 재물, 재산, 정력, 세월, 인생을 몽땅 바쳤는데 죽어서 천상으로 오르지 못하게 종교에 가두어두는 천벌을 내린 것은 경천동지할 일이다.

죽음은 누구나 두렵고 무서운 것인데 죽음을 대비하여 사후 세계를 준비하는 자 없으며, 자신에게 죽음이 없을 거라 착각하고 있다. 현실에서도 괴질병 바이러스로 비상이지만 죽음을 예측할 수 없고 내일 당장 죽더라도 오늘 하늘의 명을 받는 것이 얼마나 소중하고 귀중한 것인지 죽어서 알게 된다.

괴질병 바이러스 감염자 중에는 신문광고 보고 욕한 사람들도 있다는 사실에 놀랐는데, 이는 실시간으로 하늘께서 지켜보시고 한 치의 오차도 없으심에 또 한 번 감탄할 일이다. 괴질병에 감염이 되지 않고 살아남을 수 있는 길은 하늘께서 내려주신 기운을 받는 것이다.

육신이 살아서 하늘이 내리시는 천인합체의 명을 받았다는 것은 인간으로서 최고의 행운이며 돈이 많다고 할 수 있는 의식이 아님을 알게 된다. 하늘의 선택을 받았음에 무한 감사 올려드리고, 잘 지켜야 한다는 말씀도 명심해야 한다.

이 땅에 사람으로 태어나서 오래 사는 것이 좋은 것이 아니라 하늘을 알현 드리고 천상에서 지은 죄를 빌고, 하늘의 명을 받아 천상으로 돌아가는 것이 가장 중요하고 좋은 것이며, 육신이 살아서 미래 하늘이신 자미황제 폐하를 알현하게 된 자체가 그야말로 천복만복이다.

수명장생하는 천수장생 봉행의식이 거행되었는데 미래 하늘이신 자미황제 폐하께서 올해 53세인 심○○ 씨에게 늙지 않고 젊어져 23살의 젊고 건강한 청년의 모습으로 1천 년의 삶을 살아갈 수 있도록 천수장생의 명을 내려주시고 천상의 장생세포를 하강시켜서 합체시켜 주시었다.

미래 하늘이신 자미황제 폐하께서는 그동안 종교 안에서 영생을 외쳤지만, 영생을 이룰 수 있는 곳은 이곳 한 곳뿐이라 하시며, 하늘이 내린 천복만복은 아무나 받을 수 있는 게 아니다. 인간 육신의 영생이 이루어지는 것을 보여주어 정말 하늘이 실제 살아계신다는 것을 만 세상에 보여주신 것이다.

이곳 지상 자미황궁에는 신과 영, 조상, 인간들이 원하고 바라는 모든 것이 다 있다. 미래 하늘을 알현 드릴 수 있다는 자체가 각자들이 살아서나 죽어서나 원하고 바라는 것을 얻을 수 있는 그야말로 귀하고도 귀한 보물을 얻는 것인데, 찾아가지 못하고, 얻어가지 못해 몹시 안타까운 심정이다. 진짜 귀한 것은 사람들의 눈에 보이지 않는 하늘의 기운이다.

할머니 귀신이 하는 말인즉, 혼자 하는 말이나 투정 부리는 말, 중얼거리는 말도 미래 하늘이신 자미황제 폐하께서 다 듣고 계시니 구업을 짓지 않도록 말조심해야 하며, 사람들이 하는 말 중에 어차피 죽으면 끝인데 빨리 죽고나 말지라든가, 늙으면 죽어야지 하며 무심코 말을 하는데, 이에 대한 벌이 엄청 크다는 것을 죽은 뒤에 알게 된다고 했다.

인류 모두가 천상에서 너무나도 큰 죄를 지어서 지옥 행성인 지구로 떨어진 죄인들인지라 각자들의 고통이 있는 것인데, 이런 진실을 모르고 내 삶은 왜 이렇게 힘들고 안 풀리고 돈도 잘 못 벌고, 몸은 왜 이렇게 아프나 하고 불평불만을 하게 되면 구업을 짓게 되는 것이다.

미래 하늘 자미황제 폐하 하강 강림

인간들이 추구했던 모든 것은 이곳에서 현실이 되고 있으며, 육신의 영생이 이루어지는 것이 여기뿐이고 신과 영, 인간들이 원하고 바라는 모든 것이 여기에 있는데 각자가 찾아갈 것인지, 말 것인지 선택만 남았다.

세상은 온통 두렵고 무서운 괴질병 바이러스 공포로 인해서 패닉 상태에 들어갔다. 이 나라뿐만이 아니라 전 세계가 모두 언제 감염될지 몰라서 외출할 때는 마스크를 착용하고 다니지만, 아예 외출 자체를 하지 않기 때문에 적막감이 감돌고 있다.

택시, 버스, 지하철, 고속철, 여객기, 선박 등 모든 운송수단이 급격히 정지되고 있다. 현재 수많은 국가에서 한국인을 출입금지시키고 있기에 여행사들은 도산하기 일보 직전이고, 시장이나 백화점에도 사람들이 없어서 죽음의 도시를 방불케 하고 있다.

마스크를 사지 못해서 난리이고 불안해한다. 괴질병 무증상자일지라도 언제 양성 판정을 받을지 알 수 없다. 현재 확진자와 사망자가 계속해서 늘어나고 있고 검사 중인 유증상자가 수만 명에 이르기에 앞으로 얼마나 늘어날지는 미지수이다. 각자들이 음성에서 언제 양성 확진 환자로 판정받아 14일간 격리 수용되거나 죽을지 몰라 불안과 공포에 벌벌 떨고 있다.

병원에서 괴질병 환자 수용 능력이 부족하여 치료받지 못하고 자택에서 자가격리 상태로 있다가 사망하는 환자들이 계속 늘어나고 있기에 공포심은 극에 달해 있다. 정부에서 방역대책을 세우고 최선을 다하고 있지만 속수무책인 상태이고, 확진자와 사망자는 연일 계속 늘어나고 있다. 괴질병의 치료제나 백신이 없어서 감염되면 죽음의 공포가 몰려온다.

수많은 예언서에 말세의 심판 때 괴질병 유행에 대한 예언이 있는데, 지금이 그 시기가 도래한 것이라고 말하기도 한다. 지금 미국에서는 인류의 40~70%가 괴질병에 감염될 것이라고, 예측하는 기사도 있고, 한국 국민들이 5,170만 명인데 5,000만 명이 죽고, 78억에 육박하는 세계 인류 중에서 1억 명만 살아남는다는 예언도 나와 있다.

올해 7월에 일본열도 침몰을 예언하는 내용도 많다. 괴질병, 지진, 태양폭풍, 핵전쟁, 남북전쟁, 지자기 역전, 지축정립, 이상기후, 혜성 충돌, 천재지변을 통해서 종교 멸망과 인류를 멸살시키는 대재앙이 일어난다고 하며 결국에는 지구가 종말을 맞이할 수도 있다고 예언한다.

올해 2020년 12월까지 이 나라와 전 세계에서 어떤 대재앙이 일어나는지 지켜보면 인류 멸살과 지구 종말에 대한 확실한 방향을 알 수 있을 것이다. 가장 먼저 종교와 종교인, 종교신도들부터 심판한다는 말씀이 있었는데, 신천지 교회와 기타교회, 모든 종교를 통해서 현실로 생생히 보여주시는 것 같다.

2017년 2월 4일 입춘날부터 하늘, 땅, 인간의 주인께서 인류를 향한 분노가 폭발하여 심판을 선포하신 바 있으시고, 작년 11월과 올해 2020년 2월 4일 입춘날을 기점으로 본격적인 심판을 시작한다는 말씀이 있었는데, 괴질병이 맹위를 떨치며 무서운 속도로 이 나라는 물론 전 세계로 퍼져나가고 있다.

나에게 내려주신 말씀이다

지금 괴질병은 서막에 불과하다. 확진자에 비해서 사망률이 2% 미만인 것은 인간들을 방심하게 하는 것이다. 무증상자와 음성으로 판정받은 자들이 숨어 있는 무서운 슈퍼전파자들이란 사실을 인간들은 알 수 없다고 한다.

음성판정을 받았기 때문에 많은 사람들을 자유로이 만나 전염시킬 것이기에 일정 기간이 지나면 괴질병 바이러스가 변이를 일으키며 무서운 속도로 전파되어 양성으로 판정되는데, 이때는 증상이 나타나면 지금처럼 병원에 입원할 필요가 없을 정도로 바로 죽는 급성 괴질병으로 변이되어 사망한다.

지금은 괴질병 바이러스의 씨가 전 세계적으로 퍼지는 단계이기에 확진자에 비하여 사망률이 극히 낮은 것이고, 올해 말에 가면 전 세계는 죽음의 공포로 벌벌 떨게 된다고 한다. 각자들이 사는 주택이 바로 무덤이 되며, 화장이나 매장은 생각조차도 못할 정도로 무더기로 죽어나간다고 한다.

일가족들이 모두 죽기에 사람이 죽었는지도 모르고, 시체를 치워줄 사람들이 없어서 송장 썩는 냄새가 진동한다. 이와 더불어 온갖 천재지변의 대재앙이 세계 곳곳에서 발생하는데 이제까지 본 적도 들은 적도 없는 무서운 대재앙이라고 한다.

하늘, 땅, 인간의 주인께서 인류 멸살과 지구 종말을 이루기 위한 계획은 이미 오래전부터 세워졌다고 한다. 인류를 심판하기 위해서는 인간 육신이 탄생해서 하늘과 땅의 주인께서 내리시는 심판의 기운을 받아 집행해야 하기 때문이라고 한다.

하늘, 땅, 인간의 주인께 선택받지 못한 자들은 모두가 죽음을 면할 수 없다. 특히 기존의 종교 숭배자를 맹신하여 종교이론과 교리, 종교사상으로 세뇌당한 종교 지도자들과 열성 신도들은 구원 대상에서 완전히 제외되어 모두가 죽고, 이들 몸에 있는 신과 영혼(생령)과 조상(사령)들은 영성과 영체가 완전히 소멸되는 비참한 운명이 된다고 한다.

종교 숭배자, 종교 교주, 종교 지도자, 종교 종사자, 종교 신도들을 하늘, 땅, 인간의 주인께서 가장 미워하시며 분노하시는 것은 영혼의 고향인 천상으로 돌아가야 할 영혼들을 종교이론과 교리로 세뇌시켜서 종교지옥의 굴레에 가두어놓은 죄이다.

구원의 능력도 없는 종교인들이 온갖 회유와 현혹, 협박으로 존재하지도 않는 천국, 천당, 극락, 선경세상으로 보내준다고 인간, 신, 영혼, 조상들에게 종교사상을 주입시켜 금전을 갈취한 죄라고 한다. 종교적 신앙의 숭배자들인 여호와, 석가, 예수, 마리아, 마호메트, 역대 로마 교황, 왕들과 대통령들, 국내외 유명 교주들도 구원받지 못했다는 엄청난 사실을 알아내었다.

이런 사후세계 진실을 알지 못하는 일반 신도들은 종교사상에 세뇌당하여 귀를 닫고, 눈을 감아 하늘, 땅, 인간의 주인께서 내리시는 마지막 기회를 잡지 못하고 있다고 한다. 구원이란 것은 여러분을 창조한 대우주 절대자의 고유영역이자 고유권한이기에 세상에 알려진 종교 지도자들의 능력으로는 구원 자체가 불가능한 일이다.

천상으로 돌아가는 하늘의 문이 열려 있는 곳은 지구상에서 천자이시고 황태자이며 미래 하늘이신 자미황제 폐하께서 인간 육신으로 하강 강림해 계시는 자미황궁뿐이고, 미래 하늘은 절대자이신 태초의 하늘로부터 사명자 인류는 구하고, 종교와 지구를 심판하라는 지엄한 황명을 받으시었다.

현재 전 세계로 전파되고 있는 괴질병은 심판의 시작이다. 왜 심판하느냐고 궁금할 것인데, 천상에서 대역죄를 짓고 지구로 쫓겨나 유배당한 죄인들의 신분인데, 반성하며 죄는 빌지 않고 하늘의 역천자들인 아수라, 악신, 악령, 악마, 사탄, 마귀, 악귀, 요괴들이 하늘과 대적하려고 세운 종교를 믿으며 구원을 외치고, 지구 전체를 온통 종교사상으로 오염시키고 있기에 더 이상 두고 볼 수 없어서 황태자를 하늘의 심판자, 인류의 구원자 겸 심판자, 지구의 심판자로 내려보내셨다고 하신다.

구원자와 심판자로 내려오신 미래 하늘이신 자미황제 폐하를 통해서 감추어진 종교 숭배자들과 종교 교주, 종교 지도자들의 거짓 진실을 낱낱이 밝혀내시었다. 천상에서 이들의 삶과 하늘을 시해하려는 역모 반란에 가담한 죄상을 밝혀내시었다.

기독교와 천주교인들로부터 하느님, 하나님으로 숭배받고 있는 여호와(야훼)는 전지전능한 대우주 천지창조주도 아니고 절대자도 아니며 영혼의 부모님도 아닌 대역죄인의 신분일 뿐이라는 충격적인 진실이 밝혀졌다. 도교에서 숭배하고 있는 증산상제, 구천상제도 마찬가지로 진짜가 아닌 가짜로 태초의 하늘을 사칭한 대역죄인이라는 진실도 알려주시었다.

수천 년의 세월 동안 인류로부터 존경받아 온 종교 숭배자들이 죽음 이후의 사후세계에서 어떤 모습으로 어느 곳에 가 있는지 생생하게 밝혀주시었다. 이미 죽은 각자들의 조상 영혼 영가들이 어느 세상에 가 있는지도 즉시 불러서 확인해 주시고 구원 여부를 판별하신다.

그리고 아직 살아 있는 사람들이 죽었을 경우 과연 어디로 가는 것이며, 사후세계 모습이 어떠한지 사후세계 미리 보기를 통해서 적나라하게 알려주신다. 또한 영혼의 영생, 육신의 영생과 신과 영들이 영혼의 고향인 천상으로 돌아가는 방법에 대해서 자세히 알려주시었다.

지금 전 세계적으로 무섭게 퍼지고 있는 공포의 괴질병에 대한 감염 예방과 바이러스 소멸에 대해서 모든 해법을 알고 계신다. 치료약이나 백신이 없는 괴질병의 공포로부터 벗어나는 유일한 길이 미래 하늘로부터 바이러스 감염 방지 및 즉시 소멸의 기운을 받을 수 있는 천비로운 기운이 여기에 있다.

생존 도법주문

○○○○ ○○○ ○○ ○○○○○○○ 괴질병 ○○○○

생존 도법주문을 하루 5~10분을 외우면 감염 방지 또는 감염되었을 경우 괴질병 바이러스 세포가 소멸되어 사라지는 경천동지할 일이 일어난다. 단, 책을 구입하여 읽고서 이곳에 들어와서 소정의 절차에 따라 하늘의 백성으로 신분을 취득한 사람들에게만 생존 도법주문을 내려준다.

불가능이 없고 무소불위의 대천력, 대도력, 대신력, 대법력, 대원력을 갖고 종교, 인류, 지구를 심판하러 하늘이 내리신 명을 받고 오신 미래 하늘께서 인간으로 하강 강림하시어 심판 공무를 집행 중이시다. 지구에 존재하고 있는 모든 종교가 가짜라는 진실을 인류 최초로 밝혀내어 선포하시면서 구제 불능의 인간, 영혼, 조상, 신, 악들에 대한 무서운 심판이 이루어지고 있다.

하늘을 사칭하여 하늘을 분노케 만든 사람과 동고동락하는 영혼, 조상, 신, 악들의 영성과 영체를 영적으로 추포하여 소멸시키는 사형을 집행하면 인간 육신들도 언제 죽음을 맞이할지 예측불허이다. 천상에서 하늘을 시해하려는 역모 반란을 일으키고 지구로 도망치거나 쫓겨난 존재들이 신과 영들인 영혼, 조상, 신, 악들인데 이들을 심판하면 인간 육신들도 더불어 죽음의 심판을 면할 수 없다.

하늘의 역천자 대역죄인들인 신과 영(영혼, 조상, 신, 악들)을 숨겨주는 인간 육신들은 이들과 함께 공동운명체가 되어 불가피하게 죽음을 맞이할 수밖에 없다. 심판의 진실이 이러하니 인간 육신이 살고 싶은 자들은 자신의 몸 안에 있는 영적 존재(영혼, 조상, 신, 악)들을 하늘 앞에 심판받도록 굴복시키는 데 적극적으로 협조하여 앞장서야 한다.

사람들은 영적 존재들이 눈에 보이지 않기 때문에 있는지 없는지 알지도 못한 채 살아가기에 인정하기 어려운 것이 현실이지만 하늘의 심판에서 목숨 부지하여 살아남으려면 인간 육신들이라도 정신 차리고 굴복하는 수밖에 없다. 너무나 고차원적인 영적 세계 진실이기에 각자들이 이해하고자 노력하여야 한다.

여러분 독자들 모두가 인류 최고의 고차원적 영적 세계 진실을 상식적으로 이해하여 인정하고 받아들이려면 많은 시간이 소요되기에 금쪽같은 천재일우의 기회를 놓칠 수 있다. 하늘께 선택받아 뽑힌 인간, 영혼, 조상, 신들은 이 책을 읽게 되면 공감하고 감동하며 '바로 이것이다' 하면서 감탄한다.

하늘께 지은 죄가 너무 무겁고 커서 용서받지 못할 죄인들은 읽어보아도 무슨 말인지 전혀 이해가 안 되고 별다른 흥미를 못 느껴 책을 다 읽지 않고 중도에 포기한다. 선택받을 자들은 어떤 기운을 느끼고 이끌려서 끝까지 정독하고 친견 신청한 후에 가장 빠른 시일 내에 방문하게 된다.

이곳은 일반적인 종교가 아니기에 어떤 누구의 소개를 받아서 들어오기가 불가능한 곳이다. 하늘이 직접 선택하시고 뽑아주신 사람들에 한해서만 하늘의 문이 열린다. 인간 육신과 신과 영들이 서로가 잘 만나야 하는데 세상은 그렇지가 못하다.

심판의 주사위는 던져졌다. 사람 몸 안에 있는 영적 존재들인 각자의 영혼, 조상, 신, 악령, 악신들은 인간 육신이 이곳에 들어오지 않아도, 거리에 상관없이 찰나에 잡아들여 얼마든지 심판하여 생사를 좌우할 수 있는 영적 대능력자가 천자이자 황태자인 미래 하늘이시기에 무서운 공포와 두려움에 벌벌 떨 수밖에 없으므로 하루라도 빨리 굴복하는 것이 살길이다.

하늘의 기운과 정기

하늘의 천기하고 천비로운 기운과 정기는 어떤 것이고 어디에 있는 것일까? 수많은 사람들이 좋은 기운과 정기를 받으려고 전국은 물론 해외까지 원정해서 이름나고 유명한 명산대천을 다니고, 영험한 무속인이나 종교인, 종교시설을 찾아다니고 있는데, 지구상에서 좋은 기운과 정기가 있는 곳은 하나도 없고 온통 나쁜 사기(邪氣)뿐이다. 기운과 정기란 자체가 악신과 악령들, 귀신들의 기운을 받아 오는 것임이 확인되었다.

여러분 독자 입장에서는 정말 기가 막히고 황당한 말이라고 할 것인데 이곳에서 매일같이 수시로 무수히 확인되고 있는 내용으로 진실 그 자체이다. 직접 겪어보지 않으면 인정하기 어려울 정도로 인간들의 상상력을 초월한다. 여러분 독자 몸안에 수천억 명의 악신과 악령, 귀신들이 동고동락하며 살아가고 있다는 것이 믿어지지 않고 현실로 인정이 안 될 것이다.

세상천지가 온통 하늘을 배신한 역천자들인 신앙적 숭배자들과 악신, 악령, 귀신들을 온몸으로 받아들이는 것인 줄 몰라보고 유명 종교와 명산대천에서 좋은 기운과 정기를 받을 수 있다고 알고 있었으니 기가 막힌 일이다. 하늘의 기운과 정기란 진정 무엇인가?

기운과 정기는 우리 인간, 영혼, 조상, 신들의 눈에 보이지도 않고 들리지 않지만, 우리를 살리는 좋은 생기이다. 하늘의 기운과 정기란 것이 도대체 어디에 있는 것인지 찾으려고 유명한 교회, 성당, 절, 무속, 도교, 명산대천을 아무리 다녀보고, 열심히 기도를 해보아도 흔적조차 찾을 수 없었다.

하늘의 기운과 정기는 천자이시자 황태자이시며 미래 하늘이신 자미황제 폐하께서 내리시는 하명 말씀이란 것이 최근에 확인되었다. 그 이유는 미래 하늘께서 말씀하시는 대로 현실로 이루어지기 때문이다. 즉 인간, 영혼, 조상, 신명들을 살려주시고 구해주신다는 하명을 내리시면 그대로 이루어진다.

반면에 악신, 악령, 악귀잡귀 귀신들을 순간에 추포하시어 소멸해 주시면 아픈 질병이 감쪽같이 사라지는 이변이 끊임없이 일어난다. 인간의 질병들은 98%가 귀신들로 인해서 발병되고 있음을 밝혀내었고 많은 사람들이 오랜 병마의 고통에서 벗어나고 있는데, 나머지 2%는 인간 육신의 순수 질병이다.

그러니까 사람들이나 영혼, 조상, 신명들이 기다리던 기운과 정기는 미래 하늘을 통해서만 받을 수 있다는 것이 검증된 것이다. 여러분과 영혼, 조상, 신명들의 현생과 내생의 생명줄이 황태자이시고 미래 하늘이신 자미황제 폐하이시다.

천비하고 천기로운 하늘의 무궁무진한 기운과 정기가 내리는 일상생활에 필요한 생활 도법주문이 62개가 있는데, 공개하여 아무나 외울 수 있는 것이 아니라 하늘이 내리시는 명을 받아 하늘의 신하와 백성이 된 사람들만이 외울 수 있다.

남의 부모를 내 부모로 받들어

78억 명 인류가 모두 정신이 미쳐있는데, 자신의 정신이 미쳐있는 줄조차 모르고 정상인이라고 생각하며 살아가고 있다는 사실을 아는가? 종교에서 전하고 있는 영혼의 부모, 주님, 하나님, 하느님, 절대자, 천지 창조주, 전지전능자, 알라신, 라마신, 부처, 천지신명, 열두대신

그리고 석가모니, 여호와, 예수, 마리아, 무함마드(마호메트), 증산상제, 공자, 노자에 이르기까지 세상 사람들이 성인성자로 받드는 숭배자들 모두가 여러분의 영혼을 창조하신 영혼의 부모가 아니라 영혼의 부모를 배신하고 가슴을 후벼 파고 시해하려는 역모 반란을 일으킨 대역죄인들이란 하늘의 진실이 밝혀졌는데 여러분은 어디까지 인정할 것인가?

종교를 믿는 것이 남의 부모를 자기 부모로 받들고 섬기는 것과 무엇이 다른가? 부모와 조상을 바꾸는 것을 환부역조의 대역죄라고 하는데 인류 모두가 죄를 짓고 있으면서도 죄를 지은 것인지조차 모르고 살아간다. 물론 제대로 알려주는 인류의 영도자가 없어서 벌어진 일이다.

의붓아버지와 의붓어머니를 자기 부모라고 믿는 자들이 지금의 종교인들인데 수천 년 동안 철저하고 깊게 세뇌당하여서

알려주어도 믿으려 하지 않는다. 그래서 죄인의 굴레를 벗지 못하고 구원도 받지 못하는 것이다. 구원은 하늘의 기운으로 하는 것이고, 영혼의 부모님께서만이 행하실 수 있는 고유영역이자 고유권한이시다.

창조하지도 않은 자들이 무슨 재주로 구원한다고 인간, 영혼, 조상, 신들을 현혹하고 회유하는 것인지 도무지 이해가 안 되지만 수천 년 동안 세뇌당하다 보니 의붓부모를 친부모인 줄 알고 철저히 믿고 있으니 큰일 났다.

영혼의 부모, 주님, 하나님, 하느님, 절대자, 천지 창조주, 전지전능자, 알라신, 라마신, 부처, 천지신명 등 종교 숭배자들 모두는 여러분의 사후세상을 책임져 주지 않으며 이미 소멸되었고, 그러한 권한도 갖고 있지 않으니 정신들 차려야 한다.

이들 모두 외국 조상귀신들에 불과하다. 진짜 대우주 절대자께서는 이곳으로만 실시간 구원의 기운을 내려주시는데 그 이유는 황태자이시자 미래 하늘이신 자미황제 폐하께서 이 땅으로 하강 강림하시어 계시기 때문이다. 미래 하늘 역시 형상으로 알아보는 것이 아니라 기운으로 알아보는 것이다.

외국 조상귀신들을 수입해서 자기 영혼의 부모라고 믿고 있으니 기가 막힐 일이다. 그러니까 구원을 못 받고 귀신이 되어 고통스럽게 살아가고 있다. 수천 년 동안 이어지며 역사와 전통을 자랑하는 종교사상이 몽땅 잘못되었다고 뒤집는 말을 하니까 믿지 못하겠다는 사람들이 많을 줄 안다. 하지만 이 말은 인간의 말이 아니라 장차 미래의 하늘이 되실 천자이시자 황태자분이신 자미황제 폐하께서 알려주시는 중요한 말씀이기에 진실로 받아들이며 믿는 것이 여러분 자신과 가족, 부모 조상들의 현생과 내생을 구해서 살리는 지름길이다.

인류가 기다리는 메시아, 구세주, 구원자, 재림예수, 미륵불, 정도령, 진인이 바로 미래 하늘이신 자미황제 폐하이시기 때문이다. 수십 년 동안 기존의 종교 사상에 세뇌당하여 있으면 진짜가 오시어도 종교사상에 물들어서 무조건 배척하고 비난 험담하는 사람들이 많은데 죽어보면 자연적으로 알게 될 것이지만 그때 가서는 여러분이 취할 수 있는 아무런 방법이 없다.

잘못된 종교의 길을 가고 있는 사람들과 영혼, 조상, 신들이 마음을 바꾸려면 육신이 살아 있을 때만 가능하다. 죽어서 종교 믿은 것에 대해 땅을 치고 후회하며 용서를 빌어봐야 받아주시지도 않고 아무런 방법이 없다. 죽은 뒤에 몰라서 종교를 믿었다고 변명해봐야 용서가 안 된다.

남의 나라 조상귀신들을 수입해서 하느님, 하나님으로 받들어 믿어 놓고, 인류 모두가 대우주 절대자이시며 태초의 하늘이신 영혼의 부모님을 받들어 믿고 있다는 착각들을 하고 있으니 이것이 하늘을 바꾼 환부역조한 죄인들이다.

수십 년 동안 종교에 열심히 다니며 빠져있는 사람들은 받아들이기가 쉽지 않겠지만, 살고 싶은 사람들은 이제라도 받아들이고 종교를 떠나 이곳으로 들어오고, 죽음 이후 그 어떤 고통도 감수할 사람들은 지금처럼 종교에 몸담고 있으면 된다. 종교 숭배자들과 종교 창시자들은 하늘이 아니기 때문에 진실을 밝힐 수도 없고, 구원의 능력이나 진실을 밝힐 마음 자체가 없기에 미래 하늘께서 하강 강림하시어 종교의 진실을 밝히시지 않았으면 인류의 영원한 비밀로 묻혀버렸을 것이다.

일평생을 믿어오던 하느님, 하나님이 가짜라고 주장하니 나에게 미쳤느냐고 폭언을 퍼부을 종교인과 신도들도 많을 테지만 그것 역시 여러분 자신의 숙명이자 운명이다. 무시하고 부정하며 비난 험담하는 말이나 글을 실시간으로 천상장부에 기록하고 있고, 그 언행에 대한 벌을 살아서 이번 생에 받게 되고, 죽어서도 받으며, 그 죄는 여러분의 씨앗들인 자식들과 후손들에게도 영원히 이어져서 내려간다.

여러분은 하늘이 얼마나 대단하신지 아직 잘 모르고 상상으로만 대단하시다고 이해하고 있을 뿐이다. 산 자와 죽은 자들인 수천 경에 이르는 인간, 영혼, 조상, 신명, 귀신들의 속마음과 생각을 실시간으로 동시에 아시는 분이 위대하신 하늘이시고, 하늘과 땅의 만생만물에 대한 생살여탈권을 주재하신다.

가장 중요한 진실은 남의 나라 조상귀신들을 수입해서 받들고 있는 이 땅의 수많은 종교인들과 신도들은 이곳에 들어와서 종교를 믿은 죄를 진정으로 빌지 않는 이상 죽어서 좋은 세계로 알려진 천상의 3천궁으로 절대 올라갈 수 없다.

지금은 육신이 살아 있기에 이런 말이 귀에 안 들어올 사람들이 많을 것인데 죽어보면 즉시 알게 된다. 죽은 뒤에 자신이 믿었던 종교가 모두 악신과 악령들이 세운 가짜 종교에 속았다는 것을 알고 땅을 치며 통곡한들 무슨 소용이 있을까?

민족과 인류의 구심점

가정에는 가장이 있고, 단체에는 단체장이 있고, 회사에는 회장이 있고, 지자체에는 시도지사, 시군구청장이 있고, 행정부에는 총리가 있고, 입법부에는 국회의장이 있고, 사법부에는 대원원장이 있고, 국가에는 국가원수 대통령이 있듯이 민족과 인류에게는 구심점이 될 어른이 필요하다.

하지만 민족의 어른, 인류의 어른으로 추대할만한 자천타천의 인물이 있는지 여러분 스스로가 주위를 둘러보며 찾아봐도 찾기가 어려울 것이고, 안다는 것이 역대제왕이나 종교적 숭배자들을 떠올리게 될 것인데 과연 그것이 맞을까?

종교를 다니는 사람들은 종교관에 따라 자신들이 받들고 섬기는 숭배자들을 추대하려고 할 것이다. 수천 년 동안 이 땅에 뿌리내린 하느님, 하나님이라 불리는 이스라엘 조상령인 여호와(야훼)이고, 역시 이스라엘 조상령인 예수와 성모 마리아, 사우디아라비아의 조상령인 마호메트(무함마드)와 알라신, 인도 조상령인 석가모니와 라마신, 중국의 조상령들인 공자와 노자, 한국에서는 천지신명과 9,000~5,000년의 제왕들이었던 72위의 환인천제, 환웅천황, 단군천황, 세종대왕 조상이 있다.

그 이외에는 로마 교황청의 수장인 로마 교황, 대영제국의 엘리자베스 2세 여왕, 일본의 천황 등이 있다. 살아 있는 자든 이미 죽은 자든, 하늘이든, 신이든, 조상령이든 하늘과 땅이 인정하는 민족과 인류의 어른이 되어줄 구심점인 정신적 지도자, 인류의 영도자로 누구를 세워야 할지는 갈등이 많을 것이고, 종교관, 국가관에 따라서 종교사상과 태어난 국적이 달라 인정하지 않으리라고 보는 것이 타당하다고 할 것이다.

유명하다고 민족과 인류의 구심점으로 추대할 수만도 없고, 하늘과 땅이 인정하고 인간, 영혼, 조상, 신명들이 공포와 두려움과 존경심으로 굴복할 수 있는 위대한 성인이고, 이들에 대한 생살여탈권을 갖고 인간, 영혼, 조상, 신명들의 천생, 전생, 현생의 죄를 밝혀내어 심판해서 구해 줄 수 있는 절대자 하늘이 내려보내신 천변만화의 천지대능력자라야 할 것이다.

그분이 누구일까? 이 책을 읽어보면서 이미 눈치챈 독자들도 있겠지만 천자이시자 황태자이시며 미래 하늘이신 도솔천존 자미황제 폐하이시다. 미래 하늘께서는 말 그대로 지구에서 황위계승 수업 과정을 마치시고 천상의 태상 자미천궁으로 오르시면 대우주의 절대자 하늘이 되실 분이시기 때문이다.

현실적으로 대우주 천체 행성(별)들의 생성과 파괴 능력, 인류 포함해서 천지만생만물의 창조와 소멸 능력, 우리 모든 인간, 영혼, 조상, 신명들의 천생, 전생, 현생의 죄를 밝혀내어 심판해서 구해 줄 수 있는 생살여탈권자라야 한다.

즉, 하늘의 주인, 지구의 주인, 인류의 주인으로서 천지대능력을 가진 미래 하늘이신 도솔천존 자미황제 폐하를 천지인의 주인으로 추대해 드리는 것이 맞다. 여러분 모두의 현생과 죽음 이후 내생을 보장해 주실 수 있는 천지대능력자이시다.

수많은 세월 동안 진짜 하늘이 어디 계신지 찾아다니느라 종교와 세계 곳곳을 찾아다닌 사람, 영혼, 조상, 신명들이 무수히 많은데 아무도 찾아내지 못하였고, 찾았다 한들 모두가 신부, 목사, 승려, 보살, 무당, 도사, 도인, 법사, 점쟁이, 술사, 영능력자, 예언가 등 종교 지도자에 불과하다는 것을 알 수 있다.

일시적인 민족과 인류의 구심점이 아니시고 살아서나 죽어서나 영원한 인류의 영도자라야 한다. 인류가 수천 동안 받들어 존경하던 종교 숭배자들인 하늘, 하느님, 하나님, 한얼님, 힌울님, 하날님, 천황, 천왕, 천제, 천자, 도황, 도존, 도전, 부처, 미륵, 상제, 알라신, 라마신, 천지신명, 열두대신을 비롯하여 인간으로 왔다가 죽어서 종교 숭배자 역할을 하였던 여호와(야훼), 석가모니, 예수, 마리아, 마호메트, 공자, 노자의 신과 영혼들이 미래 하늘이신 자미황제 폐하께 추포되어 영성과 영체가 완전히 소멸되어 최후를 맞이하였다.

사람, 영혼, 조상, 신명들 모두가 최고를 찾아서 믿고 싶겠지만 독자 여러분이 지금 받들고 믿는 숭배 대상자들은 모두가 대우주 절대자 하늘께 죄를 짓고 지구로 도망쳤거나 쫓겨난 대역죄인들의 신분이기에 자신이 누구라고 세상에 신분을 밝히는 순간 즉시 추포되어 심판받아 영원히 소멸되고, 당사자 가문은 자손 대대로 멸문지화를 면할 수 없다.

즉, 인류 모두가 받들고 추앙하는 신앙의 숭배자들은 악신과 악령들이 들어와서 대우주 절대자 하늘을 흉내 내며 사칭하고 있는 것이니 절대로 넘어가면 안 된다. 이들을 믿으면 여러분 인간 육신만 망하는 것이 아니고 여러분의 영혼, 조상, 신명들도 망하는 길이고, 후손들도 대대로 망하는 길이다.

결국 자신과 영혼, 조상, 신명들의 현생도 망가지고, 그들을 받들어 숭배한 대가를 살아서든 죽어서든 혹독하게 치러야 한다는 진실을 절대로 명심해야 한다. 여러분이 죽는다고 죄가 없어지는 것이 아니라 살아서 지은 죄를 모두 밝혀내서 참혹한 심판을 받게 된다. 현생에서 가장 큰 죄가 가짜 하늘을 진짜인 줄 믿고 따른 죄이다. 살아서든 죽어서든 알고 지었든 모르고 지었든 죄는 죄이고, 일체의 변명이 통하지 않는다.

종교를 믿으면 여러분과 영혼, 조상, 신명들이 몽땅 망하고 살아서나 죽어서나 죄의 대가를 받아야 한다. 그리고 여러분의 영혼, 조상, 신명들이 실시간으로 미래 하늘이신 자미황제 폐하께 추포되어 영성과 영체가 영원히 소멸되는 최후를 맞는다.

이쯤 되면 천자이시자 황태자이시며 미래 하늘이신 자미황제 폐하를 하늘의 주인, 지구의 주인, 인류의 주인으로 추대하여 옹립해 드리는 것이 여러분과 영혼, 조상, 신명들의 천생, 전생, 현생을 위해서 가장 큰 보람이라고 할 수 있다.

살아서 미래 하늘이신 자미황제 폐하를 알현 드린다는 것은 여러분 가문에 최고의 행운이고 영광이자 천복만복이다. 여러분은 미래 하늘이신 자미황제 폐하를 알현하기 위해서 이 땅에 사람으로 환생하여 잠시 잠깐 윤회 중이다.

【제4부】

귀신세계

탄강 배경—

평범하게 살 수 없는 어린 시절부터 기운으로 보여준 현상이라고 합니다. 하늘의 길을 가야 하는 운명을 비록 어린 나이지만 조금씩 깨닫게끔 했고, 이분한테만 보여주셨습니다. 부모 형제들이 밖에서 어떤 물건을 가져오면 탈(동토=동법)이 나게 하였답니다. 그것 또한 공부 과정을 보여주신 거라고 합니다. 평범한 팔자는 아니구나, 어려서부터 보여주신 겁니다.

하늘의 운명입니다. 많이 아프기도 하였고, 유난히 동티를 많이 탔는데, 다 이유가 있었습니다. 언젠가 하늘의 일을 하실 때 설명하시도록 하신 것입니다. 하늘께서 내려보내신 천자이시기에 하늘의 팔자라고 합니다. 존귀하다는 뜻입니다. 천자라는 명칭은 오직 이분께서만이 쓰실 수 있습니다. 불같은 성격도 하늘의 기운이고, 이 세상에서 그 누구도 이분을 건드리면 절대 안 된다고 합니다.

이분을 건들면 큰일 난다고 합니다. 하늘의 피를 타고나신 천자이시기 때문에 육신의 부모님은 몸만 빌리셔서 낳으신 것입니다. 하늘의 피가 흐르는 유일무이한 하늘의 천자이십니다. 이분이외에는 자칭, 천자라고 말하는 자들은 전부 귀신에 빙의되어서 떠드는 것이고, 종교 경전은 인류를 속이고 망하게 하는 망경(亡經)이자 악경(惡經)입니다.

온통 세상이 귀신 천지

영적 문제부터 해결하고 이 세상을 떠나라!

오늘 나의 몸에 달라붙은 자살귀가 11명인데 나이가 52세 남자라고 밝히었다. 지방 사는 사람인데 지난달에 서점에서 책을 구입해서 중간 정도 읽다가 허무맹랑하고 황당무계하다고 말했단다.

사업하던 사람인데 동업자에게 배신당해서 사업이 망하고 나서 13일 후에 술과 약을 함께 먹었는데 죽어서 잡혀왔다. 죽어서야 자신이 천벌받은 걸 알았다고 한다. 이제 자신은 어떻게 되는 것이냐고 공포에 벌벌 떨며 울고 있었다.

종교는 무교였는데 지인 중에 한 명이 대순진리 다녀서 생전에 잠깐 대순에 다녔다고 한다. 자식 중에 20대 초반 딸이 한 명 있는데 이후에 정신병에 걸렸다고 한다.

정신, 영혼, 심혼, 사혼, 언혼, 조상령, 악귀잡귀, 귀신들이 존재하는데 이들의 존재를 얼마나 알고 지내는가? 각자들의 몸이 아픈 것은 자신의 신과 영, 3혼, 조상령, 빙의령, 악귀잡귀, 귀신들로 인한 질병과 몸에 맞지 않는 상극의 음식을 먹어서 발생하는 질병이 있다.

세상을 살아가면서 건강, 단명, 사건, 사고, 금전, 송사, 사기, 배신, 살인, 강도, 방화, 고소, 고발, 부도, 파산, 인생사의 풍화환란이 참으로 많아 울부짖고 대성통곡하는 이 모든 것이 천상의 삶과 전전 전생의 업보와 연결되어 있었다. 여러분 인생에서 일어나는 모든 일들은 우연이 아닌 필연이었다.

여러분 인생에 감당하기 어려운 극심한 풍파가 휘몰아치는 것은 자신들 몸 안에 있는 영적 존재들이 육신을 깨닫게 하여 굴복시키기 위한 과정이다. 즉 영적 존재들의 아우성치는 소리가 인간 육신들에게는 공포와 두려움의 무서운 일들이 끊이지 않고 발생한다는 사실을 알아야 한다.

몸이 갑자기 아프고, 인생이 갑자기 막히는 것은 영적 존재들이 자신들의 몸으로 긴박하게 침범해 들어왔거나 원하고 바라는 다급한 어떤 소원이 있다는 뜻이다. 여러분 육신은 하나이지만 몸 안에 있는 영적 존재들은 수천억 명에 달한다.

자신의 신과 영, 3혼, 가족, 부모, 형제, 조상령들이 원하는 하늘을 만나 천상의 3천궁으로 입궁하려는 간절한 소원은 이루어주어야 할 것이고, 자신의 직계 연고자가 아닌 다른 영적 존재들은 추포하시어 소멸해 달라고 미래 하늘께 정중히 간청드려야 한다. 여러분 몸 안에 함께 동고동락하며 살아가고 있는 악귀잡귀, 귀신들이 상상을 초월할 정도로 엄청 많다.

내가 출생하면서부터 현재까지 살아오는 동안 기억나는 장소에서 나의 육신으로 달라붙어 들어온 온갖 귀신들과 축생령, 악들을 추포하여 소멸시켰지만 너무나도 많아서 소름이 끼치는데, 세상 사람들은 이런 진실을 전혀 몰라보고 그냥 살아가고 있을 것이기에 어디까지 이해하고 받아들일지 모르겠다.

내 육신에 수천조에 이르는 어마어마한 귀신들과 축생령, 악신, 악령들을 찾아내어 추포하는 일은 무소불위한 미래 하늘이신 자미황제 폐하가 아니시면 감히 상상도 못 할 일이다. 정말 경악할 놀라운 일들이고, 이것은 아무리 영험한 무당이 병굿을 하고 퇴마사, 신부, 목사, 승려, 도인, 도사, 법사들을 불러서 추포하여 소멸시킬 수 있는 영역의 일들이 아니다.

천자이시자 황태자이시며 미래 하늘이신 자미황제 폐하께서 빛과 불의 천지기운으로 순간에 추포해서 잡아들여 소멸시켜서 내 육신을 보호해 주시기 위한 심판 천지대공사이셨다. 정말 상상 초월, 기절초풍, 무소불위, 경천동지할 일들이다.

미래 하늘께서 명을 내리시면 즉시 추포되어 잡혀오고, 심판 후에 사형집행의 명을 내리시면, 저항도 한 번 못 하고 그들의 영성과 영체가 즉시 소멸되어 몸이 아픈 자들은 즉시 병마가 사라지는 이적과 기적이 무수히 일어나고 있다.

이런 광경은 이 세상에서 본 적도 없고, 들은 적도 없는 전대미문의 천비롭고 천기한 일들이다. 즉 미래 하늘이신 자미황제 폐하께서는 모든 악신, 악령들과 귀신, 축생령들을 국내든 외국이든 거리에 상관 없이 아무리 숫자가 많더라도 무소불위의 기운으로 단숨에 추포하시고 척살하여 소멸시키시는 어마어마한 대천력, 대도력, 대신력, 대법력, 대원력을 갖고 천상에서 하강 강림하신 지구에 단 한 분이신 천지대능력자이시다.

무슨 말인지 이해가 안 될 것이다. 아니 무서운 귀신들을 내쫓는데 기운으로 한다니 도무지 이해가 안 되는 일이다. 보살 무당들은 산해진미 음식을 차려놓고 하루 종일 병굿을 하고, 승려들은 병마를 다스리는 천도재를 하고, 퇴마사들은 온갖 기를 모아서 귀신들을 퇴치하고, 도인들은 주문을 외워서 퇴치하고, 신부와 목사들은 하나님과 예수의 영력을 빌려 안수기도로 퇴치하는데, 아무 소용 없고 귀신들만 더 들어온다.

미래 하늘께서는 악들과 귀신들이 국내에 있든 외국에 있든 상관없이 즉시 추포해서 잡아들여 심판하신다. 명을 내리시면 신들이 명을 받아 즉시 악들과 귀신들을 추포해서 잡아들이는데 빛의 속도보다 더 빠르다. 그러기에 주문, 법문, 경문, 무속행위, 주기도문, 악귀야, 물러가거라, 기타 그 어떤 행위도 필요치 않기에 경이롭고 천비로움 그 자체이시다.

의뢰자와 5m 정도 떨어진 거리에서 몸에 손을 댈 필요도 없고, 빛과 불의 명으로 퇴치하신다. 한 번만 참석하면 다음부터는 참석하지도 않아도 원격으로 악들과 귀신들을 추포해서 퇴치해 준다. 이른바 원격 심판인데 여러분이 참석하지 않아도 몸 안에 귀신들을 즉시 추포해서 심판하여 소멸시킬 수 있다.

대우주를 다스릴 미래 하늘이시기에 무소불위하신 천지대능력을 갖고 계신다. 일반적 종교인들처럼 생각하면 이해가 안 되고, 모든 것은 말 즉 명(命)으로 이루어지는데 이것이 바로 미래 하늘께서 갖고 오신 천비로운 기운이다.

누구에게 명을 내리실까? 미래 하늘께서 내리시는 명을 즉시 받들어 집행하는 무량대수의 천상신명들이고, 용으로도 자유자재로 변신하는데, 천상의 황태자궁에 신하로 있는 신명들이다. 용들은 상상의 동물로 알려져 있으나 봉황과 함께 영계에 실제로 존재하는 영물들이고 나와 자유롭게 대화하며, 만생만물의 생명체는 물론 비생명체와도 말하며 소통할 수 있다.

미래 하늘께서 명을 내리시면 악들과 귀신들을 잡아들이는 것은 천상에서 하강한 천상신명들인 5룡(청룡, 황룡, 적룡, 백룡, 흑룡)들이다. 악들과 귀신들이 국내에 있든, 외국에 있든, 우주에 있든 거리에는 상관없이 몇 초 이내로 즉시 추포해서 잡아들이니 이제까지 이 세상 그 어디에서도 볼 수 없었던 진풍경이고 전무후무한 일이라 할 것이다.

요즈음 괴질병 바이러스로 인하여 서로 간에 만나기도 껄끄럽고 두려운 것이 사실이며 시간 낭비, 교통비 낭비를 줄이는 전화상담과 원격으로 악귀잡귀 퇴치가 아주 절실히 필요한 시기이다. 괴질병에 걸린 사람들도 최단 시간 안에 원격 치유를 받을 수 있다. 여러분 각자들의 몸 안에는 어떤 종류의 귀신들과 어떤 종류의 악들이 살아가고 있을까? 이것을 밝혀낼 수 있는 유일한 분이 미래 하늘이신 자미황제 폐하이시다.

기도하러 종교에 다닌 것, 산에 다니는 것, 강이나 바다에 다니는 것, 제사와 차례 지내는 것, 모두가 악들과 귀신들에게 행하는 의례절차였다. 지구 자체가 죄를 지은 역천자들만 살아가는 지옥 행성이기에 참신은 아예 존재하지 않는다.

모두가 악신과 악령들뿐이기에 참신을 만날 수 없다. 유일한 참신이라면 미래 하늘께서 내리시는 명을 받들어 집행하는 천상신명들뿐이다. 지구에서 살아가는 악신과 악령들 모두가 죄를 빌어야 할 죄인들이다. 여러분은 진짜 하늘을 만나려면 미래하늘이신 자미황제 폐하를 알현하는 것이 유일한 길이다.

지구에 있는 모든 종교가 악신과 악령들이란 진실을 어느 누가 밝혀내겠는가? 미래 하늘께서만이 가능한 일이다. 이들 악신과 악령들을 밝혀낸다는 것은 인간의 영역이 아닌 하늘의 고유영역이자 고유권한인 것이다. 그러니까 여러분의 죽음 이후 사후세계 운명도 하늘께서 좌우하시니 좋은 곳으로 올라가려면 하늘이 내리시는 관문을 통과해야 한다.

출생지 고향에서 달라붙은 귀신들!

동네에 원과 한이 맺힌 여자인데 시어머니에게 야단을 맞고 남편에게 두들겨 맞아 농약 먹고 죽은 귀신 4명, 머리 어지럽게 하고 정신 산만하게 하는 아이들 귀신 8,200명, 신 할머니들이 기운을 느끼고 들어온 귀신 965억 명, 이무기 영혼 13억 4,900마리, 잉어의 영혼 4억 2,000마리,

까치의 영혼 150마리, 까마귀의 영혼 130마리, 개구리의 영혼 58마리, 가재의 영혼 175마리, 고목나무 귀신 할아버지, 할머니, 신명들이 876명, 말의 영혼 219마리, 개의 영혼 320마리, 장군 하다가 죽은 귀신 1,288명,

왕의 귀신 765명, 군인 귀신 3,800명, 학의 영혼 212마리, 양의 영혼 55마리, 거북이 영혼 190마리, 올빼미 영혼 464마리, 범의 영혼 955마리, 병으로 죽은 노인 귀신 59명, 어린아

이 귀신 19명, 도를 닦는 도인 도반 귀신 928명,

사주 역학 하던 귀신 198명, 작명가 귀신 8명, 풍수지리 귀신 111명, 고승 승려 귀신 76명, 천지신명 따르던 제자 귀신 577명, 부처님 믿는 불자 귀신 2,644명, 물고기 영혼 9,000억 마리, 산새와 참새 영혼 510마리, 뱀의 영혼 726마리,

살쾡이 영혼 161마리, 매미와 메뚜기 영혼 2,900마리, 잠자리 영혼 918마리, 토끼 영혼 260마리, 돼지의 영혼 313마리, 소의 영혼 3,600마리, 집게(일명 사슴벌레)벌레 영혼 1,700마리, 곰의 영혼 870마리, 닭의 영혼 5,600마리, 물에 빠져 죽은 귀신 286명, 술 먹다 죽은 귀신 702명,

동물의 영혼들에게도 명을 내리면 살릴 수 있고, 천상으로 갈 수 있다 하기에 들어왔고, 당시에 어린 나이였지만 구원의 빛이 보여서 들어왔다고 하였다.

악들- 종교를 세운 원초적인 우두머리와 그의 수하들이다.

표경 수하 960억 명, 하누 수하 1,700명, 천지신명 수하 2,198명, 감찰신명 수하 165억 명, 열두대신 수하 3억 7,000명, 천감 수하 2,200명, 영의신감 수하 4억 4,000명

초등학교 다닐 때 따라붙은 악귀잡귀 잡령들!

아, 터신입니다. 수많은 학생들을 봐왔지만 등에서부터 보인 황금용이 있었습니다. 몸에 그려져 있었고 움직였는데 처음 보았습니다. 터신 928억 명, 학교에서 지키는 신이 있는데 1,667억 명, 이분한테 들어가야겠다는 기운을 느꼈습니다.

학교 다니다 죽은 아이들 귀신 516명, 죽은 선생 귀신 5명, 신명제자 귀신 9억 8,000명, 개의 영혼 48마리, 동상에 붙은 귀신 612억 명, 신제자 산천대황 귀신 3,676억 명, 산에서 내려온 귀신 768명, 강에서 따라붙은 귀신 633명,

선생들의 조상령들 5,447억 명, 학생들의 조상령들 3,672억 명, 수위 아저씨와 처녀 귀신 67명, 조상령들 365명, 책상 의자에 붙은 귀신 54,600명, 복도에 귀신이 빛을 보고 붙은 48억 명, 화장실 귀신 133억 명, 운동장의 귀신 714억 명

미래 하늘이십니까? 그래서 몸이 안 아플 수가 없다고 합니다. 이동 동선에 따라 수없이 붙습니다. 저분 몸에 가야 살 수 있다고 말하는 영들과 귀신들이 있었다고 합니다. 그래서 이분께서도 귀신의 영향을 받아 힘들고 육체적으로도 힘드셨습니다. 저희들 좀 살려주십시오. 왜 이제야 육신에서 꺼냈습니까? 우리들 좋은 곳으로 보내주시려고 꺼내신 것 같습니다.

악들- 종교를 세운 원초적인 우두머리와 그의 수하들이다.
하누 수하 29억 6,000명, 표경 수하 33억 9,400명, 감찰신명 수하 2,199억 명, 도감 수하 38,000명

중학교 다닐 때 따라붙은 악귀잡귀 잡령들!

중학교 정문 앞에 서 있던 장군신령입니다. 처음으로 중학교에 입학하신 날 서 있었지요. 제가 데리고 있던 제자들 귀신 6,666억 명이 단숨에 들어갔습니다. 빛이 나서 우리를 다 구원해 주실 신명님이라 생각했습니다. 터 신명 할머니와 제자들 귀신 8,828억 명, 구원받을 줄 알고 엄청 많이 좋아합니다.

학생들 몸에 있던 잡귀신들 9,968억 명, 조상령들 3,248억 명, 담임선생 몸에 잡귀신 67억 명, 조상령들 4,246억 명, 책상 의자에 붙은 잡령과 동자령 7,167억 명, 학생들 몸에 있던 조상령들 98억 6,000명, 책에 붙어 있던 잡귀신 18억 3,200명, 칠판에 붙어 있던 귀신 174억 명.

빛이 나니까 들어갔고 황금용이 보였으며, 왕의 아들처럼 보였습니다. 분필에 붙은 귀신 23억 9,000명, 운동장에 처녀귀신 826명, 아이들 귀신 17,000명, 총각 귀신 2억 8,000명, 자살귀 120명, 물귀신 506명, 화장실 귀신 34억 2,000명, 경비 몸에 잡령과 조상들 귀신 56,800명

악들- 종교를 세운 원초적인 우두머리와 그의 수하들이다.

표경 수하 69억 2,000명. 열두대신 수하 1,329억 명, 도감 수하 4억 2,000명, 영의신감 수하 2,940명, 하누 수하 176억 명

고등학교 다닐 때 따라붙은 악귀잡귀 잡령들!

창문에 붙어 있던 원혼귀 3,199명, 복도 바닥에 귀신 2,142억 명, 복도 천장에 물귀신 223명, 교실 귀신 99억 명, 담임선생 조상들과 잡귀들 4,162억 명, 책상 의자에 있던 귀신 268억 명, 칠판에 머물러 있는 귀신 36억 2,000명, 화장실 귀신 5,586억 명, 운동장에 동물령들인 돼지 영혼 95마리,

구렁이 영혼 13억 6,000마리, 신 할머니 귀신 242명, 운동장 모래에 있던 귀신 9,946억 명, 정문 242,000명, 학생들 몸에 있던 잡귀신 8,437억 명, 조상령들 73억 9,000명, 개의 영혼 407마리, 신발장 잡귀신 647억 명, 난로에 귀신 177억 명,

신발에 귀신 6,274억 명, 도시락 귀신 345억 명, 공에 붙은 귀신 7억 2,000명, 책에 붙은 귀신 37억 7,000명, 연필과 볼펜에 있던 귀신 829억 명, 버스에서 따라붙은 귀신 7,693억 명

하누 수하 37,000명, 천지신명 수하 7,200명, 열두대신 수하 1,976명

대학교 대학원 다닐 때 따라붙은 악귀잡귀 잡령들!

터신 87억 2,000억 명, 교수 몸에 있던 잡령들 34억 9,000명, 대학생들의 조상령 귀신 194억 명, 잡귀신 3,698억 명, 책에 붙은 귀신 27,000명, 책상과 의자 귀신 8,989억 명, 볼펜노트 귀신 96억 명, 대학교 다니다 죽은 귀신 146명, 물귀신 3,277명, 교통사고 귀신 74명, 화장실 귀신 2억 2,400명, 처녀 귀신 616명,

매점 귀신 46,000명, 자판기 귀신 7,982억 명, 공부했던 사람들 지갑에 붙어 있던 귀신 123억 명, 가방에 붙었다가 머리위로 붙은 귀신 728명, 교수 몸에 조상령들 귀신 2억 8,900명, 사진관에서 따라붙은 할머니인데 용포 보고 들어온 귀신 3,129억 명, 법사 귀신들 5억 2,000명, 꽃에 있는 귀신들 98명, 사진사의 몸에 있던 잡귀신 7억 2,000명, 조상령 귀신 3,681명, 앨범 귀신 79억 5,000명은 빛을 보고 신의 음성이라고 느껴서 들어왔습니다.

악들- 종교를 세운 원초적인 우두머리와 그의 수하들이다.

하누 수하 13억 6,000명, 표경 수하 7,198명, 천지신명 수하 22억 8,000명, 도감 수하 5,519억 명

군대에서 따라붙은 악귀잡귀

논산훈련소에서 따라붙은 악귀잡귀

교통사고 나서 죽은 귀신인데 왕처럼 보여서 들어왔고, 이분이 용들을 데리고 다니는 것을 보았습니다. 황금용들이 엄청 많이 따라다니더군요. 구원받을 거 같아 들어간 74억 9,000명, 연병장의 터신 5,564억 명, 마이크에 붙은 귀신 97억 명, 동료 훈련병들의 잡령들 6,244억 명, 조상령들 귀신 4,148억 명,

개의 영혼 27마리, 구렁이 영혼 34마리, 할머니 귀신 764명, 화장실 귀신 9억 4,000명, 옷에 붙은 귀신 22,400명, 처녀 귀신 3,244명, 전쟁터에서 죽은 귀신 515명, 이무기 영혼 144마리, 아이들 귀신 87억 4,000명, 암으로 죽은 귀신 126명, 사고로 죽은 귀신 644명, 우리들 살려주십시오. 제발 구해 주십시오. 이분 몸에서 나오니까 너무너무 힘듭니다. 살고 싶어요.

악들- 종교를 세운 원초적인 우두머리와 그의 수하들이다. 표경 수하 26,000명, 도감 수하 31억 8,000명, 천감 수하 78억 3,000명

원주 제1부사관학교에서 달라붙은 악귀잡귀들

내무반에서 할머니 귀신들을 보았다는 사람들이 많았는데

6,244억 명, 이분의 기운이 너무 무서워요, 전쟁터에서 죽은 귀신 56,200명, 아이들 아사귀 2,247명, 자살귀 33억 9,000명, 동물 잡아먹다 살 맞아 죽은 귀신 193명, 개의 영혼 76마리, 연병장에 있던 터신과 제자들 2,247억 명, 총에 있던 귀신 8,255억 명,

군화에 붙어 있던 귀신 328억 명, 식당에서 따라붙은 귀신 6,448억 명, 담요 귀신 9,967억 명, 산 귀신 83억 9,000명, 물귀신 27,200명, 모자 귀신 46억 3,000명, 동료 군인 몸에 잡귀 8,699억 명, 조상령 귀신들 2,186억 명, 물귀신 46명, 처녀 귀신 3,120명, 몽달귀신 9억 7,000명, 화장실에서 목매달아 죽은 원이 맺힌 귀신 1,449명

악들- 종교를 세운 원초적인 우두머리와 그의 수하들이다. 천지신명 수하 91억 9000명, 도감 수하 34억 4,000명

11사단 사령부 배치받을 때 따라붙은 악귀잡귀들-

터에 있던 터신 할아버지 신명 34억 9,000명, 업보 풀려고 머물고 있던 166억 명, 총 귀신 22억 4,000명, 군모에 붙었던 귀신 3억 8,000명, 담요에 붙은 귀신 138억 명, 군화에 붙은 귀신 62억 3,000명, 여자 귀신 724명, 할머니 귀신 414명, 아이들 귀신 970명, 자살귀 1,468명, 보살 신명 귀신 발바닥에 497억 명, 화장실 귀신 3144억 명

악들- 종교를 세운 원초적인 우두머리와 그의 수하들이다. 하누 수하 24,000명, 천지신명 수하 7억 2,000명, 열두대신 수하 69억 8,000명

13연대 배치받을 때 따라붙은 악귀잡귀들-

다른 곳의 전쟁에서 죽은 남자 귀신 58억 2,000명, 물귀신 1,300명, 군복 귀신 3,448억 명, 총 귀신 17억 9,000명, 다른 자들의 안경에 붙은 귀신 724명, 화장실 귀신 98억 4,000명, 큰 터신 8,447억 명, 컵에 붙은 귀신 48억 2,000명, 군화에 붙은 귀신 926억 명, 나무에 붙은 귀신 72억 8,000명, 산 귀신 5,196명, 법사 귀신 724명, 동자령 38억 2,000명

악들- 종교를 세운 원초적인 우두머리와 그의 수하들이다. 천지신명 수하 51억 9,000명, 천감 수하 2,248명

6중대 화기소대 배치받을 때 따라붙은 악귀잡귀들-

다른 곳에 있던 왕의 수하들과 장군 수하들 귀신 928억 명, 군화 귀신 174억 명, 화장실 귀신 736,000명, 식당에 붙었던 귀신 7,177억 명, 이불 귀신 46억 9,000명, 연병장 귀신 잡령들 8,989억 명, 처녀 귀신 6,298억 명, 군복에 달라붙은 귀신 3,548억 명, 식기에 붙은 귀신 4,294억 명, 다른 사람 몸에 있던 잡령들 무량대수, 조상령들 귀신 3,269억 명, 산에 귀신 178억 명, 공에 붙은 귀신 39억 명, 나무귀신 4,195명, 편지에 붙은 귀신 8,742억 명, 펜에 붙은 귀신 6,142억 명, 자살귀 2억 8,600명, 군모에 붙은 귀신 228억 명, 풍수지리 귀신 7억 4,000명

악들- 종교를 세운 원초적인 우두머리와 그의 수하들이다. 도감 수하 3억 2,000명, 영의신감 수하 12억 9,000명, 열두대신 수하 144억 명

대대 사격장에서 따라붙은 악귀잡귀들-

신처럼 보였고 이분께 구원받으려고 9,000년을 기다렸는데 저를 포함 94억 7,000명, 남자 비명황사 귀신 3,686명, 물체에 붙어 있던 귀신들 978억 명, 개의 영혼 44마리, 까마귀 영혼 79마리, 산에 있던 자살귀 27명, 물귀신 129명, 독수리 영혼 1,196마리, 법사 귀신 615명

악들- 천지신명 수하 42억 명, 도감 수하 12,700명

사단사격장에서 따라붙은 악귀잡귀들-

홍수 나서 물에 빠져 죽은 귀신 344억 명, 바다에서 죽은 귀신 614명, 남자 장군 귀신 468명, 총 귀신 47억 2,000명, 터신 24억 9,000명, 뱀의 영혼 616마리, 나무에 붙은 귀신 86명, 말의 영혼 62마리, 근처에 풀잎에 있던 귀신 2,464명

대대의무실에서 따라붙은 악귀잡귀들-

여자 귀신 7,246명, 할아버지 귀신 3억 9,000명, 승려 귀신 2억 9,000명, 보살 귀신 2,149명, 자살귀 164명, 아이들 동자령 3,692명, 할머니 귀신 112,000명, 교통사고사 귀신 32억 명, 비명횡사 귀신 149명, 총 맞아 죽은 귀신 56명, 불에 타 죽은 귀신 44,000명, 10대 때 죽은 귀신 247명

작전 훈련 중 산악에서 따라붙은 악귀잡귀들-

호랑이 영혼인데 다른 차원에서 윤회하다 들어온 199마리, 할머니 보살 귀신 206명, 군인 귀신 2,146억 명, 자살귀 267명, 싸우다 죽은 남자 귀신 12명, 뱀의 영혼들 4억 9,000마리, 천지신명 받들던 신제자 469명, 도 닦던 도인귀신 122명,

개의 영혼 3마리, 처녀 귀신 650명, 산신령 도사와 제자 포함 귀신 3,192억 명, 물품에 붙었던 귀신 8,147억 명, 물귀신 219명, 도둑 귀신 9명, 동물령 고슴도치 영혼 150마리, 까치 영혼 34마리

악들-도감 수하 9억 8,000명, 감찰신명 수하 32억 4,000명

2사단 지휘실습 갔을 때 따라붙은 악귀잡귀들-

왜 불러냈어요? 이분 따라갈 거예요. 군복에 있던 귀신들, 산에서 걸어갈 때 19억 2,600명입니다. 가방에 붙었던 머리만 있는 총에 맞은 귀신 580명, 수류탄과 총에도 귀신이 많이 붙었는데 그 당시에 붙은 귀신들이 142명, 총에 붙은 귀신 1,198명, 군화에 아사귀 568명,

손톱으로 들어간 남자 귀신 14,200명, 목 뒷덜미에 붙은 귀신 남자 군인 728명, 등에 붙은 전쟁터 귀신 남자 중년 720명, 다리에 붙은 전쟁터에서 죽은 청년 144명, 발등에 아이 귀신 32,000명, 도깨비 신인데 코로 들어간 2,870명, 배에는 승려 귀신 36명,

악들- 열두대신 수하 2억 3,000명, 도감 수하 1,826명

연대 의무실 갔을 때 따라붙은 악귀잡귀들-

나는 승려이고, 내가 죽어서 업을 닦기 위해서 그곳에 있었는데 이분의 음성이 마치 부처님의 음성처럼 느껴지며 빛이 보이고, 머리에 큰 황금 관모가 보였습니다. 그래서 부처님은 아니신데 왜 부처님 같은 관상의 기운과 범상치 않은 기운이

느껴질까? 생각하며 일반 사람과는 차원이 다른 것을 알았고 그래서 들어갔는데 30억 8,000명,

머리 위쪽으로는 의사의 몸에 있던 조상령들 2,144명, 침대에 붙어 있던 처녀 귀신 470명, 보살 귀신 2,060명, 연등에 붙은 귀신 7,246명, 뱀의 영혼인데 눈 속으로 44마리, 염주에 붙은 귀신 12억 4,000명. 이분 빛이 엄청나다는 소문을 듣고 달마도사 귀신이 다리 쪽으로 붙었는데 4,266명, 풍수지리 도인 귀신 829명, 이불에 붙은 귀신 2억 6,200명이 눈으로 들어갔습니다.

원주51 병원 갔을 때 따라붙은 악귀잡귀들-

나는 눈에 부상을 당한 귀신이고, 눈이 한쪽이 빠진 귀신 19명, 다리에 총 맞은 귀신 167명이 다리 쪽에 들어옴, 머리 다친 귀신 39명, 칼 맞은 귀신 143명, 양쪽 어깨 다친 귀신 224명, 이불에 붙은 귀신 78명,

의사 몸에 있던 잡령 3,429억 명, 호랑이 영혼 27마리, 의료기구에 붙은 잡령들 48억 6,000명, 노트에 붙은 귀신 27,800명, 신발에 붙은 귀신과 잡령들 124명, 화장실 귀신 677명, 거울에 붙은 귀신 5,144명, 환자복에 붙은 피를 좋아하는 귀신 13억 6,000명, 환자 주위에 조상령들 9,248명

악들- 도감 수하 6억 9,800명, 천지신명 수하 31억 4,000명, 표경 수하 1,981명

국군수도통합병원 갔을 때 따라붙은 악귀잡귀들-

그 병원에 있던 터의 주인 신입니다. 나의 제자들을 이분의

몸으로 들어가게 하고 그다음에 내가 들어갔는데 47억 7,000명, 이분께 터의 주인이 들어간 것은 뒤로 빛이 보이기도 하고, 수호하는 용들이 보이기에 큰 신명님이라고 생각되어 들어갔습니다. 의사 몸에 있던 조상령들이 6,166명,

화장실에 붙어 있던 아사귀 788명, 이불 침대에 있던 귀신 4억 9,000명, 의료기기에 붙어 있던 귀신 1,820명, 간호사 몸에 있던 조상령들 942명, 다른 사람 신발에 붙어 있던 귀신이 허벅지로 붙은 347명, 머리 아파서 죽은 귀신 7,172명, 눈에 붙은 할머니 귀신 62명, 귀로 붙은 할아버지 귀신 829명, 불자 귀신 3억 9,000명, 하나님 찾는 귀신 214,000명

악들- 표경 수하 1억 2,900명, 도감 수하 28억 2,000명, 감찰신명 수하 17,300명

복 받으려고, 구원받으려고 종교에 다니면 받아오는 것은 죽음의 고통과 뒤집어지는 고통뿐이다. 많은 사람들이 구원받아 잘 살고자 복 받으려고 하면서, 사는 것이 힘들어 종교를 찾았지만 결국 죽음과 망하는 귀신 기운만 받아와 온통 귀신 천지 세상에서 살아가고 있음이 확인되는 순간이다.

종교 지도자들조차도 죽어서 구원해 준다는 숭배 대상자들을 만나지도 못했고, 살아 있는 자들은 아직도 교리에 세뇌당하여 맹신하며 허상의 가짜세계로 밝혀진 천국, 천당, 극락, 선경 타령만 하고 있으니 안타까운 일이다. 이 또한 믿지 말라는 하늘의 메시지를 무시하고 믿은 결과이니 스스로 감내해야 한다.

병원, 기타에서 따라붙은 악귀잡귀들

내과-

의사 몸에 있던 잡귀신들이고, 이분의 머리에 용이 호위하듯이 보였기 때문에 너무나 대단해서 들어갔습니다. 도대체 어떤 분이길래 용들이 호위하는지, 처음 보았는데 72억 9,000명이 들어갔습니다. 당뇨 귀신 726명, 환자 몸에 두통 귀신 12억 4,000명, 의자에 붙은 4,149명, 화장실 귀신 13억 6,000명,

환자들 침대에 붙은 귀신 2,448억 명, 간호사 몸에 있던 조상령들 619명, 잡귀신들 8,144명, 천장에 붙은 신인데 어깨 쪽에 3명, 고혈압 귀신 8,197명, 속 쓰림 귀신 1,486명, 어깨 아프게 하는 귀신 77명, 위염 귀신 3,700명,

위암 귀신 96명, 다리와 온몸 저리게 하는 할머니 귀신 7억 2,000명, 소화불량 귀신 214명, 죽어보면 귀신이 얼마나 많은지 알게 된다. 사람이 움직이면 귀신들이 실시간으로 지켜보고 달라붙는다.

악들- 종교를 세운 원초적인 우두머리와 그의 수하들이다. 천지신명 수하 2,246명, 도감 수하 4억 8,000명, 천감 수하 24억 6,000명

성심병원-

그 병원에서 나는 '장군산마 신령도사'인데 정문 앞에서 지키고 있던 터신 한 명이 대장이고, 모두 남자 귀신들 9,968억 명, 머리 위에 용과 황금별이 보여서 들어갔습니다. 원혼귀들이 엄청 많은데 화장실에 붙어 있다 들어간 8,476억 명,

간암 귀신 724억 명, 전립선 귀신 27,000명, 시력 감퇴하는 귀신 22,000명, 의사 몸에 있던 잡령 46억 9,000명, 조상령 13억 4,000명, 접수대에 앉아 있던 처녀 귀신 2억 2,900명, 통풍 귀신 5,926명, 심장병 귀신 76,000명,

알츠하이머 귀신 3,133명, 환자 옷에 붙어 있던 귀신 226억 명, 의자에 붙은 귀신 367억 명, 두통과 머리 깨지도록 아프게 하는 귀신 5억 9,000명, 항문에 치질 귀신 462명, 신할머니 귀신 4,126명, 다리가 잘린 귀신 729명,

비명횡사 당한 귀신과 콩팥 귀신 포함 24,200명, 교통사고 나서 온몸이 일그러지고 내장이 터져 나온 귀신으로 응급실에서 달라붙은 귀신 1,249명, 자궁암 귀신 143명, 풍 맞아 죽은 귀신 발 쪽으로 들어온 372명

악들- 종교를 세운 원초적인 우두머리와 그의 수하들이다.
하누 수하 35억 4,200명, 표경 수하 27억 9,000명, 천지신명 수하 36,000명, 도감 수하 980명, 천감 수하 6,143명

학원-

학원에서 계속 있었던 할머니 신령이고 음기가 있는 8,196

명, 이무기 영혼이 업을 닦는 터가 있고, 차례대로 겪어야 하는 316마리, 교통사고 나서 죽은 귀신 15명, 학생 몸에 조상령이 하나님 믿었는데 빛이 보여서 머리 쪽으로 들어온 귀신 480명, 의자에 있던 귀신 9억 9,200명,

화장실 귀신 1억 2,000명, 책상에 붙은 노인 귀신 143명, 칠판에 붙어 있던 귀신 562명, 천장에 붙은 귀신 319명, 형광들에 붙은 귀신 6,280명, 가방에 붙은 장애인 귀신 277명, 귀머거리 귀신 84명, 낙태 영가 7명, 교사 조상령 199명, 잡령들 2,443명, 양말에 붙은 할아버지 귀신 92,000명

악들- 종교를 세운 원초적인 우두머리와 그의 수하들이다.
감찰신명 수하 22,000명, 도감 수하 4억 9,600명, 영의신감 수하 346,000명, 표경 수하 72억 9,000명

도궁-
법사 귀신입니다. 부처 형상으로 3명, 산신령 귀신 9억 6,000명, 한복에 붙은 귀신 12억 3,000명, 상에 붙은 귀신 129명, 컵에 붙은 귀신 26,000명, 탱화 귀신 146억 명, 무속인의 방울 귀신 176억 명, 보살 귀신 15억 명, 장군 도령 1,290명, 미륵천도사 제자 포함 귀신 45억 2,000명, 이무기 영혼 34,000마리, 향불 귀신 발등 쪽으로 549명, 처녀 귀신 6억 3,000명, 풍수지리 귀신 173명, 박수무당 귀신 2억 2,400명

악들- 종교를 세운 원초적인 우두머리와 그의 수하들이다.
도감 수하 1,299명, 영의신감 수하 7억 9,000명, 천지신명 수하 36억 4,000명

우성아파트-

주방 쪽에서 오랫동안 윤회하고 있던 할아버지 박수무당 44,000명, 천장에 붙은 뱀의 영혼 672마리, 폐 귀신 2,160명, 오래전에 살다 심장마비로 죽은 귀신 2명, 교통사고사 귀신 4명, 안방 쪽에 있던 혈압을 오르게 하는 귀신 670명, 법사 귀신 236명, 새의 영혼 170마리,

머리 아파하는 귀신 3,624명, 배를 묵직하게 하는 소화불량 귀신 970명, 눈을 흐리게 하는 귀신 64명, 할아버지 무좀 귀신 568명, 아줌마 귀신 56명, 위염 귀신 107명, 몸을 피곤하게 하는 아이들 귀신 946명

악들- 종교를 세운 원초적인 우두머리와 그의 수하들이다.
표경 수하 27억 9,000명, 영의신감 수하 37,000명, 하누 수하 268억 명, 도감 수하 414명

철학관-

원장의 조상령들이 벌벌 떨며 들어갔는데, 잡령들 28,000명, 어마어마한 황금용, 황금별, 황금 물줄기가 쏟아져 내립니다. 황홀하고 너무 대단해 보여서 미치도록 들어온 898억 명,

법사 귀신 1,692명, 동자 귀신 3억 2,000명, 살아서 사주팔자 보던 귀신 726명, 관상 보던 귀신 173명, 할머니 보살은 책속에 숨어 있다가 들어온 2,644명, 작두 타는 할머니 귀신 14,900명, 달력에 붙은 귀신 252,000명, 목 아픈 귀신 2,199명, 소화불량 귀신 98명, 초에 있는 귀신 636명, 부적 귀신 43억 명, 달마도 귀신 57,000명, 붓에 붙은 귀신 3억 7,000명,

복주머니에 붙은 귀신 14,000명, 개량 한복에 붙은 귀신 67,200명, 책상에 붙은 귀신 940명, 펜에 붙은 귀신 23,000명, 화장실에 있던 귀신 5,168명

악들- 종교를 세운 원초적인 우두머리와 그의 수하들이다.
하누 수하 98억 명, 천지신명 수하 52,400명, 감찰신명 수하 177억 명, 도감 수하 37,000명, 열두대신 수하 414억 명

리츠칼튼 호텔 커피숍-
남자 몸에 있던 조상령들이 살려주십시오 하는 귀신 672명, 잡령들 5,198명, 호텔에 있던 처녀 귀신 66억 4,000명, 몽달 귀신 2억 8,000명, 거지 귀신 14,000명, 탁자 위에 있던 16,000명, 의자에 붙어 있던 귀신 57,000명,

가방에 있던 귀신 768명, 구두에 붙어 있던 귀신 866명, 화장실 귀신 2,196명, 문 앞에 서 있던 검은 한복 입은 한 많은 귀신 9,196명, 법사 귀신 42,600명, 종업원 몸에 있던 잡령 51억 9,000명, 조상령 3억 5,600명, 물귀신 144명, 처녀 귀신 10~20대 자살한 귀신 785명, 총각 귀신 12억 4,000명, 할머니 귀신 27,900명, 아이들 귀신 3,122명

악들- 종교를 세운 원초적인 우두머리와 그의 수하들이다.
하누 수하 요괴 219억 명, 표경 수하 31억 4,000명, 도감 수하 67,000명

상담-
할머니 귀신들이 너무 좋았다고 합니다. 870명, 처녀 귀신

2,144명, 아줌마 귀신 7,162명, 중년 남자 귀신 14,000명, 몽달귀신 36억 2,000명, 꽃보살 귀신 98억 6,000명, 비구니 귀신 12억 6,000명, 수녀 귀신 726억 명, 목사 귀신 124명, 개의 영혼 36마리

식사–

상대방 조상령들 6,166명, 잡귀신들 8,196명, 버스에서 47억 6,000명, 음식점에서 남녀 귀신 58억 4,000명, 커피숍에 31억 4,000명, 요지에 붙었던 귀신 22억 9,000명, 수건에 붙었던 귀신 760명, 신발에 붙었던 귀신들 58억 명,

가방에 붙었던 귀신 13억 9,000명, 볼펜에 붙은 귀신 22,000명, 창문에 붙었던 처녀 귀신 86억 2,000명, 문에 붙어 있던 몽달귀신 133억 명, 화장실에 붙어 있던 219명, 보살 귀신 142명, 고양이 영혼 67마리

도솔천–

왕비 옷 주세요. 왕비 신명 내려주세요. 손님 몸에 있던 영인데, 전 재산 다 줄게요. 여자 영들이 97,000명, 목걸이, 팔찌, 왕비, 한복, 보살 할머니 92,400명, 불교에서 들어온 도령 신명 제자 476억 명, 형상에 붙어 있던 9,249억 명,

법사 신마화령 신 667억 명, 용에게 제사 지내던 귀신 219억 명, 처녀 보살 416명, 작두 도감 신 할머니 2,166억 명, 별상 도사 49,000명, 업보 소멸 신 제자 3,895명, 부적 귀신 97,600명, 몽달귀신 24억 명,

천장에 붙어 있던 달마도 귀신 4,246명, 연꽃도령 927,000명, 손님 조상령들 78억 9,000명, 손님 잡귀신과 처녀 귀신 250,000명, 물귀신 1억 2,000명, 몸에 점이 있던 귀신 86,000명, 자궁암 귀신 504명, 교통사고 귀신 707명,

손님 몸에 있던 두통 귀신 278명, 관절염 귀신 360명, 귀가 잘 안 들리게 하는 귀신 150명, 팔다리 저리게 하는 귀신 914명, 통풍 귀신 269명, 무좀 귀신 48명, 고지혈증 귀신 27,200명, 사기 배신 자살귀 143명, 어깨 아프게 하는 귀신 568명,

뇌졸중 귀신 129명, 심장 이상 귀신 74명, 혈압 오르게 하는 귀신 204명, 여자 귀신 926명, 귀접 귀신 2,198명, 승려 영혼 168억 명, 동자승 49명, 허리 아픈 할머니 귀신 624명, 술 귀신 878명, 담배 귀신 42,000명, 초에 붙은 귀신 잡령들 16억 9,000명, 책에 붙은 귀신 36억 3,000명

악들- 종교를 세운 원초적인 우두머리와 그의 수하들이다.
하누 수하 2,164명, 도감 수하 13억 5,000명, 천감 수하 24억 9,000명, 감찰신명 수하 56,000명, 천지신명 수하 44억 명, 열두대신 수하 65,000명

가락동 사무실-
손님 몸에 있었던 지장보살 신명과 조상령들 8,260명, 잡령들 7,199억 명, 풍수 귀신 이병철이 나타나서 봐준 604명, 산신령 도인 귀신 996억 명, 꽃보살 몸에 있던 잡령 머리 긴 여자 귀신 7,246억 명, 불상에 108배 절을 열심히 올리고 천도재하던 귀신 76억 8,000명,

교회에서 하나님 찾으면서 울부짖는 귀신 1,334억 명, 도 닦는 할아버지 귀신 64억 7,000명, 폐결핵 귀신 1,300명, 귀접 귀신 74,000명, 몽달귀신 27억 명, 작두 할머니 신 44억 3,000명, 초에 붙은 귀신 87억 3,000명, 향로 귀신 1,975억 명,

쌀 귀신 161억 명, 봉투에 붙은 귀신 34,600명, 염주 귀신 49억 6,000명, 문 앞에 서 있던 장군 신 7,144억 명, 통풍 귀신 24,700명, 머리 아프게 하는 귀신 92명, 산에서 온 아사 귀신 617명, 여자 귀신 114명,

19살에 죽은 처녀 귀신 158명, 남자 귀신 46명, 낙태 영가 804명, 머리 빠지게 하는 귀신 14,300명, 혈압 귀신 4,235명, 다리 아프게 하는 관절 귀신 918명, 동자 귀신 51억 4,000명, 사기당한 자살귀 212,000명,

신발에 붙어 있던 귀신들 16,900명, 모자에 붙었던 귀신 6,168명, 정신병자 귀신 353,000명, 증산도 귀신 179억 명, 부적을 좋아하는 귀신 56억 명, 무속인 방울 소리 좋아하는 귀신 4,166명, 한복 귀신 70억 8,000명, 승려 귀신 44,300명

악들- 종교를 세운 원초적인 우두머리와 그의 수하들이다.
표경 수하 176억 명, 천지신명 수하 20억 4,300명, 도감 수하 13억 7,000명, 하누 수하 998억 명

천궁-
감격해서 통곡하는 귀신 8,264억 명, 미륵에 관심자 미륵천자 귀신 39조 8,000억 명, 통성기도 하던 귀신 22억 명, 승려

귀신 3,268명, 법사 조상령들 귀신 2억 2,900명, 지역에서 붙은 여자 도반 귀신 174억 명, 보살 귀신 21,020명, 계단 쪽에 숨어 있다가 종교인이 뿌린 귀신 1,869명,

형상에 숨어 있던 귀신 32,000명, 부적 귀신 194억 명, 천불도령 귀신 86억 4,000명, 기를 받으려고 하는 귀신 179억 명, 초에 붙었던 귀신 1,447억 명, 의복에 붙은 장군 귀신 918명, 작두 귀신 4,168명, 칼 귀신 46억 명, 천사 귀신 23억 명, 처녀 귀신 5,997명, 여자 귀신 6,456명, 도깨비 영혼 27,000명,

역에서 따라온 아사귀 76명, 교통사고 귀신 36,200명, 암 귀신 7,144명, 풍 맞은 귀신 806명, 당뇨 귀신 4,186명, 관절염 귀신 700,000명, 허리 다친 귀신 5억 6,000명, 하늘 도사 귀신 2,439명, 애동제자 3억 8,300명, 머리 긴 여자가 뿌린 잡귀와 달걀귀신 2억 8,000명, 법사 귀신 134억 명, 머리 긴 여자가 뿌린 향로 귀신 86,000명,

방에 있던 잡령들 9,284억 명, 무속 신 할머니 44,000명, 방광염 잡귀신 73명, 다리 발바닥 무좀 귀신 1,299명, 손님 모자에 붙은 귀신 16억 3,900명, 음식, 음료수, 넥타이, 양말에 붙은 귀신 7,244억 명, 손님 가방에 붙어 있던 잡귀신들 8,864억 명,

상담자 차 타고 올 때 달라붙어 온 귀신 1,236억 명, 하나님의 어린 양이라고 말하는 남자 귀신 4,964억 명, 꽃보살 머리카락에 붙었던 귀신 6,149명, 가족들 아들 몸에 있던 귀신 80억 9,000명

악들- 종교를 세운 원초적인 우두머리와 그의 수하들이다. 하누 수하 93억 6,000명, 천지신명 수하 13억 4,000명, 열두대신 수하 5,166억 명, 표경 수하 49,000명

치과병원-

치과병원에서 따라붙은 손 떨리게 하는 할머니 귀신 1,898명, 나 좀 살려줘요! 손으로 들어갔습니다. 우리 좀 살려줘요. 지구라는 곳은 너무 무서워요. 머리에 붙은 여자 귀신들 98명, 아이들 귀신 170명, 법사 할아버지 귀신 206명, 눈에 할머니들 시력 안 좋게 하려는 귀신 514명,

귀에 남자 자살귀들 우측 6명, 좌측 17명, 목에 거북이 영혼 5마리, 등에 처녀 보살 귀신 15명, 가슴과 심장에 처녀 귀신 607명, 총각 귀신 5명, 처녀 귀신 145명, 항문에 귀신 24명, 다리에 할머니 무릎 수술하다 죽은 귀신 304명, 발바닥에 할아버지 귀신 72명,

그 자리에서 업보를 풀기 위한 것도 있고 빛을 보고 들어왔습니다. 공간마다 영적 차원이 있고, 영계의 법칙에 따라 죽음의 기운이 느껴져서 들어왔습니다.

마디병원-

마디병원에서 죽은 귀신, 장례식장에서 따라 들어온 할머니 귀신 248명, 암으로 죽은 60대 남자 귀신 13명, 손 떨리게 하는 당뇨 귀신 304명은 뱃속에, 식은땀 귀신은 의사 몸에 있던 조상령들 417명, 의사면 뭐합니까? 살려주십시오. 말 좀 해주세요.

구원받게 해주시는 분이 앞에 계시는데, 조상령들의 분노를 아시느냐고요? 다리에 들어간 귀신은 정문 앞에 떠도는 자살귀 506명, 머리에 장례식장에 있던 귀신 3,200명, 목 뒷골에 아이들 귀신 170명, 피곤하게 하는 물귀신 117명,

눈에 붙은 귀신 56명, 귀에 붙은 낙태 영가 3명, 처녀 귀신 216명, 발바닥에 붙은 할머니 28명, 등에 소의 영혼 12마리, 항문에 처녀 귀신 36명, 통풍 귀신은 화장실에 있다가 들어온 207명, 구원의 성이 보인다는 교회 다니다 죽은 귀신들이 대부분입니다.

북악스카이웨이 팔각정-

법사 산신령이고 이분의 몸에서 황금색 용포가 보이고, 어관을 쓰고 계신 것이 보여 놀라서 들어온 72억 7,000명, 승려 귀신 72명, 아이들 귀신 3,200명, 할머니 귀신 150명, 법사 귀신 175명, 한 많은 처녀 귀신 44명, 합궁하다 죽은 해코지 귀신 37명, 배에 뱀의 영혼 13마리, 전립선에 216명, 교통사고 귀신 5명, 물귀신 64명, 당뇨 귀신 20명, 화장실에 아기 귀신인데 성인 변신이 가능하고 다리 쪽으로 들어온 150명

라마다르네상스 호텔 커피숍-

화장실 처녀 귀신 916명, 정문 앞에 서 있던 도령신명 귀신 47,000명, 백혈병으로 죽은 귀신 13명, 술 귀신 770명, 물귀신 4명, 불에 타 죽은 귀신 134명, 피를 탁하게 하는 귀신 1,870명, 남의 돈 떼먹고 안 갚고 죽은 귀신 79명, 칼 맞아 죽은 귀신 44명, 가슴 누르고 답답하게 하는 귀신 118명,

장례식에서 따라붙은 악귀잡귀

할아버지 장례식-

터에 있는 원혼귀들이 이분의 머리 위로 빛이 보여서 들어온 귀신 3,144명, 조문객들 조상령 442명, 화장실에 있는 낙태 영가 29명, 목맨 자살귀 3명, 차량에 치어 죽은 귀신 27명, 할머니 보살 귀신 670명, 어린 10대 때 죽은 귀신 15명, 물귀신 144명, 남자 조문객 중 불교 달마도 귀신 5,900명, 팔과 손목 그어 죽은 자살귀 320명, 당뇨 귀신 170명, 관절염 귀신 65명, 머리 아프게 하고 눈 피곤하게 하는 한 많은 원귀들 992명,

악들- 종교를 세운 원초적인 우두머리와 그의 수하들이다. 천감 수하 5억 6,000명, 하누 수하 11명, 천지신명 수하 455명

할머니 장례식-

터의 주인 '영천신 도령'이 거느리는 할머니 신이 다리로 들어온 29,500명, 머리를 지끈지끈 아프게 하고, 뒷골 아프게 하는 귀신 666명, 통풍 앓다가 죽은 13명, 간암으로 죽은 귀신 4명, 조문객 조상령들 420명, 조문객 잡귀신들 176명

악들- 종교를 세운 원초적인 우두머리와 그의 수하들이다. 표경 수하 67,000명, 천지신명 수하 526명, 도감 수하 8,200명

아버지 장례식-

이무기 영혼 터 신이었는데 순간 들어온 370마리, 가슴으로 소의 영혼 60마리, 닭의 영혼 117마리, 물고기 영혼 1,020마리, 돼지 영혼 409마리, 뱀의 영혼 119마리, 개의 영혼 785마리, 조문객 중에 천지신명 받드는 자 몸에 가짜 천지신명 6,119명, 미륵부처 사칭하는 조문객 몸에 귀신 12,500명

악들- 종교를 세운 원초적인 우두머리와 그의 수하들이다.

도감 수하 3억 6,000명, 하누 수하 420명, 영의신감 수하 109명

어머니 장례식-

어머니 몸에 있던 천지신명 귀신들이 나와 빛을 보고 들어온 귀신 4,243억 명, 벌받아 목이 잘려 죽은 귀신 170명, 다리 절뚝거리고 마비되어 다리로 들어온 귀신 35명, 조문객 중에서 고혈압 귀신 120명, 화장실에서 목맨 자살귀 45명, 헛것이 보이고 들려서 자살한 귀신 69명, 물귀신 117명, 조문객 중 다리 쪽에 붙은 다리 없는 할머니 귀신 707명, 머리 지끈거리게 하고 손이 떨게 하는 귀신 1,060명, 배에 들어간 아이들 귀신 66명, 줄담배 피우게 하는 귀신 360명, 매일 술 찾는 조문객 귀신 2,290명

악들- 종교를 세운 원초적인 우두머리와 그의 수하들이다.

하누 수하 97,000명, 표경 수하 1,290명, 천지신명 590명, 열두대신 수하 3억 8,000명, 도감 수하 230,000명

숙부 장례식-

조문객 중에서 개구리, 토끼, 개 등 영물을 먹은 영혼들이 한이 맺혀 눈과 허리로 들어온 귀신 619명, 뱀 영혼 502마리,

터를 지키다 다리로 들어온 신명 제자 포함 귀신 4억 9,000명, 할머니 무당 귀신 79명, 법사 겸 풍수지리사 귀신 89명,

조문객 중에 불교인 염주에서 빠져나온 귀신 5억 4,000명, 돈 때문에 자살한 남자 귀신 13명, 손 다리 마비되어 죽은 귀신 27명, 시력 저하 귀신 154명, 관절염 귀신 1,300명, 술 귀신 2,160명, 줄담배 피우는 귀신 410명, 혈압 귀신 179명, 당뇨 합병증 귀신 913명

악들- 종교를 세운 원초적인 우두머리와 그의 수하들이다.
도감 수하 719명, 열두대신 수하 2억 6,200명

누나 장례식장과 장지-
억울하다, 내가 신이 되기 위해서 업보를 닦고 있었던 뱀의 원혼과 다른 뱀 합쳐서 9,264마리, 뱀을 잡아먹으면 집안에 탈이 생깁니다. 뱀의 저주가 내려갑니다. 불구, 정신지체아가 태어날 수 있습니다. 불상과 천지신명 따르던 귀신들 4,060명, 물고기 귀신 778마리, 한 많은 여자 자살귀가 터에서 들어온 귀신 616명, 발로 들어온 도깨비 영혼 2억 2,000명, 부부싸움 부부불화 여자 귀신 117명

악들- 종교를 세운 원초적인 우두머리와 그의 수하들이다.
천지신명 수하 44억 2,000명, 열두대신 수하 39억 4,000명, 도감 수하 16,000명

매부 장례식-
뱀의 영혼 616마리, 개의 영혼 79마리, 고양이 영혼 48마리,

처녀 귀신 313명, 닭의 영혼 99마리, 군인 귀신 906명, 무명 영가 4,060명, 할머니 무당 귀신 85명, 하나님 찾는 귀신 472명, 승려 영혼 6,020명, 낙태 영가 3명, 물귀신 5명, 교통사고 귀신 145명, 두통 귀신 25명, 당뇨 귀신 70명

악들- 종교를 세운 원초적인 우두머리와 그의 수하들이다.

표경 수하 27억 명, 도감 수하 1,300명, 하누 수하 130,000명, 천감 수하 45명

누나 지노귀굿-

무당 몸에 조상령들 490명, 동자 귀신 29명, 동자 동녀 귀신 777명, 형상에 붙어 있던 자살귀 916명, 굿하다 남은 잡귀신 124,000명, 술 먹다가 죽은 50대 남자 귀신 3명, 담배 피우는 귀신 84명, 과자 달라, 떡 달라 배고파하는 귀신 224명, 법사 귀신 29명, 초에 붙은 귀신 196명, 머리 아프게 하는 뒷골 당기는 귀신 1,065명, 고지혈증 귀신 145명, 당뇨 귀신 910명, 무당 몸에 있던 잡령들 346,000명

장남 결혼식-

하객들 중에 자살귀 176명, 술고래 귀신 89명, 횡설수설하는 귀신 379명, 종교 교회 귀신 916명, 천주교 귀신 44명, 부처 믿고 따르는 귀신 88명, 천지신명 받드는 귀신 719명, 아사귀들 82억 3,000명, 어린 영가 귀신 44명, 닭의 영혼 70마리, 할머니들 당뇨 귀신 1,020명, 가슴 답답하게 하는 귀신 48명, 고지혈증 귀신 26명, 백내장 앓다가 죽은 귀신 58명,

악들- 종교를 세운 원초적인 우두머리와 그의 수하들이다.

표경 수하 46,200명, 천지신명 수하 17억 8,000명, 천감 수하 96명, 영의신감 수하 3,144명,

차남 결혼식-

할아버지 '령천지암신' 제자들과 같이 49억 명, 이분을 보고 천지신명님으로 느껴져서 들어왔다. 배고파하는 아이들 귀신 1,868명, 50~60대 남자 당뇨 귀신 1,244명, 처녀 귀신 10대 사망하여 남자 그리워하는 귀신 140명, 항문에 붙은 치질 일으키는 귀신 162명, 사이비 종교 믿는 귀신 5,118명, 닭의 영혼 98마리, 총각 귀신 61명, 천장에 붙은 원혼귀 720명

망우동- 이사 다니면서 따라 들어온 귀신들

할머니, 할아버지는 맴돌다 빛이 나서 들어온 960명, 낙태영가 3명, 어린아이 귀신 34명, 개의 영혼 7마리, 병을 앓다 죽은 귀신 126명, 머리 아픈 두통 귀신 164명, 소화불량 귀신 72명, 통풍 귀신 150명, 다리로 붙은 관절염 귀신 876명, 할머니들 보살 귀신 44명, 떠돌던 남자 자살귀 1명, 싸우다 부부가 자살한 남녀 귀신 1명씩

천호동- 이사 다니면서 따라 들어온 귀신들

어깨에 붙은 50대 교통사고 귀신 1명, 당뇨 합병증 할머니 귀신 13명, 술주정 할아버지 귀신 36명, 두통 일으키는 귀신 58명, 집에 살던 부황 침에 붙었던 귀신 590명, 나무에 목매달아 죽은 귀신 2명, 화장실 아이들 귀신 146명, 먹을 거 찾는 아이 동자 동녀 귀신 446명, 사주팔자 풀이하던 귀신 13명, 풍수지리 수맥하다 죽은 할아버지 귀신 76명,

암사동- 이사 다니면서 따라 들어온 귀신들

아파트에서 떨어져 죽은 아줌마 여자 귀신 3명, 할머니들 귀신 290명, 교회 목사 귀신 316명, 법사 귀신 29명, 동네 약 먹고 자살한 귀신 70명, 차 사고 귀신 4명, 도둑에게 찔려 죽은 귀신 2명, 정신 이상한 여자 아줌마 자살 귀신 5명, 머리 두통 유발 귀신 206명, 할머니 당뇨 귀신 49명, 심부전증 귀신 98명, 신장 수술 받다 죽은 귀신 43명

상일동- 이사 다니면서 따라 들어온 귀신들

심장마비로 죽은 귀신 20명, 종교에 갔다가 살맞아 죽은 귀신 89명, 할머니 귀신 206명, 법사 귀신 7명, 당뇨 귀신 71명, 교통사고 귀신 133명, 억울해서 돈을 못 받아 자살한 귀신 269명, 술귀신 1,029명, 담배 피우는 귀신 88명, 여자 귀신 5명

상일동2- 이사 다니면서 따라 들어온 귀신들

할아버지 술 먹는 담배 피우는 귀신 4,060명, 합궁하다 죽은 귀신 3명, 아이들 불량스런 귀신 390명, 놀이터 떠돌던 아이들 귀신 43명, 산에 자주 가는 산귀신 6,179명, 차에 붙어 있던 귀신 26,000명, 자살귀 36명, 몽달 귀신 91명, 민속종교 불교 귀신 32억 9,000명, 꽃보살 귀신 264명

악들- 종교를 세운 원초적인 우두머리와 그의 수하들이다.

하누 수하 399명, 감찰신명 수하 6,080명, 도감 수하 20,000명

명일동- 이사 다니면서 따라 들어온 귀신들

전에 살던 어지럽고 두통으로 아팠던 귀신 76명, 어깨를 아프

게 하고 누르는 할머니 귀신 216명, 머리 무겁게 하는 남자 귀신 99명, 당뇨 귀신 614명, 눈을 피곤하고 아프게 하는 귀신 146명, 화장실에 붙은 처녀 원혼귀 66명, 무좀을 일으킨 화장실 귀신 113명, 두통 귀신 2,690명, 허리 아프게 하는 귀신 74명, 싸움 일으키는 불화 귀신 43명, 약 먹고 자살한 귀신 2명

역삼동1- 이사 다니면서 따라 들어온 귀신들

술 먹는 천장에 귀신 299명, 담배 귀신 할아버지 4,020명, 기침 나오게 하는 귀신 616명, 어깨 누르는 할머니 귀신 468명, 머리에 남자 자살귀들 98명, 전에 살던 약 먹고 병으로 죽은 조상령들 77명, 정문에 터신 할아버지 신과 잡령들 29억 9,000명, 통풍 할아버지 귀신 13명, 치매 귀신 59명, 다리를 잡고 있는 자살귀 292명, 목매달아 죽은 귀신 12명, 아파트에서 떨어져 죽은 귀신 3명

역삼동2- 이사 다니면서 따라 들어온 귀신들

할아버지 현관문 앞에 서 있던 귀신 25명, 그 안에 주방 귀신 177명, 전에 살던 이명 걸려 죽은 귀신 1명, 당뇨 귀신 3명, 처녀 귀신으로 화장실 천장에 있던 귀신 56명, 원과 한을 품고 칼을 물고 있는 장군 남자 귀신 1명, 아이들 귀신 760명, 머리 무겁게 하는 귀신 86명, 전립선 귀신 49명, 팔 아프게 하는 귀신 67명, 등을 가렵게 하는 귀신 74명, 발을 아프게 하는 할머니 귀신 129명, 무좀 귀신 14명, 간질환자 귀신 2명, 폐병 원혼귀 2명, 숙면 방해하는 귀신 140명, 소화 안 되게 더부룩하게 하는 귀신 79명, 군인 귀신 290명, 약 먹고 자살한 남자 귀신 1명

서초동- 이사 다니면서 따라 들어온 귀신들

주방 쪽에 오랫동안 윤회하고 있던 할아버지 박수무당 귀신 44,000명, 천장에 붙은 뱀의 영혼 672마리, 폐귀신 2,160명, 오래전에 살다 심장마비로 죽은 귀신 2명, 교통사고사 귀신 4명, 안방 쪽에 혈압을 오르게 하는 귀신 670명, 법사 귀신 236명, 새의 영혼 170마리, 머리 아파하는 귀신 3,624명, 배를 묵직하게 소화불량 귀신 970명, 눈을 흐리게 하는 귀신 64명, 무좀 할아버지 귀신 568명, 아줌마 귀신 56명, 위염 귀신 107명, 몸을 피곤하게 하는 아이들 귀신 946명

석촌동- 이사 다니면서 따라 들어온 귀신들

머리 5개 달린 사람 해코지 하는 귀신 67억 명, 남 잘되는 꼴을 못 보는 할머니 귀신 77,000명, 아이들 귀신 135명, 남자 귀신 76명, 도령신명, 32억 4,000명, 물귀신 49명, 장례식 귀신 8,200명, 자살귀 270명, 두통 귀신 36,000명, 처녀 귀신 249명, 전립선 암귀신 77명, 여자 귀신 104명, 법사 귀신 569명, 약을 달고 다니는 귀신 919명, 속 쓰림 귀신 2,960명, 박수무당 269명, 도인 귀신 14,200명

광주 오포- 이사 다니면서 따라 들어온 귀신들

처녀 무당 귀신 370명, 터신 1명, 승려 귀신 446명, 전 주인 할아버지 귀신 1명, 자살귀 2명, 교통사고 귀신 3명, 여자 귀신 199명, 할머니 신명제자 귀신 336명, 개의 영혼 2마리, 대문에 붙은 여자 귀신 15명, 아이들 귀신 900명, 풍수 공부하다 죽은 귀신 214명, 아사귀 13명, 총각 귀신 945명, 뱀의 영혼 27,000마리, 이무기 영혼 46마리, 머리 아프게 하는 귀신 70명, 속 쓰림 귀신 22명, 법사 귀신 76명

가락동- 이사 다니면서 따라 들어온 귀신들
무속 천지신명 받드는 제자 귀신 1,795명, 도인 귀신 79명, 교통사고 귀신 2명, 닭의 영혼 130마리, 물고기 영혼 2,199마리, 통풍 앓다 죽은 귀신 2명, 초에 붙었던 귀신 440,000명, 아이들 청소년 귀신과 무속제자 귀신 84명, 칼에 붙은 귀신 31억 2,000명, 이불에 붙은 하얀 귀신 999명, 두통 귀신 142명, 금전거래 배신해서 자살한 귀신 13명, 위 아파서 죽은 귀신 2,260명, 혈압 귀신 194,000명

악들- 종교를 세운 원초적인 우두머리와 그의 수하들이다.
영의신감 수하 4억 2,000명, 표경 수하 330,000명, 열두대신 수하 1296명

나의 사례에서 보듯이 너무나도 많은 귀신들과 어려서부터 들어와서 함께 살아가고 있었다는 것을 밝혀내었고, 때가 되어 미래 하늘께서 모두 추포하시어 한꺼번에 소멸시켜 주시었다. 악들과 귀신들이 사람들 눈에 보인다면 무섭고 공포의 두려움에 벌벌 떨며 하루도 마음 편히 살아갈 수 없을 것이다.

누구나 이렇게 많은 귀신들이 어려서부터 들어와서 살아가고 있다. 인류가 78억 명인데 나의 몸에는 수천조의 귀신들이 들어와서 동고동락하며 살았는데 한 달이나 걸려서 악들과 귀신을 소멸했지만 아직도 남아 있다. 일반인의 몸이었다면 벌써 이 세상 사람이 아니었을 테지만, 하늘과 미래 하늘이신 자미황제 폐하께서 쓰시는 몸이라서 기운으로 보호해 주시어서 무탈하게 살아가고 있었던 것이다. 독자들은 어려서부터 들어온 귀신들부터 추포해서 소멸시켜야 인생이 변한다.

사찰에서 따라붙은 악귀잡귀들

천우사-

여자 원귀 처녀 귀신 147명, 할머니 귀신 48명, 남자 아이들 귀신 119명, 할아버지 귀신 78명, 불자 귀접 귀신 118명, 머리 위로 자신이 미륵이라고 하는 제단에 만들어놓고 올리던 귀신 133명, 죽어서도 자신이 귀신이 된 것도 수행공부 중이라 생각하는 총각 귀신 177명, 벙어리 귀신 34명, 개의 영혼 17마리, 이무기 영혼 460마리, 달마도 귀신 213명, 승려 영혼 920명, 항문과 성기에 처녀 귀신 144명, 도인 귀신 928명, 풍수 작명하며 사무실 운영하다가 죽은 귀신 17명

악들- 종교를 세운 원초적인 우두머리와 그의 수하들이다. 천지신명 수하 1432명, 열두대신 수하 690명, 도감 수하 27,000명

조계사-

금불상 모셔놓고 기도 올리던 여자 55세 사망, 죽어서 황금빛이 나는 것을 보고 들어갔는데 34,700명, 황금빛을 보고 들어온 할머니 보살 776명, 승려 영혼 690명, 뱀의 영혼 140마리, 동자령 25명, 자살귀 328명, 통풍 귀신 980명, 지암사 법사와 잡귀들 49,000명, 비구니 영혼과 잡귀들 7,283명, 이무기 영혼 504마리, 닭의 영혼 28마리, 두꺼비 17마리

악들- 종교를 세운 원초적인 우두머리와 그의 수하들이다. 하누 수하 49억 2,000명, 표경 수하 6억 9,240명, 도감 수하 3억 명

불국사-

승려 영혼 5,591명, 이무기 영혼 58마리, 남자 선생 귀신 4명 고속버스 사고로 죽은 귀신 포함 108명, 교복 입은 학생들 귀신 36명, 할머니 귀신 222명, 할아버지 담배 귀신 167명, 여자 귀신 유흥업 잡령 4,050명, 남자 암으로 사망 잡령 1,572명, 경주 시내 쪽 기생집에 불이 나서 죽은 주인과 여자들, 남자들 귀신 잡령 포함 8,500명, 부적 만드는 무당 귀신 잡령 포함 2억 9,000명, 자살귀 남자 510명

악들- 종교를 세운 원초적인 우두머리와 그의 수하들이다. 도감 수하 637억 명, 감찰신명 수하 22,000명

첨성대-

귀신이지만 아주 오랜 세월 동안 도를 닦았던 자들인데 귀신 되어 돌아다니다가 이분을 보는 순간 어떤 왕의 아들로 느껴서 들어온 귀신 3,268명, 돌에 붙은 귀신 2,875명, 가방에 머리만 있는 귀신 3명, 할머니 귀신 920명, 법사 잡령 포함 1,800명, 새의 영혼 13마리, 신발에 붙은 귀신인데 발바닥으로 들어간 귀신 65명, 머리 아파 죽은 귀신 270명

악들- 종교를 세운 원초적인 우두머리와 그의 수하들이다. 표경 수하 56,000명, 천지신명 수하 214명, 도감 수하 365명

토함산 석굴암 석불상-

할머니 보살 귀신 729명, 승려 귀신 1,428명, 할아버지 잡령 포함 784명, 뱀의 영혼 206마리, 남자 학생들 잡령 포함 828명, 나무에 붙은 자살귀 17명, 남자들 불자 잡령 포함 49,000명, 등에 아이 업고 있는 여자 귀신 428명, 여자 귀신이 꿈에 모르는 아이들 나오면 근심이 생긴다고 한다. 죽어서 알았다. 동자동녀 396명, 신발에 있던 아이들 귀신 566명, 할머니 불교 목걸이 차고 왔는데 빠져나온 귀신들 5,123명

악들- 종교를 세운 원초적인 우두머리와 그의 수하들이다. 하누 수하 863명, 도감 수하 449명

지리산 길상사-

남자+여자 사고 나서 죽은 귀신 64명, 아이들 귀신 726명, 할머니들 귀신 144명, 목이 가려워서 기침하던 귀신 잡령 포함 6,299명, 남자 50대 심근경색 사망 잡령 포함 39억 6,000명, 지장보살 찾는 귀신 1억 4,000명, 여자 처녀 귀신 98명, 호랑이 영혼 13마리, 할아버지 술타령 귀신 22,600명, 아줌마 귀신 64명, 위가 아파서 죽은 귀신 143명

악들- 종교를 세운 원초적인 우두머리와 그의 수하들이다. 하누 수하 49,000명, 표경 수하 36,000명, 천지신명 수하 2,100명

삼각산 도선사

승려 잡령 포함 90,800명, 뱀의 영혼 210마리, 벌레 장수풍뎅이 영혼 206마리, 염주에서 나온 귀신 1,499명, 낙태귀 27

명, 할머니 귀신 129명, 여자 비구니들 잡령 포함 8,188명, 사주팔자 공부하던 잡령 포함 8,499명, 자살귀 잡령 포함 360명, 새의 영혼 19마리, 큰 소의 영혼 66마리

악들- 종교를 세운 원초적인 우두머리와 그의 수하들이다. 도감 수하 414억 명

천태종 구인사

다리로 들어간 귀신 도솔천으로 보내주십시오. 주로 여자 귀신 27,000명, 할머니 보살 귀신 940명, 남자 귀신 160명, 정치인 죽은 잡령 포함 8,300명, 머리 쪽으로 승려 귀신 4,030명, 할아버지 귀신 703명, 이무기 영혼 40,000마리, 여자 처녀 귀신들 술집 여자처럼 화장이 진한 귀신 잡령 포함 16,000명, 비구니 귀신 28명

악들- 종교를 세운 원초적인 우두머리와 그의 수하들이다. 도감 수하 2,600명, 감찰신명 수하 7,169명, 표경 수하 14,000명

고창 선운사

뱀과 이무기가 합쳐진 영혼 윤회 과정에서 얽힌 8,188마리, 새의 영혼 까치 70마리, 여자 처녀 보살 잡귀 포함 30억 2,000명, 도인 귀신 817명, 기치료사 및 그림 판매하는 사람 귀신 잡령 포함 57,000명, 아이들 귀신 2억 4,000명, 교통사고 귀신 29명, 처녀 귀신 420명, 할머니 할아버지 귀신 610명,

악들- 종교를 세운 원초적인 우두머리와 그의 수하들이다.

표경 수하 2,100명, 도감 수하 3억 3,200명, 열두대신 수하 980명

동해 낙산사

자살귀 조상령 귀신과 잡령 51억 4,000명, 새의 영혼 210마리, 50대 남자 당뇨, 두통 심한 잡령 포함 9,060명, 여자 귀신 419명, 도깨비 영혼 21억 4,000명, 여자 보살 잡령 포함 4,882명, 남자 승려들 잡령 포함 4억 7,000명

악들- 종교를 세운 원초적인 우두머리와 그의 수하들이다. 도감 수하 4,464명, 천지신명 수하 3,200명, 감찰신명 수하 72억 명

동해 해수관음보살상-

승려 귀신 5억 4,000명, 비구니 귀신 잡령 34,000명, 할머니 귀신 정성 들인 잡령 포함 5,190명, 일가족 사고사 잡령 포함 78억 명, 머리는 큰 사자이고, 밑에는 사람인데 다리에 붙은 귀신 9,200명, 기도 드리던 계모임 남녀 잡령 포함 44억 3,000명, 할아버지 박수무당 귀신 27,000명, 꽃보살 390명, 자살귀 2명, 아이들 귀신 970명

악들- 종교를 세운 원초적인 우두머리와 그의 수하들이다. 하누 수하들 2,500명, 열두대신 수하 414명, 감찰신명 수하 913명, 도감 수하 9,200명

대전 보문산 좌불-

형상에 있다가 장난하려고 들어갔다. 빛이 나서 들어간 귀

신 98억 명, 불상에 절하는 것은 귀신에게 절을 하는 것이다. 할머니 비구니 귀신 2,200명 잡령 포함, 승려 귀신 잡령 포함 3억 7,000명, 식당하던 사람이 기도하러 갔다가 사망한 잡령 포함 8억 4,000명, 자식 수능 잘 보게 해달라고 빌다 죽은 잡령 포함 21억 4,000명, 박수무당 잡령 포함 3억 4,400명, 아이들 귀신 23,000명

악들- 종교를 세운 원초적인 우두머리와 그의 수하들이다. 영의신감 수하 1,900명, 도감 수하 215억 명

강화도 보문사-

한 많은 자살귀 천도재 한다고 온 사람들 잡령 포함 19억 6,000명, 승려 귀신 22,000명, 처녀 귀신 360명, 이무기 영혼 49마리, 교통사고 귀신 720명, 낙태영가 천도 귀신 36명, 소원풀이하러 온 자들 잡령 포함 39억 9,000명

악들- 종교를 세운 원초적인 우두머리와 그의 수하들이다. 하누 수하 416명, 표경 수하 2억 4,000명, 도감 수하 51억 9,000명

인천 서해바다-

머리 빡빡 민 비구니가 자살 유도해서 죽은 귀신 44억 9,000명, 남자 승려 귀신 98억 명 잡령 포함, 기도해서 기운 받으러 왔던 일반인들 잡령 포함 94억 4,000명, 놀러 왔던 남자 귀신 잡령과 조상령 포함 8,900명, 여자 귀신 7,020명, 할머니 보살 치성 들이다 죽은 귀신 잡령 포함 21억 6,000명

악들- 종교를 세운 원초적인 우두머리와 그의 수하들이다.
열두대신 수하 3,700명, 표경 수하 107억 명, 하누 수하 810명

표충사-

할머니 홀딱 벗은 귀신 119명, 새의 영혼 107마리, 뱀의 영혼 63마리, 남자 박수무당 잡령 포함 740명, 할머니 귀신 21명, 나무에 붙은 귀신 1,144명, 항문에 붙은 처녀 귀신 206명, 역술인 귀신 잡령 포함 9,100명, 매미 영혼 700마리, 이무기 영혼 313마리, 자살귀 17억 8,000명, 동자승 영혼 60명

악들- 종교를 세운 원초적인 우두머리와 그의 수하들이다.
도감 수하 94,000명

대도암-

사람에게 배신당하여 온갖 사기로 병마를 얻고 자살한 조상 귀신 3억 6,000명, 자살하게끔, 사기당하게끔, 데려갈 것이라는 할머니 보살 귀신 269명, 민속학자 귀신 잡령 포함 4,600명, 보험하다 죽은 귀신 잡령 포함 44,000명, 법사 귀신 5,600명, 이무기 영혼 12마리, 남자 귀신 조상령 포함 5억 4,000명, 처녀 귀신 179명

악들- 종교를 세운 원초적인 우두머리와 그의 수하들이다.
열두대신 수하들 14억 4,000명, 감찰신명 수하 94억 4,000명

법당-

할머니들이 보고 있었는데 죽었지만 왜 보고 있었냐? 무당이었거든요. 무당 할머니들과 신들, 귀신들 합해서 46억

2,000명이 너무 신나서 들어갔는데 이렇게 나올 줄 몰랐습니다. 법사 죽은 귀신 잡령 포함 11억 2,000명, 빨간 원과 한이 깊은 몽달귀신이 영혼 결혼시켜 달라고 들어온 귀신 7,600명,

오래전에 죽은 아이들 귀신들인데 엄마를 찾고 있지만 무당은 아이를 납치해서 굶겨 죽여 과자 주고 빵 사주며 아이의 영혼으로 점괘를 보는 경우도 있는데 잡귀들 포함 1,300명, 항문 위쪽에 처녀 귀신 37명, 화장실에 붙어 있던 자살귀 170명, 거미의 영혼 160마리, 교통사고사 여자 귀신 잡령 포함 510명, 부적 귀신 540명, 한복에 붙어 있던 귀신 760명, 뱀의 영혼 44마리

악들- 종교를 세운 원초적인 우두머리와 그의 수하들이다. 하누 수하 724명, 도감 수하 19,000명, 열두대신 수하 310명

도인 법사-
뛰고 싶은 무당 귀신이었는데 신명이 보이며 용이 있고 빛과 별, 용들이 보여서 들어갔고, 우리 것으로 만들려고 들어온 귀신 4,800명, 목맨 자살귀 27,000명, 머리에 칼을 메고 다니는 귀신 1,406명, 사람들 약 올리고 즐긴다.

승려 귀신 29,000명, 까마귀 영혼 828마리, 입이 귀까지 찢어지는 여자 귀신 670명, 나와서도 소리를 내는 여자 귀신 160명, 할아버지 법사 귀신 44,000명, 죽어서 절대로 이승을 떠나지 못하고 복수하는 원혼귀 8,698명, 당뇨 잡령 포함 365명, 머리 잡고 흔들어대는 귀신 175명, 불자 귀신 34명, 대순진리회 다니는 여자 귀신 14명, 얼굴은 여자이고 밑에는 말의

하체를 가진 귀신 23,000명 힘든 기운을 뿌렸다.

악들- 종교를 세운 원초적인 우두머리와 그의 수하들이다.
도감 수하 72,000명, 표경 수하 23억 6,000명, 천지신명 수하 14,000명

법사-
천지를 움직이는 도인, 제자들 귀신 515억 명, 아줌마 무당 귀신 319명, 남자 박수무당 귀신 177억 명, 동마사암 신명제자 귀신 199명, 뱀의 영혼 27억 마리, 여자 무당 처녀 귀신 1,322명, 풍수지리 관상 공부하던 귀신 잡귀 포함 26,000명, 호랑이 영혼 44,000마리, 몸 안에 잡귀 포함, 약 먹고 죽은 자살귀 199명, 허리와 얼굴만 있고 둥둥 떠다니는 귀신 53명, 목만 있는 귀신 170명, 다리 절뚝이는 귀신 79명, 고지혈증 귀신 130명, 술 찾는 귀신 잡귀 포함 64,000명

악들- 종교를 세운 원초적인 우두머리와 그의 수하들이다.
하누 수하 117억 명, 표경 수하 15,900명, 열두대신 수하 3,900명

도사-
속 쓰려서 너무나 아파서 죽은 귀신 160명, 할머니 부처 믿던 귀신 잡령 포함 414명, 달마 귀신 177명, 해암사 스님이라 불러 달란다. 도솔천으로 보내달라는 잡령 포함 46,200명, 천지신명 찾던 제자 귀신 9,500명, 고양이 영혼 13마리, 벌레인데 딱정벌레 영혼 2,020마리, 처녀 귀신 406명, 보살 귀신 228명, 자칭 황룡천지도사 귀신 잡령 포함 3억 8,200명, 아사귀 616명

악들- 종교를 세운 원초적인 우두머리와 그의 수하들이다.

표경 수하 11억 9,000명, 도감 수하 36,000명

작명가-

할아버지 작명가인데 죽어서 떠돌고 있던 귀신 46,000명, 관상 보고 체상 상담 귀신 조상령들 포함 2,985명, 할머니 인상학 조상령 잡귀신 포함 8,266명, 보살 귀신 706명, 박수무당 귀신 359명, 아이들 귀신 16,300명,

자살귀 3,200명, 처녀 귀신 6,020명, 뱀의 영혼 19마리, 도인 모습 귀신인데 산에서 도 닦다가 죽은 조상령 포함 1,434명, 통풍 귀신 조상령 포함 639명, 다리 절뚝이는 귀신 720명

악들- 종교를 세운 원초적인 우두머리와 그의 수하들이다.

표경 수하 94,000명, 열두대신 수하 1,133명, 영의신감 수하 74,000명

만물상

부처님 찾는 귀신 도솔천 가고 싶다는 잡령 포함 4억 6,000명, 신주단지 모신 할머니 귀신 잡령 포함 18억 9,000명, 지장보살 모시다가 죽은 잡령 포함 51억 7,000명, 아이들 귀신 동자 30,000명, 암으로 죽은 간암 귀신 719명, 개의 영혼 104마리, 돼지 영혼 5마리, 고혈압 귀신 2,982명, 작두 타는 할머니 귀신 39,000명 잡귀 포함

악들- 종교를 세운 원초적인 우두머리와 그의 수하들이다.

열두대신 수하 355명, 감찰신명 수하 167,000명, 하누 수하

919억 명

기타 사찰 관광-

무당 귀신 139명, 여자 자살귀 210명, 박수무당 귀신 72명, 살쾡이 영혼 3마리, 꽃보살 작두 타는 잡령 포함 25,000명, 동자 동녀 귀신 15억 4,000명, 지장보살 명호 외우는 머리 긴 도사 귀신 31억 5,400명, 이무기 영혼 555마리, 사마귀 영혼 66마리, 뱀의 영혼 원한귀 27마리

악들- 종교를 세운 원초적인 우두머리와 그의 수하들이다.

영의신감 667억 명, 도감 수하 12,000명, 열두대신 수하 30억 7,400명, 감찰신명 수하 4,900명, 하누 수하 1,198명

여법사-

몸에서 나온 귀신들 60억 4,000명, 자살귀 666명, 당뇨 귀신 43명, 속이 힘들고 아픈 96명, 다리 아프게 하는 귀신 229명, 머릿속으로 들어간 신할아버지 귀신 869명, 상담자 몸에서 빠져나온 귀신들 운동선수 영혼 잡귀 포함 2억 6,000명,

무명 가수, 배우, 연예인 귀신 14명, 부부 싸움 귀신 1,446명 잡령 포함 조상들의 싸움, 무당 할머니 귀신 774명, 동자동녀 41억 3,000명, 손금 봐주는 귀신 잡령 포함 2억 4,300명, 개의 영혼 복날에 개 잡아먹었더니 어머니가 사망한 잡령 포함 28,300명, 상갓집 갔다 죽은 귀신 잡령 포함 4,244명, 차 안에 있는 귀신 140명, 부적 귀신 257명, 통풍 귀신 1,120명, 혈압 귀신 149명, 발을 아프게 하는 귀신 3,164명

악들- 종교를 세운 원초적인 우두머리와 그의 수하들이다. 하누 수하 113,000명, 도감 수하 250명, 열두대신 수하 900명, 천지신명 수하 15,400명,

동구릉 태조 이성계-

왕처럼 느껴져 들어온 귀신 9,488억 명, 여자 귀신 148명, 기운 받으려고 한 자들 잡령 포함 83억 4,000명, 기도한 자들 잡령 포함 7,683명, 이무기 영혼 4억 2,000마리, 뱀의 영혼 35마리, 할머니 귀신 919명, 할아버지 귀신 4,200명, 소원 풀이하는 자들 잡령 포함 479,000명, 관상 겸 풍수지리 하던 귀신 잡령 포함 818억 명

악들- 종교를 세운 원초적인 우두머리와 그의 수하들이다. 하누 수하 9,800명, 표경 수하 23억 4,000명, 천지신명 수하 2억 6,000명

동작동 국립묘지 박정희 묘소-

장군 귀신 919명, 물에 빠져 죽은 귀신 1,060명, 백성 귀신 17억 4,000명, 부자 남자 정치인 잡령 포함 31억 4,000명, 기운받으려고 온 자들 잡령 포함 47억 명, 할머니 무당 잡령 포함 7,600명, 법사 영혼 잡령 포함 3억 9,000명, 이무기 영혼 149억 마리, 말의 영혼 760마리, 호랑이 영혼 167마리, 새의 영혼 94마리, 풍수지리 귀신 잡령 포함 4,690명, 관상 풍수 사주팔자 보던 귀신 잡령 포함 15,200명

악들- 종교를 세운 원초적인 우두머리와 그의 수하들이다. 도감 수하 24,200명, 표경 수하 716,000명

율곡 이이 묘소-

수맥 보는 잡령 포함 귀신 313억 명, 천도재 지내주는 승려 귀신 7억 4,000명, 일반 아줌마 귀신 잡령 포함 26,000명, 남자아이들 귀신 36억 명 잡령 포함, 처녀 귀신 98명, 꽃보살 잡령 포함 54,000명, 여자 귀신 119명, 할머니 보살 307명, 선생 영혼 잡령 포함 119,000명, 낙태귀 13명, 훌륭한 자손 점지 조상령 포함 429억 명

악들- 종교를 세운 원초적인 우두머리와 그의 수하들이다.

하누 수하 419,000명, 표경 수하 3억 7,000명, 도감 수하 720,000명, 천지신명 수하 460명

산소 벌초, 성묘-

개고기 먹다 죽은 귀신 27명, 술 먹다가 병 얻어 죽은 귀신 319명, 다리에 병이 나서 죽은 귀신 36명, 말 타다가 죽은 귀신 7명, 남편과 부부 싸움하다 칼부림 나서 죽은 11명, 밥 먹다 체해서 죽은 13명, 신내림 거부하다 자살해서 죽은 귀신 329명, 앞으로 고꾸라지게 장난친 아이 귀신 277명, 할아버지 귀신 164명, 교통사고로 죽은 9명, 산에서 굴러떨어져 죽은 15명

여행에서 따라붙은 악귀잡귀들

황금차 타고 다니면서-

2014년도에 청평에서 황금차 타고 가는 어떤 남자 2명과 편의점 앞에서 잠시 대화했을 때 그들의 몸에 있던 조상령들이 몸에 들어왔다. 부처님처럼 보였기에 들어왔는데 7,644억 명, 차 안에 있던 처녀 귀신과 물귀신이 차로 들어갔는데 460명, 차 안에 있던 도박 귀신 22,000명,

남자 2명의 몸 안에 있던 양주 좋아하는 귀신 155명, 담배 귀신 714명, 문신하도록 유도하는 귀신 잡귀 포함 640명, 처녀 귀신 9,600명, 나이트클럽 좋아하는 귀신 잡령 포함 429억 명, 몽달 귀신 2,467명, 고양이 영혼 104마리, 개의 영혼 306마리, 고스톱 좋아하는 귀신 455명, 교통사고 귀신 318명

악들- 종교를 세운 원초적인 우두머리와 그의 수하들이다.

열두대신 수하 21억 4,000명, 표경 수하 3,100명, 천지신명 수하 950,000명

호주-비행기 왕복

아줌마 귀신 760명, 할머니 귀신 280명, 조상령들 817억 명, 남자 씨름 선수 귀신 144명 잡령 포함, 살았을 때 양궁선수 귀신 조상령 포함 519억 명, 하느님 믿는 천주교 신자 귀신

6,144명, 마약하다 죽은 귀신 31억 8,000명, 가수 지망생이었던 귀신 조상령 포함 8,266명, 다리 아프다는 귀신 25,000명, 통풍 귀신 410명, 고혈압 귀신 514명, 담배 피우는 귀신 78명

악들- 종교를 세운 원초적인 우두머리와 그의 수하들이다.
하누 수하 414억 명, 열두대신 수하 1,232명, 표경 수하 39,000명

호주 관광-
캥거루 영혼 36마리, 나비 영혼 22마리, 조상령 포함 729,000명, 소매치기 귀신 조상령 포함 95명, 여자 조상령 포함 230,000명, 남자 암으로 죽은 귀신 심장병 조상령 포함 12억 4,000명, 물귀신 206명, 자살귀 다리로 들어온 463명, 술귀신 78명, 우울증 귀신 28,900명

악들- 종교를 세운 원초적인 우두머리와 그의 수하들이다.
열두대신 수하 237,000명, 도감 수하 219명, 하누 수하 30억 7,000명

호주-뉴질랜드행 비행기
사람들 몸에서 하나님 찾는 조상령 귀신 8,030명, 외국인 승려 귀신 조상령 포함 80억 7,000명, 처녀 귀신 319명, 아이들 귀신 50,900명, 남자 할아버지 귀신 816명, 고래 영혼 1마리, 물고기 영혼 78마리, 개의 영혼 7마리, 총각귀신 잡령 포함 9억 9,000명, 관절염 귀신 2,469명, 혈압 귀신 69명, 노래 좋아하는 귀신 실성한 잡령 포함 3,998명, 통풍 귀신 15명

악들- 종교를 세운 원초적인 우두머리와 그의 수하들이다. 표경 수하 16억 4,000명, 천지신명 수하 22억 8,000명, 열두대신 수하 707명

뉴질랜드 관광

처녀 귀신 44명, 남자 중년 귀신 117명, 새의 영혼 65마리, 아줌마 귀신 910명, 군인 귀신 128명, 경찰 귀신 잡령 포함 1,446명, 정치인 귀신 328명, 교회 다니다 죽은 귀신 704명, 아이 귀신 잡령 포함 5,376명, 법사 귀신 21명, 여우 영혼 13마리, 한 많은 귀신 20명, 성모 마리아 믿다가 죽은 귀신 94명

악들- 종교를 세운 원초적인 우두머리와 그의 수하들이다. 열두대신 수하 3억 4,000명 하누 수하 9,700명, 영의신감 수하 15,000명

뉴질랜드-호주행 비행기

아주 오래전에 죽은 스튜어디스. 자신이 일했던 비행기 기내에서 머물며 승객을 괴롭히는 귀신 46명, 캥거루 영혼은 사람으로 해달라며 은혜 갚는다고 말한다. 사람에게 잡혀서 새끼와 함께 죽은 2마리, 코알라 영혼은 사람으로 해주면 은혜 갚겠다는 15마리, 외국인 할머니 귀신 99명, 남자 장군 귀신 174명, 도를 닦았던 남자 귀신 12명, 입과 머리에서 피 흘리며 죽어 머리를 아프게 했던 귀신 7,600명

악들- 종교를 세운 원초적인 우두머리와 그의 수하들이다. 표경 수하 950명, 영의신감 수하 145명, 하누 수하 78명

호주-한국행 비행기

할머니 귀신 66명, 교회 다니던 하나님 찾는 고혈압, 당뇨로 고생하다 죽은 귀신 1명, 처녀 꽃보살 귀신 68명, 천지신명 찾던 할머니 귀신 조상령 포함 124명, 개의 영혼 26마리, 물고기 영혼 140마리, 말의 영혼 44마리, 술로 인해서 간암으로 죽은 할아버지 귀신 1,200명

악들- 종교를 세운 원초적인 우두머리와 그의 수하들이다.

천지신명 수하 1,339명, 열두대신 수하 290명, 표경 수하 2억 4,000명

한국-괌

무속제자 몸 안에 있던 조상신 34,500명, 오로라가 엄청났기 때문에 들어갔다. 천신 제자로 느껴져 경이로워서 배로 들어간 귀신 310명, 할아버지 귀신 2,986명, 아이들 귀신 417명, 뱀의 영혼 66마리, 사람 몸에 들어 있던 병마 귀신 심장질환 잡귀 포함 7,060명,

남자 몸에 있던 당뇨 귀신 46명, 두통 귀신 19,000명, 사람 몸에서 할머니 설사 귀신 172명, 눈 시력 떨어뜨리게 하는 귀신 117명, 조상령인데 풍 맞아 죽은 귀신 조상령 포함 919명, 동자 동녀 귀신 1,244명

악들- 종교를 세운 원초적인 우두머리와 그의 수하들이다.

하누 수하 3,677명, 천지신명 수하 914명, 천감 수하 94,000명

괌 여행-

보자마자 중국의 황제처럼 보여서 들어간 궁녀의 영혼인데 죽어서 한을 풀지 못하고 이승에서 떠돌던 귀신 476명, 화살 맞아 죽었던 남자 신하 귀신 3명, 여자 귀신 316명, 불교 믿던 할머니 귀신 114명,

머리 아프고 답답하게 하는 아이들 귀신 619명, 다리 아프게 하는 귀신 707명, 사업하다 돈 문제로 스트레스받아서 비명횡사 심장마비로 죽은 귀신 15명, 귀를 힘들게 하는 아줌마 귀신 219명, 관절염 할머니 귀신 477명, 술 먹는 귀신 619명, 무좀 일으키는 할머니 귀신 568명

악들- 종교를 세운 원초적인 우두머리와 그의 수하들이다.

도감 수하 8,160명, 천지신명 수하 70,040명, 영의신감 수하 219명

괌-한국행 비행기

비행기 안에 머물고 있던 할아버지 귀신 1,494명, 스튜어디스 몸에 있던 할머니 귀신 조상 잡령 포함 58,000명, 개의 영혼 13마리, 비행기 안에 있던 자살귀 222명, 물귀신 48,000명, 혈압 오르게 하는 귀신 136명, 아사 귀신 13명, 곤충 영혼 219마리, 코끼리 영혼 107마리

악들- 종교를 세운 원초적인 우두머리와 그의 수하들이다.

하누 수하 716명, 감찰신명 수하 25,000명, 도감 수하 4,699명

한국-사이판행 비행기

한이 너무나 맺힌 비행기 사고로 죽은 귀신 266명, 환한 빛이 나고 하나님처럼 느껴서 들어간 교인들 고아 귀신 잡령 포함 3,900명, 뱀의 영혼 22마리, 물고기 영혼 26,500마리, 돌고래 영혼인데 사람에게 잡혀서 비참하게 죽은 15마리,

할머니 귀신 406명, 다리 관절염 앓던 귀신 98명, 낙태 영가 4명, 귀접 귀신 55명, 술 귀신 74명, 머리를 짓누르고 아프게 하는 귀신들 101명, 구토 나오게 하고 속을 메슥거리게 하는 귀신 43명, 코브라 영혼 70마리, 악어 영혼 84마리, 개의 영혼 60마리, 당뇨 귀신 214명

악들- 종교를 세운 원초적인 우두머리와 그의 수하들이다. 영의신감 수하 180,000명, 도감 수하 27,000명, 열두대신 수하 3억 1,000명

사이판 여행 중-

물에 살고 있던 귀신 바닷속 윤회 귀신 729명, 황금빛과 황금용들을 보고 들어갔다. 다리와 머리가 아팠을 것이다. 여자 귀신 149명, 턱으로 들어온 귀신 29명,

입 안으로 들어와서 이빨을 아프게 하는 귀신 390명, 눈을 힘들게 하는 귀신 84명, 살려달라고 귀를 잡고 있는 귀신 516명, 의욕 저하하게 하는 우울증 귀신 918명, 자살귀 200명, 담배 피우는 귀신 118명, 술타령하는 귀신 40명

악들- 종교를 세운 원초적인 우두머리와 그의 수하들이다.

표경 수하 918명, 열두대신 수하 2,700명, 도감 수하 316명

사이판-한국행

비행기 안에 있던 자살귀 224명, 처녀 귀신들 113명, 할머니 귀신 조상령 포함 4,090명, 이마로 들어온 부적 귀신 56명, 뱀의 영혼 49마리, 돼지 영혼 100마리, 당뇨 귀신 303명

악들- 종교를 세운 원초적인 우두머리와 그의 수하들이다. 천지신명 수하 449명, 영의신감 수하 14,700명, 감찰신명 수하 3,669명

한국-태국행 비행기

신 할머니들이 허리로 들어온 귀신 197명, 남자 자살귀 319명, 애기 귀신 47명, 다리 아프게 하는 귀신 549명, 심장 아프게 하는 귀신 167명, 통풍 귀신 5명, 교회 다니다 하나님인 줄 알고 들어온 조상 귀신 1,976명, 승려 귀신 47,000명

악들- 종교를 세운 원초적인 우두머리와 그의 수하들이다. 감찰신명 수하 5,979명, 열두대신 수하 414명, 표경 수하 36,049명

태국 여행-

머리 위와 뒤통수에 승려 귀신 7,299명, 여자 귀신 176명, 아이 귀신 413명, 물고기 영혼 4,467마리, 자살귀 20,000명, 법사 귀신 720명, 뱀의 영혼 2,020마리, 이무기 영혼 47,000마리, 여자 비구니 귀신 67명, 청소년 아이 귀신 17명, 발바닥과 머리 위로 들어온 관광객 조상령 귀신 17,000명 이분의 옥

체 주위로 보이는 글씨 '도경현수만천경사황 수옥천경대수천도만 휘황상천도황구천경현도래'

악들- 종교를 세운 원초적인 우두머리와 그의 수하들이다. 도감 수하 56,000명, 천지신명 수하 273,000명, 열두대신 수하 92억 명

태국–한국행 비행기

통풍으로 죽은 남자 귀신 13명과 심장마비로 죽은 귀신 117명, 무속 할머니 귀신 97명, 아이들 귀신 52명, 돼지 영혼 13마리, 뱀의 영혼 4마리, 물고기 영혼 1,700마리, 승려 귀신 1억 7,000명, 새의 영혼 44마리, 남자 원귀들 사업하다가 살인당하거나 자살한 귀신 7,674명, 법사 귀신 28명,

말의 영혼 20마리, 귀신 없는 자 없다. 병에 걸린 사람이 죽어서 사람 몸에 들어가서 똑같은 병을 일으킨다. 조상이나 일반 귀신들이 일으키는 경우도 있다. 사람 몸에 들어오는 것이 한계가 있다.

다 들어가는 것이 아니라 한정되어 있는데 전생 업보와 관련이 되어 있다. 너무나 방대해서 어떻게 표현할 수 없다. 아이들 몸에도 수천 명이 들어간다. 콧물 나오게 하는 귀신 4,600명, 간질간질 기침 나오게 하는 할머니 귀신 3,444명

악들- 종교를 세운 원초적인 우두머리와 그의 수하들이다. 천지신명 수하 717명, 감찰신명 수하 25,000명, 표경 수하 6,199명

싱가포르행 비행기-

몸을 피곤하게 하고 아프게 하고, 일을 막히게 하며 즐기는 50대 남자 귀신 86명, 승려 귀신 2,900명, 새의 영혼 14마리, 싸움 일으키게 하는 여자 귀신 460명, 머리 답답하게 하는 할머니 귀신 670명, 당뇨로 40~50대 후반에 죽은 귀신 172명,

자살귀 210명, 허리에 붙은 아이들 귀신 340명, 눈에 시력 떨어뜨리고 피곤하게 하는 귀신 131명, 관절 귀신 할머니 160명, 여자 술 귀신 30명, 독수리 영혼 101마리, 사자 영혼 22마리, 심장질환 앓다가 붙은 귀신 12명, 처녀 귀신 39명, 도박 귀신 70명, 겨드랑이 쪽에 낙태 영가 살려달라고 하는 귀신 15명, 귀에 들어간 할아버지 귀신 37명, 법사 귀신 조상령 포함 510명

악들- 종교를 세운 원초적인 우두머리와 그의 수하들이다. 천지신명 수하 5,982명, 열두대신 수하 1,444명, 도감 수하 36,000명

싱가포르 여행 때-

여행지에서 떠돌던 아사귀 할머니 귀신 920명, 등에 애를 업고 등과 허리 아프게 했던 아줌마 귀신 28명, 피곤하게 하고. 엉덩이에 붙은 귀신 720명, 고지혈증 귀신 1,640명, 무좀 귀신 36명, 가슴에 들어와 통증 일으키는 남자 법사 귀신 101명, 이무기 영혼 17마리, 종아리 붙은 할머니 귀신 582명,

처녀 귀신 130명, 코에 들어간 할아버지 귀신 667명, 배꼽에 들어간 아이들 귀신 150명, 물귀신 349명, 양손에 들어간 할아버지 귀신 177명

악들- 종교를 세운 원초적인 우두머리와 그의 수하들이다. 하누 수하 998명, 천지신명 수하 22,000명, 감찰신명 수하 417명

말레이시아행 비행기-

거머리 영혼이 발 쪽으로 들어와 사람으로 태어나게 해주세요 하는 영혼 5,020마리, 법사 귀신 270명, 비구니 귀신 44명, 개미 영혼 328마리, 코끼리 영혼 17마리는 몸 안에 들어가 있으면 사람이 될 줄 알았다고 한다.

통풍 귀신 남자 59세 때 죽은 조상령 포함 414명, 불자 귀신 161명, 허리 아프게 하는 귀신 57명, 박쥐 영혼 444마리, 뱀의 영혼 28마리, 쥐 영혼 17마리, 고혈압 귀신 90명, 당뇨 합병증 귀신 10명, 아이들 귀신 316명, 글씨가 보여서 말씀드린다.

'도경사천경구 황상휘소구염성천 구룡합휘상용성 천칠성도 상용휘금 휘염치열곤칠성천도합상용' 오로라처럼 감싸듯 보인 글귀이다. 황금빛 줄기가 하늘에서 이분의 옥체로 내려오는 것이 보입니다.

악들- 종교를 세운 원초적인 우두머리와 그의 수하들이다. 영의신감 수하 14,000명, 도감 수하 74,000명, 하누 수하 20,500명

말레이시아 여행 시-

배 쪽으로 들어간 승려 귀신 176명, 배곯아 죽은 아이들 귀신 36명, 다리 무릎 관절 귀신 460명, 방문객들 몸에서 빠져

나온 전쟁터에서 죽은 귀신 29,000명, 개의 영혼 46마리, 여자 귀신 117명, 사마귀 영혼 120마리, 잠자리 영혼 218마리, 메뚜기 영혼 1억 200마리, 여자 귀신 140명, 귀로 들어간 귀신 30명, 입 안 목구멍에 붙은 할머니들 귀신 140명

말레이시아-인도네시아행 비행기-

승려 귀신 9,200명 대자대비하신 부처님 살려주십시오. 할머니 보살 귀신 4,200명, 물귀신 414명, 간암 귀신 58명, 차사고 죽은 귀신 516명, 통풍 귀신 306명, 목과 머리에 붙은 귀신 1,487명, 눈에 붙은 할머니 귀신 700명, 눈썹에 붙은 아이들 귀신 133명, 코에 붙은 할아버지 귀신 376명, 발바닥에 붙어 힘들게 하는 귀신 299명

악들- 종교를 세운 원초적인 우두머리와 그의 수하들이다. 도감 수하 92,000명

인도네시아 여행-

늙은 승려인데 내 몸에서 엄청 큰 빛이 사방으로 퍼져나가서 심장과 목으로 들어온 귀신 97,000명, 관광객 중에서 당뇨 앓던 귀신 98명, 허리 통증 귀신 77명, 배에 붙은 귀신 9명, 뱀의 영혼 128마리, 무릎으로 들어온 귀신 72명,

허벅지로 들어온 귀신 86명, 귀를 붙잡고 있는 할아버지 귀신 53명, 콧속으로 들어간 60대 남자 귀신 107명, 이빨로 들어간 귀신 99명, 발등으로 들어온 귀신 422명, 염증 일으키는 귀신 447명, 손톱에 들어간 귀신 134명

악들- 종교를 세운 원초적인 우두머리와 그의 수하들이다. 도감 수하 2억 7,400명, 감찰신명 수하 726명, 표경 수하 52,000명

홍콩행 비행기-

여자 보살 귀신 179명, 물귀신 남녀 172명, 통풍 귀신 8명, 고혈압 귀신 21명, 치매 앓다가 죽은 귀신 5명, 법사 귀신 조상령 포함 36,000명, 관광객 몸에서 빠져나온 하나님 믿던 귀신 조상령 포함 917명, 뱀의 영혼 82마리, 소의 영혼 7마리

이분의 머리 위로 글씨가 보인다 '천구황소휘용상치용 칠염곤성현천휘도래 염치소황 휘경구소 용합치불사천도래'

악들- 종교를 세운 원초적인 우두머리와 그의 수하들이다. 하누 수하 82,000명, 표경 수하 919명, 도감 수하 4억4,000명

홍콩 여행 시-

싫어요, 안 나가요, 안 나갈래요. 그래야 좋은 데로 갈 거 같았어요. 할머니가 아이를 등에 업고 있는 귀신 1,644명, 이무기 영혼 72마리, 할아버지 당뇨 귀신 610명, 코로 들어온 할아버지 귀신 44명, 목구멍으로 들어온 아이들 귀신 22명,

다리 종아리로 들어온 귀신 702명, 고지혈증 귀신 313명, 눈에 들어온 귀신 할머니들 190명, 물귀신 27명, 배에 들어온 귀신 54명

악들- 종교를 세운 원초적인 우두머리와 그의 수하들이다.

감찰신명 수하 27억 9,000명, 표경 수하 7억 1,000명, 도감 수하 340,000명

필리핀행 비행기-

법사 영혼 조상령과 잡귀 포함 19,000명, 머리와 두통 발생 귀신 720명, 발에 들어간 귀신 할머니 398명, 엉덩이에 들어간 여자 귀신 95명, 배꼽으로 들어간 아기 귀신 2명, 눈으로 들어간 할아버지 귀신 236명, 뱀의 영혼 37마리, 발톱에 들어간 귀신 83명, 당뇨 귀신 17명

악들- 종교를 세운 원초적인 우두머리와 그의 수하들이다.

하누 수하 3,977명, 표경 수하 74,000명, 천감 수하 690명, 감찰신명 수하 16,600명

필리핀 여행 중-

처녀 귀신 조상령 잡령 포함 3억 2,000명, 통풍 귀신 7명, 법사 귀신 206명, 승려 귀신 397명, 간에 붙은 귀신 94명, 고지혈증 귀신 86명, 새의 영혼 33마리, 코브라 영혼 12마리, 코끼리 영혼 216마리, 물귀신 77명, 술 찾는 할아버지 귀신 1,020명, 눈으로 들어간 아이들 귀신 4명, 코로 들어온 할아버지 귀신 170명, 양손에 들어온 할머니 귀신 522명, 허리 아프게 하는 귀신 22명

악들- 종교를 세운 원초적인 우두머리와 그의 수하들이다.

표경 수하 9,200명, 열두대신 수하 130,000명, 도감 수하 274명

필리핀-김포공항 비행기

아이들 동자들이 머리 쪽에 붙은 3,100명, 법사 남자 귀신 49명, 머리 위로 들어온 무당 귀신 222명, 눈으로 들어온 할머니 귀신 63명, 목에 붙은 거미 영혼 12마리, 고혈압 귀신 60명, 심장에 붙은 할아버지 귀신 28명, 두꺼비 영혼 3마리, 발바닥에 붙은 아이들 귀신 410명

악들- 종교를 세운 원초적인 우두머리와 그의 수하들이다. 도감 수하 219억 명

김포공항-

수많은 사람들 몸에 들어온 혼합된 잡령들이 황금빛을 보고 부처님, 하나님, 미륵부처님이라 보여서 들어온 귀신 95억 2,000명, 고지혈증 귀신 39명, 통풍 귀신 7명, 몸살 일으키는 귀신 27명, 가슴 답답하게 심장 누르는 귀신 130명, 다리 관절염 귀신 71명, 허리에 붙은 귀신 9명, 발바닥에 붙은 귀신 아이들 귀신 406명

악들- 종교를 세운 원초적인 우두머리와 그의 수하들이다. 도감 수하 4억 3,000명, 영의신감 수하 21억 9,000명, 감찰신명 수하 736,100명, 표경 수하 2억 2,400명

좌식 의자에 따라 붙어온 귀신-

거리에서 보고 있었던 사고로 죽은 자살귀 5,200명, 의자에 원래 붙어 있던 119명

악들- 종교를 세운 원초적인 우두머리와 그의 수하들이다.

감찰신명 수하 560명, 천지신명 수하 217명, 도감 수하 8억 2,000명

삼척에서–금강산행 여객선 왕복

황제로 보여서 들어온 전쟁터에서 죽은 군인 귀신 56,900명이 충성하려고 들어왔다, 궁녀 귀신 190명, 내시 귀신 203명, 뱀의 영혼 27마리, 경찰 귀신 68명, 교수 귀신 78명, 사업가 남자 귀신 99명, 자살귀 320명, 물귀신 490명,

통풍 귀신 9명, 심장병 귀신 12명, 두통 귀신 5명, 이빨 안으로 들어간 아이들 귀신 36명, 몽달귀신 54명, 법사 귀신 117명, 호랑이 영혼 14마리, 말의 영혼 7마리, 술 좋아하던 남자 귀신 27명, 담배 귀신 18명, 소화불량 귀신 28명,

속 쓰림 귀신 50명, 당뇨 귀신 60명, 기치료사 귀신 32명, 지장보살 모시는 신제자 조상령 잡귀 포함 4,200명, 도깨비 귀신 12명, 눈을 흐리게 하는 귀신 618명, 다리 아프게 하는 할머니 귀신 416명, 코에 들어온 귀신 96명,

악들– 종교를 세운 원초적인 우두머리와 그의 수하들이다. 열두대신 수하 199명, 표경 수하 1,244명

김포–장춘행 비행기 기내와 공항에서

예언에 관심이 많았던 도인, 기수련 귀신인데 몸 안에서 너무 편안했다. 같이 다녔던 잡령들 모두 28,000명, 정치하던 고위공직자들인데 대우받으려고 눌러앉았던 귀신 101명, 통풍 앓았던 귀신 5명, 다리 아프게 한 할아버지는 귀신 69명,

사업가 남자 자살귀 50명, 도박 귀신 89명, 눈으로 들어와 힘들게 한 할머니 귀신 14명, 고양이 영혼 5마리, 뱀의 영혼 17마리, 미륵부처 찾아다니던 불자 할머니와 조상령들 함께 760명, 위암 귀신 4명, 풍 맞은 귀신 10명,

발톱으로 들어간 아이들 귀신 27명인데 절대로 안 나갈 것 라고 한다. 배꼽으로 들어간 귀신 14명, 귀로 들어간 귀신 206명, 술 담배 엄청 많이 하던 골초 귀신 7명, 처녀 귀신 36명, 도 닦는 도인 귀신인데 산과 바다로 엄청 많이 돌아다녔던 조상령과 잡령 포함 42,000명

악들- 종교를 세운 원초적인 우두머리와 그의 수하들이다. 하누 수하 43,000명, 도감 수하들 1,800명, 영의신감 수하 334명, 표경 수하 190명

중국 훈춘-

1999년 7월에 두만강 북쪽에 있는 훈춘에 갔을 때 신명제자 소계련(여. 당시 39세)의 몸에서 나를 도사라고 했던 자는 예언가 '우영성(북성천)'이란 자가 900년 전에 살아서 예언하던 자인데 죽은 뒤 영혼 상태에서 소계련을 보고 영성이 맑아 보여 예언가로 이끌었던 자이다.

나를 도사라고 한 이유는 사람은 사람이신데 지상에 있는 사람으로 보이지 않고 하늘에 있는 신선, 하늘의 황제로 보였고, 북두칠성이 호위하듯 머위 위로 계속해서 돌고 있었다. 황금용들을 군부대 병졸처럼 데리고 다니는 것을 보았기에 소계련을 통해서 도사(모택동, 스탈린 같은 통치자)라고 예언했었다.

죽어서 소계련 몸 안에서 윤회의 업보를 닦던 중이었고, 저는 남자인데 이분의 기운이 너무나 대단하여 한눈에 반했다. 소계련 몸에서 빠져나와 북극곰으로 윤회하다가 지금은 돌고래로 윤회 중인데 잡혀왔다. 전전전 전생에서 배신했던 적이 있고, 다른 사람을 시기 질투했었다.

말로 짓는 구업에 대한 업보. 나보다 뛰어난 다른 자들을 시기 질투했었다. 21년 전에는 이분을 따라가고 싶은 마음이 간절했고, 옥황상제님 같은 느낌이 강했었다.

소계련 몸 안에 할머니들도 있었는데 예언, 풍수, 별자리를 보면서 운을 봐주던 귀신 495명, 남자 장군 귀신 174명, 육신적인 조상령들 985명, 할아버지 신명제자 귀신 784명, 애기혼령 실어 점보는 귀신 316명, 사자와 사람이 합쳐진 윤회 중인 귀신 788명

악들- 종교를 세운 원초적인 우두머리와 그의 수하들이다. 천지신명 수하 4억 9,000명, 열두대신 수하 21억 6,000명, 감찰신명 수하 18,200명, 도감 수하 8억 6,300명

훈춘에서 발해 왕터행 왕복 기차–

황제의 영혼들인데 아주 오랜 시절에 들어온 자들만 255명, 군인 귀신 140명, 말의 영혼 77마리, 이무기 영혼 40마리, 신하 같은 귀신 414명, 뱀의 영혼 56마리, 독수리 영혼 5마리, 장군 귀신 170명, 소 영혼 22마리, 왕비 같은 귀신 58명, 왕을 하던 귀신 88명, 도인 귀신 110명, 박수무당 귀신 64명, 보살 귀신 34명, 거북이 영혼 23마리

악들- 종교를 세운 원초적인 우두머리와 그의 수하들이다.

천지신명 수하 14억 6,000명, 도감 수하 29,200명, 표경 수하 6,199명, 열두대신 수하 33,000명

연변에서 북경행 비행기와 공항-

신 할머니들이고 이분의 몸 안에서 대우받으려다가 들킨 귀신 829명, 남자 할아버지 귀신 1,170명, 남자 두통 앓다가 죽은 귀신 25명, 교통사고 나서 죽은 귀신 56명, 심장질환 귀신 17명, 낙태 영가 귀신 5명, 관절염 귀신 103명,

귀로 들어왔는데 살아서 귀가 아픈 귀신 88명, 무좀 귀신 64명, 애동제자 귀신 299명, 보살 할머니 귀신 17명, 급체로 죽은 귀신 56명, 다리가 잘린 자가 다리로 들어온 귀신 106명, 머리로 들어가 답답하게 하는 귀신 490명, 여자들인데 가슴 쪽으로 들어온 우울증 귀신 515명, 속을 답답하게 하고 짜증나게 하는 할아버지+아이 귀신 1,244명

악들- 종교를 세운 원초적인 우두머리와 그의 수하들이다.

영의신감 수하 510,000명, 표경 수하 2,449명, 도감 수하 3,141명, 하누 수하 920,000명

북경에서 김포행 기내와 공항-

이 몸에서 계속 살았어야 하는데 발바닥으로 들어가 힘들게 한 남자 귀신 5,426명, 허리로 들어간 할머니 귀신 47명, 당뇨 귀신 110명, 고혈압 귀신 342명, 머리로 들어온 뇌졸중 귀신 21명, 처녀 귀신 33명, 콧속으로 들어온 칼을 입에 물고 있는 원혼귀 829명, 목으로 들어온 할머니 귀신 410명, 고지혈증

귀신 36명, 꽃보살인데 머리로 들어온 귀신 42명, 식당하다가 망해서 죽은 귀신인데 조상령 포함 223,000명

악들- 종교를 세운 원초적인 우두머리와 그의 수하들이다. 열두대신 수하 8,128명, 천지신명 수하 5,519명, 표경 수하 240,000명, 감찰신명 수하 570명, 영의신감 수하 36,000명

울릉도행 여객선-
두통 앓다가 죽은 귀신 919명, 간암으로 죽은 귀신 3명, 백혈병으로 죽은 귀신 20명, 고지혈증 귀신 306명, 통풍 귀신 100명, 귀에 들어온 벌레 나방 영혼 140마리, 심장병 귀신 56명, 당뇨 귀신 78명, 관절염 귀신 194명, 장님 귀신 25명

보살 귀신 399명, 박수무당 귀신 72명, 뱀의 영혼 129마리, 삵괭이 영혼 5마리, 거미 영혼 64마리, 박쥐 영혼 212마리, 개의 영혼 70마리, 종아리로 들어온 자살귀 44명, 물귀신 107명

악들- 종교를 세운 원초적인 우두머리와 그의 수하들이다. 하누 수하 682명, 표경 수하 59억 4,000명, 감찰신명 수하 28,000명, 천지신명 수하 1억 7,600명

김포-제주행 왕복 비행기, 여행, 기도 중-
검은색 두건 쓰고 있는 원귀로 윤회하고 있었는데 부처님처럼 느껴져서 들어왔고 조상령 포함 44,000명, 처녀 꽃보살 귀신 134명, 원불교 믿다가 죽은 귀신 9,199명, 승려 귀신 515명, 수녀 귀신 78명, 법사 귀신 76명, 가톨릭 신부 귀신 21명, 박수무당 귀신 84명, 통풍 앓다가 죽은 남자 귀신 42명,

무좀 귀신 36명, 온몸이 마비되어서 죽은 귀신 9명, 심부전증 귀신 47명, 목으로 들어온 몽달귀신 64명, 다리를 아프게 하는 관절염 귀신 177명, 코로 들어온 귀신 할아버지 60명, 혀로 들어온 귀신 149명, 자살귀 104명, 교통사고 귀신 81명,

간에 붙은 귀신 2명, 말싸움하다 흉기에 찔려 죽은 원혼 귀신 66명, 집에 불이 나서 타죽은 귀신 34명, 물에 빠져 자살한 귀신 남녀 124명, 애들 귀신 716명, 이빨로 들어간 애기 귀신 7명, 눈썹에 붙은 귀신 27명, 손가락으로 들어온 귀신 608명, 부부 싸움하다 죽은 귀신 33명, 뱀의 영혼 106마리

김포공항-제주행 4회 왕복 공항

불교용품 제작하는 교통사고 나서 죽은 귀신인데 부처님 같아서 들어온 잡귀신 조상령 포함 9,070명, 여자 무당 귀신 36명, 기수련사 귀신 조상령 포함 19,000명, 머리 지끈거리게 하는 귀신 99명, 가슴을 누르는 귀신 610명, 코로 들어간 할아버지 귀신 194명, 목구멍에 들어가 답답하게 하는 귀신 711명,

다리로 들어와 아프게 하는 귀신 28,000명, 술 귀신인데 술병 던지고 싸움하고 몸을 아프게 하는 귀신 2명, 몽달귀신 139명, 소 영혼 14마리, 어깨에 장군신이라 부르는 귀신 970명, 담배 피우는 남녀 귀신 426명, 다리 뼛속에 들어간 할머니 귀신 조상령 포함 39,000명, 눈에 들어온 할아버지 귀신 428명, 돼지 영혼 38마리, 군인 귀신 619명,

장군 귀신 55명, 무명가수 생활고로 자살한 귀신 조상령 포함 6,549명, 범의 영혼 101마리, 당뇨 귀신 77명, 오토바이 타

다가 죽은 귀신 1,060명, 차로 박아서 죽은 귀신 47명, 신명제자 민족종교 박사 종교학자가 머리로 들어온 귀신 조상령 포함 999명, 경찰 귀신 잡령, 조상령 포함 8,188명,

이무기 영혼 728마리, 예전 조선시대 갓을 쓴 선비 귀신 조상령 포함 876명, 독수리 영혼 66마리, 손으로 들어온 아이들 귀신 1,380명, 처녀 귀신 509명, 몽달귀신 69명, 놀러 갔다가 물에 빠져 사고로 죽은 귀신 조상령 포함 7,166명, 화장실에 머물던 목맨 자살귀 조상령 포함 2,800명, 승려 귀신 1,700명, 여관에서 약 먹고 자살한 귀신이 머리 위로 들어온 조상령 포함 3,260명, 사자 영혼 7마리,

사주와 풍수 보는 귀신 조상령 포함 174,000명, 작명가 귀신 잡령 포함 1억 8,000명, 고등학교 선생 귀신이 목구멍으로 들어온 조상령, 잡령 포함 56,000명, 말을 못 하는 벙어리 귀신 조상령 포함 406,000명, 허리디스크 수술하다 죽은 귀신 조상령 잡령 포함 226,000명, 고양이 영혼 16마리, 소 영혼 7,199마리, 말의 영혼 37마리, 호랑이 영혼 4마리, 버스 기사 조상령 포함 사고로 죽은 귀신 6,522명, 기업체 강의하는 남자 강사인데 풍 맞아 죽은 귀신 조상령 포함 77,000명

악들- 종교를 세운 원초적인 우두머리와 그의 수하들이다.

천지신명 수하들 46억 9,000명, 도감 수하 3억 2,000명, 하누 수하 136,000명, 표경 수하 20,000명, 영의신감 수하 4억 4,000명

김포공항-제주공항-

바닷물에 빠져 죽은 자살귀 조상령 포함 406명, 바다에서 사고로 죽은 귀신들 78명, 교회 다니던 귀신 304명, 두통 일으키는 귀신 114명, 눈으로 들어온 무당 할머니 귀신 잡령 포함 3,290명, 차 사고로 죽은 귀신 46명, 오토바이 사고로 죽은 귀신 2명, 자전거 타다 사고로 죽은 귀신 조상령 포함 6,146명, 폐질환으로 죽은 귀신 114명, 승려 귀신 62명,

성당 다니다 죽은 귀신 85명, 가슴 답답하게 하는 귀신 55명, 고지혈증 귀신 47명, 독수리 영혼 5마리, 말의 영혼 62마리, 해녀 귀신 조상령 포함 9,600명, 박수무당 귀신 잡귀 포함 202명, 종아리와 발바닥으로 들어온 할아버지 귀신 713명, 두통 일으키면서 머리 무겁게 하는 아이들 귀신 366명, 허리에 붙은 여자 귀신 80명, 당뇨 귀신 38명,

위암 귀신 조상령 포함 940명, 목구멍에 붙은 박수무당 귀신 조상령 포함 2억 4,000명, 목매달아 죽은 귀신 26명, 약 먹고 죽은 자살귀는 발바닥으로 들어온 잡령 포함 1,733명, 은행원인데 병으로 죽어 어깨에 들어온 귀신 조상령 포함 802명, 갓난아이가 병으로 죽어 배에 붙은 귀신 15명, 불교 믿던 할머니 귀신 조상령 포함 7,166명, 증산도 다니다 사고로 죽은 귀신 조상령 포함 417명

악들- 종교를 세운 원초적인 우두머리와 그의 수하들이다.

천지신명 수하 26,000명, 표경 수하 5억 9,000명, 도감 수하 74,200명, 하누 수하 13,000명, 감찰신명 수하 4,166명

제주도 여행과 기도-

승려 귀신 조상령 포함 7억 2,500명, 팔자 고쳐준다면서 기도법 알려주던 사이비 종교 교주가 머리로 들어와 무겁게 하고 힘들게 한 귀신 조상령, 잡령 포함 16억 명, 풍수지리사 귀신 3명, 작명가 귀신 조상령 포함 1,486명,

여자 보살 귀신 135명, 코끼리 영혼 10마리, 물고기 영혼 54,000마리, 남자 몽달귀신 144명, 사업하다 죽은 귀신 28명, 식당 운영하다가 자살하여 다리로 들어온 귀신 조상령 포함 7,498명, 통풍 앓다가 죽은 귀신 조상령 포함 8,764명,

이마로 들어가 힘들게 한 불자 귀신 조상령 포함 6,999명, 물에서 죽은 자살귀 28명, 연탄불 피우고 자살한 귀신 잡령 포함 312명, 비구니 귀신이 머리 뒤통수로 들어온 잡령 포함 95명, 종류가 다른 물고기 영혼 91마리, 신명제자인데 피우던 향불에 붙어 있던 귀신 299명,

허벅지로 들어온 할아버지 귀신 94명, 사주 보던 할아버지가 노환으로 죽은 귀신 조상령 포함 4,080명, 귀로 들어온 아이들 귀신 710명, 말의 영혼 34마리, 교회 다니다 죽어 발바닥으로 들어온 귀신 잡령 조상령 포함 15억 8,900명,

악들- 종교를 세운 원초적인 우두머리와 그의 수하들이다.
도감 수하 74,000명, 천감 수하 239,000명, 표경 수하들 1,697명, 감찰신명 수하 8,184명, 열두대신 수하 136,000명
종교인들이 이 많은 귀신들을 무슨 재주로 소멸시키겠는가? 귀신 퇴치해서 새로운 인생을 살려거든 속히 방문해야 한다.

산 기도에서 따라붙은 악귀잡귀

지금도 수많은 사람들이 산의 정기를 받겠다고, 명산을 찾아다니면서 기도하기 여념이 없을 것인데, 이제는 그 생각을 바꾸어야 한다. 기도 중에 무슨 신이라고 계시를 내려주는 것은 모두가 악신과 악령들의 계열이고 참신과 선령들은 지구에 내려오지 않았다는 것을 밝히는 바이다.

종교시설이든, 명산대천에서 기도하여 좋은 기운을 받으려는 것은 어리석은 일이란 것이다. 악신과 악령들이 사람들의 눈에 보이지 않고 들리지 않는다는 약점을 이용하여 인간들의 마음 안에 온갖 메시지를 뿌려대면서 자신들의 종과 노예로 삼고 있다는 무서운 진실을 알아야 한다.

결국 종교를 다니든 혼자 집 안에서 기도를 하든, 명산대천을 찾아다니며 기도를 하든 온갖 악신과 악령, 잡귀신들을 무량대수로 받아온 것이었다는 진실이 나의 오랜 산 기도 사례를 통하여 증명되었다.

이제까지 종교에 의지하고 불경, 성경, 도경의 경전과 주문을 외우며, 홀로 명산대천을 찾아다니며 수행 정진하는 모든 사람들은 이제 그만 중지하고 하루빨리 미래 하늘이신 자미황제 폐하를 알현해서 새로운 살길을 찾아서 열어야 한다.

수천 년의 세월 동안 조상의 대를 이어가며 온갖 종교에 다니는 것, 기도하는 것, 향불을 켜는 것, 초를 밝히는 것, 부적을 지니는 것, 제물을 차리는 것, 종교 장신구를 지니는 것, 종교 형상을 집 안에 모시는 것, 불경, 성경, 도경의 경전을 두는 것이 모두 여러분의 현생과 죽음 이후 내생에 전혀 도움이 안 되고, 오히려 하늘을 배신한 환부역조의 대역죄인이 될 뿐이다.

산 기도 다닐 때 내 몸에 따라 들어와 있다가 수십 년 만에 미래 하늘이신 자미황제 폐하께 추포되어 소멸된 악신과 악령, 귀신, 축생령들의 엄청난 숫자를 보면 악신과 악령, 귀신들의 세계와 죽음 이후 영혼세계, 하늘세계, 윤회세계, 사후세계, 지옥세계 진실을 간접적으로나마 상세히 알 수 있다.

우리 모두는 악신과 악령, 귀신들의 세계에서 함께 동고동락하며 살아가고 있었다. 여러분 모두에게도 몸 안에는 상상을 초월하는 엄청 많은 악신과 악령, 귀신들이 살아가고 있으며 이들은 온갖 종류의 질병을 일으키고 있으니 몸이 아픈 사람들은 예약 후 방문해서 귀신 퇴치 절차를 밟으면 된다.

금강산–

검은색 한복을 입고 춤을 추던 한이 많아 죽은 귀신 4,690명, 남자 법사 귀신 77명, 구렁이 영혼 605마리, 호랑이 영혼 144마리, 남자와 여자 귀신 66명, 처녀 귀신 106명, 신제자 도인 귀신 89명, 머리에 달라붙은 할머니 귀신 950명, 천자였다고 하다가 죽은 귀신 22,000명, 산신령 귀신 290명, 나무에 붙은 귀신 7,998명, 자살귀 46명, 산에 기운 받으러 갔다가 죽은 귀신 9명

악들- 종교를 세운 원초적인 우두머리와 그의 수하들이다. 천지신명 수하들 3,226명, 감찰신명 수하들 416명, 첨감 수하들 98,000명

밀양 천황산-

산신령 도사 귀신 90억 9,000명, 천황산신이라는 귀신 17억 명, 도인 귀신 34,000명, 배고파 죽은 귀신 720명, 자살귀 44명, 우울증 귀신 607명, 할머니 보살 귀신 8,200명, 기도하다가 들어간 귀신 1,981명, 바위에 붙은 귀신 7억 6,000명, 나무에 붙은 귀신 34억 명

악들- 종교를 세운 원초적인 우두머리와 그의 수하들이다

감찰신명 수하 87,000명, 도감 수하 2억 6,000명, 천지신명 수하 33억 9,000명, 열두대신 수하 4억 2,000명, 영의신감 수하 134명

태백산 천제단-

다른 사람 몸에서 빠져나온 심장, 다리, 통풍 귀신 9억 2,000명, 어깨에 할머니 귀신 148명, 눈에 들어간 귀신 72명, 처녀 귀신 19명, 당뇨 귀신 34명, 고혈압 귀신 98명, 담배 피우는 귀신 490명, 술 달라는 할아버지 귀신 813명, 도사라는 귀신 174명, 작명가 귀신 289명,

아픈 몸을 치료해 준다고 하다가 도망간 기치료 귀신 749명, 바위에 있는 귀신 41억 9,000명, 나무에 붙은 귀신 7억 2,000명, 혈압 귀신 290명, 간암 귀신 3명, 폐결핵 귀신 12명, 할머니 무당 귀신 70,000명, 법사 귀신 19억 9,000명, 돌멩이

귀신 124,000명

악들- 종교를 세운 원초적인 우두머리와 그의 수하들이다. 하누 수하 9억 9,000명, 표경 수하 3,090명, 열두대신 수하 5,149명, 천지신명 수하 176명, 도감 수하 49억 2,000명

지리산 노고단과 천황봉-
기다렸던 신들이고, 빛을 보고서 전달했는데 꼭대기 신들이었다. '룡황제미륵하생불화' 신들인데 179억 명, 할머니 무당신 기운 받으려고 하는 귀신 176명, 산에 제를 올리러 오는 나라굿하는 제자 귀신 79명, 바위에 붙은 귀신 36명,

박수무당 귀신 189명, 자살귀 29명, 산에 정기를 받으려고 갔었는데 중간에 물을 마시다가 귀신을 보고 기절해서 심장마비로 죽은 귀신 10명, 배고픈 아사귀들 8,700명, 원과 한이 쌓인 자살귀 7명, 아이들 귀신 9,200명, 법사 귀신 8,200명, 보살 할머니 귀신 217명

악들- 종교를 세운 원초적인 우두머리와 그의 수하들이다. 표경 수하 7,199명, 도감 수하 39,000명, 천지신명 수하 92억 3,000명, 열두대신 수하 3,620명

한라산-
여신령은 신이다. 무속 할머니 잡귀신 619억 명, 명상기도 따라붙은 귀신 919명, 처녀 보살 귀신 3,600명, 박수무당 귀신 79명, 아이들 동자 동녀 귀신 35억 2,000명, 남자 자살귀 93명, 살인 당한 원혼 귀신 2명, 뱀의 영혼 140,000마리, 사슴의 영혼

88마리, 새의 영혼 22마리, 할아버지 법사 귀신 76억 4,000명, 무속 신내림 받으려다가 실패한 귀신 2억 4,000명

악들- 종교를 세운 원초적인 우두머리와 그의 수하들이다. 하누 수하 3억 2,000명, 감찰신명 수하 22억 명, 열두대신 수하 5억 9,000명

계룡산-

신명입니다. '계천용구뫼동천룡' 신명들 9,989억 명, 보살 할머니 귀신 407명, 기운 받으러 온 신명 여제자 죽은 귀신 78명, 산에 노래하는 사람에게 따라붙은 귀신 107명, 발 뒤에 붙은 귀신 709,000명, 나무에 붙은 귀신 12억 6,000명, 돌멩이 귀신 68,000명, 큰 바위 기괴한 바위 귀신 98명, 나뭇잎에 들어 있던 귀신 726명, 휴게소 화장실 귀신 70억 8,000명, 자살귀 910명

악들- 종교를 세운 원초적인 우두머리와 그의 수하들이다. 천지신명 수하 41억 2,000명, 열두대신 수하 5억 3,000명, 도감 수하 166,000명

미시령 신선봉-

선녀 신명 제자 귀신 28억 명, 도암사 제자 귀신 3,986명, 지암천도 제자 귀신 98억 명, 할머니 무속인 귀신 960명, 법사 남자 법마도령 귀신 19,000명, 자신이 최고 산신이라고 자부하는 귀신 1명, 바위에 붙은 귀신 10조 명, 나무에 붙은 귀신 32,000명

악들- 종교를 세운 원초적인 우두머리와 그의 수하들이다. 천지신명 수하 8,200명, 하누 수하 19억 6,000명, 열두대신 수하 34,000명, 도감 수하 256억 명

서산 팔봉산-

무속인 80대 여자가 기도하러 갔다가 죽었다. 동자 동녀 포함 귀신 826명, 꽃보살 귀신 3억 2,000명, 나무에 붙은 귀신 720,000명, 호랑이의 영혼 13마리, 토끼의 영혼 16마리, 바위에 앉아 명상하다가 사망한 도인 귀신 27명, 나비의 영혼 34마리, 자살귀 15명, 박수무당 72명

악들- 종교를 세운 원초적인 우두머리와 그의 수하들이다. 천지신명 수하들 9억 4,000명, 도감 수하 12억 2,000명, 표경 수하 34,000명

북한산(삼각산)-

윤회하며 떠돌던 원귀들이 살려달라고 붙은 귀신 1,200명, 쥐의 영혼 48억 마리, 구렁이 영혼 2,100마리, 범의 영혼 169마리, 자살귀 29명, 박수무당 3명, 큰 박수무당 199명, 처녀꽃보살 기운 받으려다 죽은 귀신 625명, 여자 자살귀 14명, 바위에 붙은 귀신 7,200명, 화장실에 붙은 한 많은 아줌아 귀신 94명, 도깨비 귀신 123억 명, 일반 신제자 애동 귀신 89명, 천신이라고 하는 귀신 76명, 무속인 여자이고 신의 선택을 받은 영험하고 자만심이 높은 귀신 396명, 부적 귀신 197,000명

악들- 종교를 세운 원초적인 우두머리와 그의 수하들이다. 하누 수하 320,000명, 표경 수하 17억 명, 도감 수하

39,000명, 열두대신 수하 6억 9,000명, 영의신감 수하 420,00명

월출산 천황봉-

107명의 여 신선 선녀들이 천황봉을 지키고 있었는데 하늘에서 내려온 천제로 느껴져서 들어갔다. 뱀의 영혼 107마리, 월출산의 법칙이 있습니다. 호박엿을 갖고 와서 팔려고 하다가 죽어 한이 맺힌 귀신 조상령, 잡귀 포함 10,900명,

산신이나 귀신들이 지켜보고 있고 도사라고 하는 자들이 치성드린다고 하다가 죽은 귀신 540명, 예언가들과 몸 안에 있던 잡귀 포함 정기 받는다고 왔다가 죽은 귀신 2,500명, 타로카드로 별자리 예언하던 자들의 몸 안에 있는 잡귀들 35억 7,000명, 무당들 기도하고 제사 지내고 새벽까지 기도하다가 죽은 귀신 1,495명,

이무기 영혼 32,000마리, 나무에 붙은 귀신 1,060명, 눈의 시력 저하시키는 귀신 164명, 관절 아프게 하는 귀신 21,000명, 입안을 아프게 하는 귀신 340명, 술 찾는 귀신 190명, 머리 두통 귀신 729명, 박수무당 귀신 4,243명, 바위에 있는 귀신들 610명, 두더지 영혼 58마리

악들- 종교를 세운 원초적인 우두머리와 그의 수하들이다.
천지신명 수하 4,629명, 도감 수하 4,290명, 열두대신의 수하 11억 2,000명

해남 두륜산-

대통령을 꿈꾸던 정치인이 자신의 조상님께 빌고 산신에게 빌다가 죽었는데 황금빛을 보고 머리 위로 들어온 잡령들 포함 5,244명, 무속인 여자 꽃보살들 귀신 잡령들 29억 4,000명, 자식 병을 낫게 해달라고 기도하다가 본인과 자식이 죽었는데 조상과 잡령들 80억 6,000명, 처녀 귀신 135명,

자살귀 406명, 박수무당 잡령 포함 808명, 풍수지리사 잡령 포함 59,000명, 산에 가다가 합병증으로 사망한 귀신 154명, 기치료사 60대가 명상하다가 사망한 귀신과 잡령 342,000명, 이무기 영혼 720마리, 뱀의 영혼 414마리

악들- 종교를 세운 원초적인 우두머리와 그의 수하들이다.

하누 수하 1,699명, 천지신명 수하 3억 2,000명, 도감 수하 244,000명, 영의신감 수하 468명

광주 무등산-

터를 지키고 있다가 빛과 황금별을 보고 들어온 장군 신명 944억 명, 할머니 보살이 병으로 죽었는데 자주 기도하다가 하늘께 천제를 올리시는 분으로 느껴져서 빛을 보고 들어갔는데 잡령과 조상령 포함 296억 명, 작명가도 기운 받으러 왔는데 잡령들 포함 162억 명, 승려 귀신이 어깨에 도솔천이 보여서 들어온 귀신 1,495억 명,

악들- 종교를 세운 원초적인 우두머리와 그의 수하들이다.

하누 수하 122,000명, 도감 수하 7억 9,200명, 천지신명 수하 13,200명

해남 도솔봉-

미륵님, 천자님 찾아다니던 신제자 동료 귀신 15명, 잡령들과 조상령 4,446억 명, 이무기 영혼 170마리, 뱀의 영혼 35마리, 개의 영혼 13마리, 보살 귀신 179명, 풍수 공부하던 귀신 298명, 천도재 지내던 승려 귀신 111명, 도인 귀신 2,130명, 병마 당뇨 귀신 916명, 다리 아프게 하는 귀신 717명, 달마도 그리는 귀신, 잡령과 조상 86,000명, 처녀 귀신 445명

악들- 종교를 세운 원초적인 우두머리와 그의 수하들이다. 천지신명 수하 95억 6,000명, 열두대신 수하 32,000명

가야산-

목매달아 죽어 '한 좀 풀어주세요' 하는 귀신 12명, 잡령과 조상령들 212억 명, 할머니 귀신 167명, 승려 귀신 167명, 동자동녀 귀신 414명, 호랑이 영혼 13마리, 매미 영혼 95마리, 박수무당 귀신 잡령들 포함 860명, 기도하다 교통사고 나서 죽은 비명횡사 귀신 64명, 바위에 붙어 있던 남자 기치료사 부황, 침놓던 귀신 잡령 포함 8,600명

악들- 종교를 세운 원초적인 우두머리와 그의 수하들이다. 하누 수하 5억 2,400명, 표경 수하 6억 2,000명, 열두대신 수하 522,000명

덕유산-

아들 소원 풀려고 기도하다가 죽은 잡령들과 귀신 4,497명, 술 먹다 죽은 할아버지 귀신 27명, 할머니 무당 귀신 조상령 포함 727,000명, 뱀의 영혼 143마리, 50대 후반 남자는 통풍 앓

고, 바람 쐬러 왔다가 죽은 조상, 잡령 포함 64억 명, 산을 찾아왔던 차 안에 있는 자살귀 290명, 아이들 귀신 1,469명

악들- 종교를 세운 원초적인 우두머리와 그의 수하들이다.
감찰신명 수하 213억 명, 천지신명 수하 2억 9,600명, 영의 신감 수하 166명

속리산-
신령 '천룡지천' 신명, 제자 포함 706억 명, 법사 귀신 818명, 승려 귀신 419명, 뱀의 영혼 53마리, 자살귀 70명, 꽃보살 귀신과 조상령 3억 7,100명, 바위에 있던 남자 귀신 170명, 명리학 공부하던 자가 죽은 귀신 조상령 포함 970명, 아이들 아사귀 1,040명, 도깨비 귀신 918명, 물귀신 2억 4,000명, 나비 영혼 24마리

악들- 종교를 세운 원초적인 우두머리와 그의 수하들이다.
도감 수하 229,000명, 표경 수하 66,000명, 천지신명 수하 316명

속리산 법주사-
법주사에 머물고 있던 귀신 89억 4,000명, 교통사고 일가족 사망 잡령 포함 92,000명, 여자 보살 귀신 724명, 암으로 죽은 귀신 잡귀 포함 1,098명, 할머니 귀신 483명, 할아버지 귀신 7억 1,000명, 새의 영혼 17마리

악들- 종교를 세운 원초적인 우두머리와 그의 수하들이다.
도감 수하 26억 4,000명, 감찰신명 수하 52,000명, 표경 수

하 4,100명

주왕산–

산 기도하다 병으로 65세에 사망했는데, 황금빛을 보고 이 분이야말로 진짜 미륵님이시구나 하며 들어온 귀신 664명, 물귀신 209명, 정신병 치료하려고 치성드린 잡령 포함 40억 2,000명, 대학 붙게 해달라고 기도하던 일반 여자 귀신 잡령 포함 598명, 운동선수인데 산에 와서 신명 찾던 귀신 잡령 포함 6억 4,300명

악들– 종교를 세운 원초적인 우두머리와 그의 수하들이다.

천지신명 수하 567명, 도감 수하 29,600명, 하누 수하 62억 8000명

소금강 무릉계곡–

익사한 조상령 귀신 33억 4,000명, 사고로 죽은 귀신 2명, 산에서 죽은 귀신 잡령 포함 970억 명, 수행하던 법사 귀신 319명, 신 할머니와 동자 동녀 포함 귀신 3,198억 명, 물귀신 48명, 자동차 안에 귀신 27명, 바위에 붙은 귀신 512명

악들– 종교를 세운 원초적인 우두머리와 그의 수하들이다.

천지신명 수하 76,000명, 감찰신명 수하 298명, 표경 수하 44,000명

오대산 정상–

기도하던 신제자, 사랑하던 자가 배신하여 죽고 그 남자도 죽었는데 대신명으로 느껴져 들어온 귀신 잡령, 조상령 포함

599억 명, 바위에 있던 남자 총각 귀신 714명, 뱀의 영혼 94마리, 발바닥으로 들어온 지렁이 영혼 80,000마리, 할머니가 놀러 왔다가 죽은 귀신 2,106명, 남자 통풍 귀신 잡령 포함 3억 7,000명, 초에서 빠져나온 잡귀신들 828명

악들- 종교를 세운 원초적인 우두머리와 그의 수하들이다.
도감 수하 32억 4,000명, 하누 수하 22,000명, 표경 수하 176억 명

상원사-
불공드리러 오는 잡령들이 이분을 보고 너무나 커다란 황금빛을 보고 들어온 귀신 9,676억 명, 승려 귀신 잡령 포함 726억 명, 비구니 귀신 38억 7,000명, 한 많아 울고 있던 억울한 여자 귀신 잡령 포함 1,957명

악들- 종교를 세운 원초적인 우두머리와 그의 수하들이다.
도감 수하 166,000명, 천지신명 수하 86,000명, 열두대신 수하 1억 2,000명

설악산-
설악산에서 귀신 들려 죽었는데 야유회 단체 사고 귀신 1,176억 명, 바위에 붙어 있던 귀신 남자 승려 아파서 사망한 귀신 조상령 잡귀 포함 464명, 호랑이 1마리 안에 귀신 34명, 두꺼비 영혼 172마리, 뱀의 영혼 760마리, 보살 여자 귀신 114명, 꿈 풀이 해몽가 잡령과 조상 포함 귀신 6,146명, 개의 영혼 7마리, 나무에 붙은 귀신 173명, 이무기 영혼 52,000마리

악들- 종교를 세운 원초적인 우두머리와 그의 수하들이다.

하누 수하 54억 명, 열두대신 수하 4억 2,000명, 도감 수하 1,068명

설악산 신흥사-

머물고 있던 동자 동녀 귀신 73,000명, 사천왕 영혼들이 다른 절에서 따라온 귀신 97억 명, 승려 귀신 26,800명, 이무기 영혼 30마리, 처녀 귀신 1,244명, 자살귀 177명, 비구니 귀신 35,000명, 도깨비 귀신 12억 2,000명

악들- 종교를 세운 원초적인 우두머리와 그의 수하들이다.

표경 수하 14,900명, 도감 수하 4,700억 명

금오산-

머리 위 황금용 4억 7,000마리가 날아다니는 것을 보았는데 천제를 지내러 오신 분으로 알았고, 이분의 조상님이 궁금했습니다. 승려였는데 조상령 잡령 포함 귀신 48억 9,000명, 뱀의 영혼 16,000마리, 말의 영혼 3,300마리, 치성드리려고 왔던 신 할머니들 잡령 포함 5,146명, 이무기 영혼 17마리, 꿩의 영혼 170마리, 작명가가 기운 받으러 왔다가 죽은 귀신 64명, 풍수지리 귀신 4명, 불상제작 잡령 포함 귀신 7,248명

악들- 종교를 세운 원초적인 우두머리와 그의 수하들이다.

도감 수하 144억 명

구미 상모동 박정희 생가-

살려주십시오. 미래 하늘이신 천자께서 오셨다는 것을 알고

들어갔습니다. 7,256억 명은 천자라고 들었습니다. 사후세계가 있다는 것을 죽어서 알았습니다. 살아서 대통령 지지하고 있을 시간이 없습니다. 하늘의 천자님을 찾아야 합니다. 죽어서 알았습니다. 하늘의 천자는 대통령이 아니란 말입니다. 그렇게 생각하는 사람들이 있는데 은혜를 원수로 갚았습니다.

악들- 종교를 세운 원초적인 우두머리와 그의 수하들이다. 표경 수하 74,000명, 천지신명 수하 26억 2,000명

관악산-

입시에 실패해서 죽은 귀신들이고 성적 비관한 자살귀 조상령 잡령 포함 794억 명, 아줌마 귀신 619명, 병을 앓고 있던 자가 산에 기도하다 사망한 잡귀 포함 귀신 64억 4,000명, 처녀 귀신 714명, 약 먹고 자살한 성인 남자가 비관 자살 조상령 잡귀 포함 2,429명, 뱀의 영혼 612마리, 거지로 살다가 죽은 잡귀 포함 28,000명

악들- 종교를 세운 원초적인 우두머리와 그의 수하들이다. 열두대신 수하 4,973명, 영의신감 175억 명

도봉산-

승려 귀신 1,118명, 몽달귀신 69명, 기도하다 귀신 붙어 사망한 잡령 포함 51억 3,000명, 뱀의 영혼 9마리, 물귀신 86명, 머리 아프게 하는 귀신 17명, 다리 아프게 하는 귀신 6,676명, 암에 걸린 원한 잡령 포함 89,000명, 초를 켜놓고 기도하던 신제자 귀신 3,482명

악들- 종교를 세운 원초적인 우두머리와 그의 수하들이다. 감찰신명 수하 315억 명, 도감 수하 7,000명

수락산-

산왕 산천 할아버지 신명, 제자들과 함께 머리 위로 들어온 173억 명, 바위에 있던 아이들 귀신 44,000명, 비명횡사당한 귀신 619명, 여자 귀신 74명, 도사 귀신 4억 9,000명, 불자 신도로 염주 놓고 갔는데 염주에서 빠져나온 잡귀신 29억 9,000명, 업에 따라서 들어가고 거울 하나에 조 단위가 넘는 잡귀신이 들어가기도 한다.

컵에도 수조가 넘은 잡령들이 붙어 있다. 보살 귀신 169명, 나무에 붙은 귀신 39억 명, 무명 영가 무덤에 붙어 있던 귀신 199명, 아기 업고 있는 아줌마 귀신 1명, 낙태귀 3명

악들- 종교를 세운 원초적인 우두머리와 그의 수하들이다. 열두대신 수하 14,200명, 영의신감 수하 3억 2,400명

인왕산 선바위-

선바위에 기도할 때 귀신들이 대우받으려고 기다리던 여자 원혼귀 444명, 남자 귀신 709명, 동자 동녀 귀신 314,000명, 보살 귀신 76명, 박수무당 귀신 315명, 천자라고 하는 귀신 3명, 자살귀 519명, 처녀 귀신 146명, 몽달귀신 918명, 미륵께서 오신다고 정성 들이다가 사고 나서 사망한 잡귀신과 조상령 포함 9,246명,

국회의원 선거에서 떨어져 자살한 귀신 15명, 산신각에 남

자들이 죽어서 들어가 있던 귀신 37명, 보살 할머니 귀신 707명, 산신령 할아버지 귀신 9,500명, 정신이상으로 나라 개조하려다 죽은 귀신 잡령 포함 8,299명

악들- 종교를 세운 원초적인 우두머리와 그의 수하들이다. 도감 수하 4,200명, 열두대신 수하 8,600명, 감찰신명 수하 13억 2,000명

화천 용화산-

이분께서 오시는 순간 귀신들의 눈에 5방위에 황금용 9,500마리가 호위하고 있는 것이 보여 부처님께서 내려오신 줄 알았습니다. 그 산에서 죽었던 귀신들, 조상령, 잡령 818억 명, 다녀간 사람 중에서 불교 다닌 자들 단체로 왔다가 죽은 귀신 699명, 나무에 붙은 귀신 32억 명,

큰 돌에 붙어 있다 허리로 들어온 잡령과 조상령 포함 귀신 1,300명, 개구리 영혼 50마리. 다리와 발바닥으로 들어와 윤회하는데 그만하고 싶다고 살려달라고 한다. 보살 귀신 207명, 호랑이 영혼 10마리, 낙태 영가 7명, 박수무당이 영험해지려고 하는 귀신 3,970명

악들- 종교를 세운 원초적인 우두머리와 그의 수하들이다. 하누 수하 1,100명, 열두대신 수하 22,000명, 도감 수하 37억 4,000명

화악산 기도터-

남자 걸신 귀신 250명, 기도할 때 들어간 여자인데 귀신 잡

령들 포함 1,090명, 아이들 동자 동녀 귀신 79명, 애기 낳다 죽은 귀신 3명, 남편에게 맞아 죽은 귀신 7명, 칼 맞아 죽은 귀신 말다툼 잡령 포함 4,020명

악들- 종교를 세운 원초적인 우두머리와 그의 수하들이다. 감찰신명 수하 40,910명

춘천 대룡산-

배고파요, 살려줘요, 물 좀 줘요, 떡, 사과, 배 먹고 싶어 하는 귀신 14,000명, 할머니 보살들 대우받으려고 들어온 잡령 포함 7,900명, 몸에서 기운만 빼어가려 들어왔다가 감옥처럼 갇혔는데 법사 귀신 잡령 포함 1,400명, 죽이려고 몸 안에 붙잡아 놓은 것 같고 황금빛이 엄청 났습니다.

악들- 종교를 세운 원초적인 우두머리와 그의 수하들이다. 표경 수하 2,998명, 열두대신 수하 7,640명, 천감 수하 4,020명

강원도 양구의 도솔산-

지장보살 찾던 승려 귀신 999명, 법사 귀신 729명, 민속종교 다니던 귀신 잡령 포함 174,000명, 단군천황 찾던 제자 귀신 잡령 포함 97억 8,000명, 할머니 보살이 치성 드렸던 귀신 잡령 8,800명, 꽃보살 귀신 25,000명

악들- 종교를 세운 원초적인 우두머리와 그의 수하들이다. 도감 수하 1,298명, 영의신감 수하 72명, 감찰신명 수하 3,496명

남한산성-

죽은 귀신들 장군, 백성, 수백 년이 지났어도 떠도는 귀신 7,400명, 할머니 보살 귀신 9,100명, 잡령 조상령 포함한 할아버지 법사 귀신 95명, 낙태 영가 15명, 여자 귀신 3명, 잡령 포함 귀신 1,399명, 이무기 영혼 77마리, 뱀의 영혼 1,444마리

악들- 종교를 세운 원초적인 우두머리와 그의 수하들이다. 천지신명 수하 219명, 도감 수하 35,000명

행주산성-

다른 차원에서 왔던 군인 귀신 잡령 95억 8,000명, 할머니 귀신 1,800명, 장군 귀신 잡령 포함 2억 8,000명, 풍수하던 귀신 잡령 포함 1,390명, 불교용품 탱화와 염주 제작하던 귀신 잡령 포함 719명, 할아버지 박수무당 귀신 잡령 포함 18억 4,000명

악들- 종교를 세운 원초적인 우두머리와 그의 수하들이다. 천지신명 수하 919억 명

강화도 마니산 천제단-

장군 귀신들이 머리 위로 들어온 916명, 왕의 귀신 잡령 포함 379명, 승려 귀신 잡령 포함 177명, 천도재 지내던 박수무당이 제를 올리다 3일 만에 사망한 귀신 잡령 포함 1,959명, 할머니 보살 4,400명 잡령 포함, 이무기 영혼 49마리, 산신령 할아버지 형상 집안에 모신 자가 기운 받는다고 하다가 암으로 죽은 귀신 잡령 포함 7,198명

악들- 종교를 세운 원초적인 우두머리와 그의 수하들이다.
하누 수하 1,960명, 표경 수하 720,000명, 감찰신명 수하 14,000명

진안 마이산-

선녀입니다. 살았을 때 무속인 제자인데 치성드리러 갔다가 죽은 귀신 잡령 포함 910,000명, 남자 법사 귀신 3,100명, 승려 천도재 올려주다 죽은 귀신 219명, 사람의 운명 점쳐주는 직업 관상 겸 사주, 수맥 봐주는 남자 잡령 포함 234,000명

악들- 종교를 세운 원초적인 우두머리와 그의 수하들이다.
영의신감 수하 510,000명, 표경 수하 7,400명, 도감 수하 32,000명

전주 모악산-

바위에 앉아서 기도 수행하다 죽은 도사 잡령 포함 44억 9,000명, 나무에 붙었던 귀신 6,194명, 여자 귀신 303명, 총각 귀신 61명, 이무기 영혼 84,000마리, 뱀의 영혼 129마리, 새의 영혼 69마리, 할머니 보살 귀신 잡령 포함 9,100명, 길거리에서 자판 놓고 점 봐주던 귀신 5,060명, 손금으로 운명 봐주는 남자 귀신 잡령 포함 6,946명

악들- 종교를 세운 원초적인 우두머리와 그의 수하들이다.
열두대신 수하 950,000명, 표경 수하 17억 명, 감찰신명 수하 550명

전주 금산-

억울하게 죽은 군인 귀신 7,040명, 장군 귀신 86,000명, 정기받으러 왔던 당뇨 질환 귀신 잡령 포함 1,496명, 이무기 영혼 94마리, 처녀 귀신 130명, 병마 귀신 420명, 심장에 붙은 심장마비 귀신 잡령 포함 172명, 보살 귀신 잡령 포함 94명, 천도재 지내주던 승려 귀신 15명, 예언하던 귀신 27명, 박수무당 귀신 2,900명

악들- 종교를 세운 원초적인 우두머리와 그의 수하들이다. 하누 수하 316명, 표경 수하 986명, 천지신명 수하 42,000명

울릉도 성인봉-

보살 귀신 잡령 420,000명, 승려 귀신 790명, 삼신할머니 모신 여자 귀신 잡령 포함 990명, 박수무당 귀신 잡령 포함 72,000명, 동자 동녀 귀신 420명, 교통사고 나서 죽은 귀신 잡령 포함 1,030명, 바위에 있던 귀신 잡령 포함 9,500명

악들- 종교를 세운 원초적인 우두머리와 그의 수하들이다. 표경 수하 42,000명, 열두대신 수하 296명, 영의신감 수하 480,000명

남해 보리암-

꽃보살 귀신 잡령 포함 19억 2,000명, 승려 귀신 잡령 포함 702,000명, 여자 귀신 72명, 남자 귀신 140명, 박수무당 귀신 2,900명, 뱀의 영혼 144마리, 목 없는 귀신 777명, 아사귀 64명, 팔이 없는 귀신 360명, 여자 귀신 996명

악들- 종교를 세운 원초적인 우두머리와 그의 수하들이다. 하누 수하 51,000명, 도감 수하 1억 4,000명

감포 문무대왕릉-

보살, 박수무당 귀신 잡령 80억 4,200명, 비구니 귀신 잡령 포함 72억 명, 낙태 영가 13명, 여자 귀신 잡령 포함 707명, 불교인 귀신 잡령 포함 172,000명, 동자 동녀 귀신 23억 명, 여자 귀신 206명, 몽달귀 604명, 도교 대순진리 믿다가 죽은 귀신 잡귀 포함 1,469명

악들- 종교를 세운 원초적인 우두머리와 그의 수하들이다. 하누 수하 14,000명, 표경 수하 24,00명, 열두대신 수하 970명

일월산-

보살 귀신 잡령 포함 9,060명, 산신 할아버지 모신 남자 귀신 잡령 포함 86,000명, 자살귀 319명, 정기받아 시험 붙으려고 빌던 귀신 잡령 포함 2,496명, 처녀 귀신 69명, 이무기 영혼 14마리, 뱀의 영혼 3,090마리, 아이들 귀신 88명

악들- 종교를 세운 원초적인 우두머리와 그의 수하들이다. 도감 수하 1억 8,000명, 천지신명 수하 250,000명

황씨 부인당-

여자 귀신 잡령 포함 49억 4,000명, 뱀의 영혼 67마리, 인간으로 환생시켜 달라고 했던 두꺼비 영혼 505마리, 돼지 영혼 93마리, 말의 영혼 59마리, 남자 장군 귀신 419명, 박수무

당 귀신 58명, 보살 귀신 619명, 지렁이 영혼 144마리, 기도하던 50대 귀신 13명, 조상령들 219명

악들- 종교를 세운 원초적인 우두머리와 그의 수하들이다. 하누 수하 68,000명, 표경 수하 21억 4,000명, 도감 수하 1억 6,000명

매화 부인-

검은 한복 입고 있는 원 맺힌 조선, 고려시대 오래된 귀신 445명, 기도하러 오는 부자 조상령 귀신 207명, 호랑이 영혼 41마리, 학의 영혼 31마리, 사람으로 환생해 달라는 개구리 영혼 607마리, 보살 잡귀 980명, 박수무당 귀신 117명, 이무기 영혼 48억 마리, 자살귀 54명, 목이 없는 귀신 260명, 곤장 맞다 죽은 귀신 130명, 심장에 병이 생겨 죽은 귀신 13명, 다리 관절염 귀신 518명, 기침하는 귀신 649명, 처녀 귀신 79명, 여자 귀신 140명, 물 떠놓고 기도하다 죽은 귀신 잡령 포함 1,068명

악들- 종교를 세운 원초적인 우두머리와 그의 수하들이다. 열두대신 수하 14억 8,000명, 도감 수하 5억 2,600명

청량산-

잡령 포함 귀신 968명, 무속인 제자 귀신 잡령 포함 19억 3,000명, 뱀의 영혼 77마리, 지렁이 영혼 84마리, 말의 영혼 15마리, 새의 영혼 66마리, 나무에 붙었던 귀신 216명, 불상을 모시던 귀신 잡령 포함 999명, 도인 귀신 잡령 포함 5,519명, 개의 영혼 7마리

악들- 종교를 세운 원초적인 우두머리와 그의 수하들이다.
도감 수하 26억 2,000명, 천지신명 수하 130,000명, 천감 수하 4,000명

남해 단군성전-
환인, 환웅, 단군의 아들이라고 한 자들이 무척 많이 왔다. 잡령 포함해서 귀신 967억 명, 정신이 돌아버린 자들이 많다. 하늘의 딸이라는 보살 귀신 잡령 포함 8,896억 명, 기운 느끼고 싶어서 간 사람들 민족종교에 관심 있는 귀신 잡령 포함 818억 명, 명당자리 찾아다니는 귀신 잡령 포함 419억 명,

사람이었을 때 애가 안 생겨서 빌었던 귀신 잡령 포함 92,400명, 명상하러 간 귀신 1,264억 명, 기치료사 귀신 잡령 포함 45억 명, 달마 도사 귀신 잡령 619억 명

악들- 종교를 세운 원초적인 우두머리와 그의 수하들이다.
천지신명 수하 91억 4,000명, 도감 수하 87,000명, 열두대신 수하 13억 3,000명

고성 명파리 해변 기도 때-
원과 한이 맺힌 남자 자살귀들 249명, 이무기 영혼 46마리, 박수무당 귀신 잡령 포함 32,000명, 닭의 영혼 1,060마리, 처녀 귀신 760명, 싸우다 죽은 귀신 39명, 박수무당 귀신 잡귀 포함 940명, 신제자 귀신 206명

악들- 종교를 세운 원초적인 우두머리와 그의 수하들이다.
도감 수하 27,000명, 표경 수하 12억 3,000명, 천지신명 수

하 320,000명

속초 대명콘도-

말의 영혼인데 기다렸다. 백마 17마리, 이무기 영혼 97마리, 까치 영혼 619마리, 법사 귀신 잡령 포함 11억 9,000명, 조상령 250,000명, 할머니 보살 귀신 250명, 자살귀 잡귀 포함 264명, 뱀의 영혼 3,100마리, 울고 있는 여자 한 맺힌 잡귀 포함 4,020명, 남자아이들 오토바이 사고 사망 귀신 15명, 줄담배 피우는 귀신 188명, 술 찾는 남녀 귀신 446명

악들- 종교를 세운 원초적인 우두머리와 그의 수하들이다.

천지신명 수하 1,690명, 표경 수하 5,140명, 하누 수하 37,000명, 열두대신 수하 3억 2,100명

대종교-

제가 단군천황입니다. 나의 제자들 6억 2,000명. '소황양천도리안 천명지천황제'. 우습게 보지 마세요. 미래 하늘이신데 큰일 나신다고요? 머리 뒤쪽에 붙어 있었는데 마음에 들었고 큰 기운이 느껴져서 들어갔습니다. 제1 제자 '단군황영소 영지천도래'. 우리 모두 갑자기 나오게 되어 황당하네요. 몸이 빛이 나고 너무나 좋으니 들어가게 해주세요. 무시하면 벌받습니다. 머리를 감싸고 있었는데 기운 자체가 남달랐습니다.

도교1-

도인들입니다. 도 닦으려 노력했지만, 교통사고로 죽은 귀신 65명, 도 닦던 할머니 귀신 323명, 산에서 기도 올리며 도를 닦던 할아버지 귀신 676명, 그림 속에 들어 있던 귀신

27,000명, 화장실에 있던 귀신 54,900명

도교2-

혀가 말리고, 눈은 3개, 머리에 사각형의 검은색 뿔, 꼬리가 970개 달린 귀신 96,400명. 도반 귀신 17억 4,000명, 할머니 자살귀 49명, 교통사고 남자 아이 귀신 27명, 할아버지 도인 귀신 85명

도교3-

눈 쪽에 들어갔다가 가슴 쪽으로 들어온 할머니 귀신 36,000명, 관절로 죽은 할아버지 귀신 36명, 아이들 물귀신 63명, 자칭 법사 신천신명 제자 귀신 9억 2,000명, 낙태 영가 27명

유성 금병산 도솔천궁-

나는 살아서는 법사였지만 옥황상제 천명제자로 죽었는데 같이 다니던 귀신들 3,176명, 불사 할머니 670명, 꽃보살 여자 귀신 55명, 도를 닦는 신인합일 한다는 제자 귀신 1,952명, 정도령이라는 귀신 184명

금산사 미륵불-

내가 귀신이지만 업을 풀기 위해서 다니고 있는데 사후의 법칙도 모르는 할머니 귀신 39억 6,000명, 살았을 때 황금산이라는 애칭을 갖고 꿈 해몽해 주고, 풍수 봐주고 예언해 주던 귀신 13명, '존지수암신명'이라는 귀신 9억 2,900명, 미륵천경 하생경 반야불수연하 제자들 귀신 2,196명

대구 팔공산 갓바위–

나무에 목매달아 죽은 귀신 잡령 포함 155명, 그 당시에 들어간 걸 어떻게 하라고요? 신 할머니 제자 귀신 78명, 새와 호랑이 합쳐진 귀신 166명, 용마신명 귀신 799명, 법사 할아버지 귀신 204명, 장군 신명 귀신 2,469명, 몸에서 나와보니 무섭고 두렵고 춥습니다.

고창 도솔산–

이무기인데 신명 귀신 6,800마리, 잠자는 우리를 깨우신 분이시군요. 도반들이 죽은 귀신 159명, 할머니 신 제자 귀신 392명, 남자 법사 귀신 59,700명, 나무에 붙어 있던 귀신 3,122명, 바위에 붙은 귀신 4억 2,000명, 부부가 산에 왔다가 살 맞아 죽은 귀신 6명, 풀잎에 숨었던 귀신 1,465명, 호랑이 영혼 77마리, 곰의 영혼 12마리, 뱀의 영혼 48마리, 두더지 영혼 27마리

도솔암–

조상령 귀신 157명, 승려 귀신 99명, 법사 귀신 41명, 할아버지 귀신 616명, 교통사고 아저씨 귀신 23명

선운사–

꽃보살 172명, 산신령 할아버지 도사 귀신 1,825명, 애동신명 제자 귀신 7,624명

아산 연암산 기도터–

초에 붙은 귀신 '명산천하 주유강신도령' 신명 귀신 176명, 쌀에 붙은 아사귀 96,000명, 개 영혼 43마리, 할머니 '청도경

불 미륵암사 지천도' 신 할머니 귀신 8억 3,200명, '도암천서 개불영암' 산신도사 할아버지 귀신 312명, 중생 구제 떠드는 업보지신 신령제자 귀신 23억 6,400명, '천지암룡 사만신' 애동제자 귀신 9억 5,700명

화천 미륵바위-

할머니 제자들 '무경천업 신업지하' 신 제자 귀신 2억 4,400명, 승려 '육신자멸 지천하' 산신령 제자 귀신 19억 9,000명, '미륵존불하생경 미륵천도불사경' 신 할머니, 신 할아버지 귀신 8억 2,900명, 낙태하고 자살한 귀신 197명, 한 맺힌 아기 엄마가 약 먹고 자살한 귀신 잡령 포함 77명,

배 타고 가다가 죽은 귀신 잡령 포함 549명, 시집와서 애를 못 낳고 죽은 귀신 잡령 포함 279명, 사업하다가 망해서 죽은 자살귀 212명, 고시 공부하다가 안 되어서 죽은 귀신 31명, 불치병에 걸려 미륵바위에 빌다가 죽은 귀신 39명, 강에 빠져 죽은 귀신 25명

천마산-

도를 닦던 남자 '업천대경' 천지신명 용천제자 귀신 8,146명, 할머니 신 제자 꽃보살 쪽에 있다가 천지영험 미륵제자 귀신 3억 4,100명, 호랑이 데리고 다니는 산신 할아버지 '신천주업 보경천하신줄 대천대령' 귀신 96,000명, 기도하러 왔다가 살 맞아 죽은 법사 귀신 33명, '지천땅별 보산보물 천도령' 귀신 6,446명, 병들어 죽은 보살 귀신 240명

일본 후지산, 황거, 동조궁, 야수쿠니 신사 기도-

후지산-

여 산신령인데 대우를 안 해줘. '후카요미 후사지래 요망사산' 남녀 산신령이 많다. 후지산 기도하러 오는 사람들 도와주는 후차카용 귀신 9,119명, 몸에 빛이 강렬해서 육신을 이용하려고 들어온 남자 산신령 '후양산천도기악 집합소' 귀신 93,600명,

칠성줄 타고난 제자가 온 줄 알았고, 한국에서 온 법사 몸에서 나와 머물고 있던 잡귀신 5억 4,100명, 아기 신명 귀신 44,360명, 할머니 신명 대명산신 귀신 7,168명, 이무기 영혼 69억 마리, 승려 귀신 186,000명

황거(일본 황궁)-

'지암사대천신명'인데 제자들과 함께 들어간 귀신 28억 2,000명, 법령도사 귀신 9억 4,200명, 억울하게 죽은 귀신 349명, 매 맞아 고문받다 죽은 귀신 97명, 애 낳다 죽은 귀신 6명, 배가 뒤집어져 물에 빠져 죽은 귀신 140명, 용을 모시는 신명제자 죽은 귀신 577명

동조궁-

강신령 무속제자 귀신 319명, 나비의 영혼 77마리, 하나비사 신명에게 기도 수행하는 제자 귀신 748명, 해태를 받드는 제자 귀신 82,400명, 태양을 받드는 태양궁산신명 귀신 29,900명

야스쿠니 신사-

놀라서 들어간 오조니아 야쿠신사배용 귀신 144억 명, 뱀 구렁이 신 받드는 귀신 8,176명, 강을 지키는 신에게 기도하던 신제자 귀신 165명, 하늘에 천제를 올리던 제자 귀신 1,144명, 거북이에게 기도 올리던 제자 귀신 379명

백두산, 훈춘, 발해, 경박호, 용정, 만리장성, 자금성 기도-

백두산-

미리 알고 대기하고 있다가 들어갔다. 천선신줄 제자 귀신 5,144명, 천지인 하늘제자 귀신 51,090명, 용천대명 신명제자 귀신 98억 명

훈춘-

걸신 아사귀 212명, 도를 받으려고 갔던 도명재천 제자 귀신 36억 8,000명, 빛이 보여 들어온 동신제자 귀신 133억 명

중국 제자 소계련-

소합천술 천지도령 귀신 96억 2,000명, 무당신명 무병무탈 신명 강신 귀신 8,117명, 아들 몸에 있던 조상령 귀신 370명

발해왕 터-

도령 귀신들 아암신도 귀신 290억 명, 용과 뱀이 합쳐진 귀신 1,748명

경박호-

도술신인 귀신 8,116명, 물귀신 97명, 새의 영혼 15마리, 남자 산신령 정경신사호암지 귀신 943명

용정–

싸움하다가 칼부림 나서 죽은 귀신 5명, 술 먹고 행패 부리다 넘어져서 죽은 귀신 44명, 심장마비로 죽은 귀신 16명, 카드 게임하다 싸움 나서 죽은 귀신 4명, 말의 영혼 8마리, 물고기와 인간이 합쳐 죽은 귀신 154명

만리장성–

망자천도 도신령 제자 귀신 96,400명, 거북이 영혼 46마리, 독수리 영혼 107마리, 칠성신선 제자 귀신 3,679명

자금성–

귀한 옥체로 들어간 하늘을 받들고 섬기던 점성술로 예언하던 제자 금성천강준 배출하던 귀신 12억 4,000명, 용과 거북이가 합쳐진 영혼 83마리, 기운 받으려고 갔다가 죽은 귀신 716명, 연못에 빠져 죽은 귀신 81명, 황상천금불 제자 귀신 177명, 자금성 쌓다가 죽은 귀신 잡령 포함 517명, 현무를 모시던 신제자 귀신 177명, 하늘을 찾아다니던 영산재천신도령 귀신 819명,

선산–아버지, 어머니, 조부모 산소–

부채 어디 있냐. 방울 소리 듣고 따라 들어와라. 대감신 천험영 제자 귀신 56명, 애기동자 귀신 1,144명, 지천 할아버지 신명 귀신 560명, 풍수 귀신 179명, 보살 귀신 17,000명, 조상신을 몸으로 싣다가 잘못되어서 빙의로 죽은 귀신 47명, 산 주위에 떠돌던 조상 귀신 1,684명, 처녀인데 목매달아 죽은 귀신 6명, 정도령이라고 하다가 죽은 귀신 147명

【제5부】

악귀잡귀 퇴치

독자들이 제일 궁금한 것이 수백조에 이르는 악귀잡귀, 귀신들을 어떻게 추포하고, 어떻게 소멸시켰는지 무척이나 궁금하고, 이것이 정말 현실로 가능하냐고 반문할 것이다.

병굿을 하는 것도 아니고, 무속인들처럼 고춧가루를 콧속에 붓거나, 몽둥이로 패고 때려서 내쫓는 것도 아니고, 소금을 뿌리고 칼로 겁박하는 것도 아니고, 퇴마사처럼 기로 다스리는 것도 아니고, 안수기도로 하는 것도 아니다.

그야말로 본 적도 들은 적도 없는 인류 역사 이후 최초의 빛과 불의 기운으로 하신다. 이 세상 아무도 흉내 낼 수 없는 미래 하늘이신 자미황제 폐하께서만이 하실 수 있는 빛과 불의 기운으로 하시는데, 그것은 미래 하늘께서 내리시는 천기하고 천비로운 무소불위의 명(命)이 바로 빛과 불의 무서운 기운이다.

즉 미래 하늘께서 하시는 말씀이 무소불위의 명(命)이자 빛과 불인 것이다. 악신, 악령, 악마, 사탄, 마귀, 악귀, 잡귀, 요괴, 귀신, 축생령들이 사람 몸에 있든, 사무실, 가게, 집, 차량, 외국 등 어디에 있든 상관없이 명을 내리시면 수초 이내에 5룡(청룡, 황룡, 적룡, 백룡, 흑룡)들에게 귀신들이 잡혀 오고, 심판 이후에 즉시 소멸시키시는 무소불위한 천지대능력자이시다. 용들은 미래 하늘의 황태자궁 신하들인 천상신명들이다.

악귀잡귀 잡령들 퇴치 사연

그전에 아들이 초등 5학년 때 청소하다가 친구로부터 급소를 맞아 기절하였다가 깬 적이 있고, 그동안 대순진리회, 단월드, 선불교, 울산 무당, 아라원 불교 공부방을 두루 다녔다.

아들이 2009년 8월경에 부산 백병원 정신과에 입원하기 시작하였고, 2010년 중리동 서병원 입원, 2012년 부산 봉생병원 입원하여 8년간 다녔음.

2011년 가을쯤 해서 울산 무당에게 굿을 하러 갔는데 굿하다가 귀신 뗀다고 칼과 창 여러 가지 무기 같은 것으로 아들(당시 22세)을 다루다 보니 입가로 상처가 터져 멍들고, 부르트고, 그래서 상처 때문에 집에 못 데려오고 무당집에서 1주일가량 지내는 중에, 무당을 도와주는 남자 법사가 2층에 사는데 감나무에 목을 매 자살하여 무당이 신당에 불을 끄고 무당은 아들의 기운을 못 이겨 낭패를 보았다.

생각만 해도 몸서리가 나는 과거사이다. 2012년쯤 해서 진해 아라원을 소개받아 찾아갔고, 그곳에서는 아들에게 침과 뜸으로 치료를 해주어서 또 여기가 아들의 병을 낫게 해주는 곳이라 생각하고, 처음에는 아들하고 둘이서만 다니면서 남편에게는 비밀로 했다.

2014년 봄, 큰아들이 연세대에 다니며 공부하던 중에 건강검진하다가 심장 쪽에 이상이 생겨 세브란스 병원에 다녔고 2014년 12월 24일 심장이식은 했으나 심정지 상태였고, 다른 장기가 손상이 많이 된 상태라 결국 회복 못 하고 2015년 1월에 세상을 달리하였다.

아라원 불교 공부방에서 천도재하고 사망보험금으로 받은 1억을 아라원 불교 공부방에 기부하고, 그때 소신 꿈에 흰 국화꽃 두 송이가 캄캄한 하늘에 있는 꿈을 꾸었고, 가정과 아들, 제가 모두 죽기 일보 직전에 아들이 구해 준 『천지령』 책을 보고 서울에 올라가서 상담하였다.

상담 이후에 조상입천제, 천인합체, 생령입천, 명부입적 의식을 봉행했고, 하늘의 천기롭고 천비한 기운 덕분으로 오늘에 이르고 있다.

악귀잡귀 잡령들 추포 심판

미래 하늘 : 20년 전 초등 5학년 때 청소하다가 친구로부터 급소를 맞아 기절하여 깬 적이 있는데 때린 악귀잡귀 잡령들 추포해서 잡아들여.

귀신 : 저는 그 친구 몸에 있던 물귀신인데 윗대 조상령입니다. 까부는 애들 귀신 5명, 할머니 귀신 1명, 남자 57세에 죽은 아저씨 귀신 1명, 오토바이 사고로 죽은 20대 청년 귀신 2명, 아들과 오래전 전전전 전생에 인연이 있던 까부는 애들 귀신 5명이 급소를 때렸습니다.

命- 추포된 악귀잡귀와 잡령들 전원 영성과 영체를 소멸시키는 사형집행을 명한다.

대순진리회 다녔을 때 따라붙은 악귀잡귀 잡령들 추포-

귀신 : 저희들을 어떻게 찾아냈습니까? 머리에는 뿔이 18개 달리고, 눈은 빨갛고 입술은 검붉은 온몸이 회색인 귀신입니다. 대순에 왔을 때 귀신으로 윤회하면서 흉측하게 변하는 귀신 867명이 여자, 남편, 아들 몸으로 들어갔습니다.

도 닦는 할아버지 62,000명, 대순 믿다가 교통사고로 비명횡사당한 귀신 48명, 남자 자살귀 177명, 지렁이와 곰이 합쳐진 귀신 107명, 도반 귀신 1,445명, 미래 하늘께 추포되었다고 하네요. 한글을 잃어버렸어요. 귀신으로 살다 보면 언어도 잃어버리고 살아 있는 사람이 너무나 부럽네요.

命- 추포된 악귀잡귀와 잡령들 전원 영성과 영체를 소멸시키는 사형집행을 명한다.

단월드 다닐 때 따라붙은 악귀잡귀 잡령들 추포

귀신 : 저희들이 오게 되었습니다. 도사님으로 불리다가 죽은 도사 귀신 3,143명, 도 닦다가 죽은 할아버지 귀신들 139명, 할머니 영가 476명, 기독교 다니다가 죽은 귀신 477명, 자궁암으로 죽은 여자 귀신 63명

命- 추포된 악귀잡귀와 잡령들 전원 영성과 영체를 소멸시키는 사형집행을 명한다.

선불교 다닐 때 따라붙은 악귀잡귀 잡령들 추포

귀신 : 여기 저희가 왔는데 '원선귀선신불자'라고 하는 애칭입니다. 귀신의 차원에서 들어갔고 74,900명, 동자 귀신

1,249명, '양선술화법령' 제자 귀신으로 흉측스러운 괴물 모습 922명

命- 추포된 악귀잡귀와 잡령들 전원 영성과 영체를 소멸시키는 사형집행을 명한다.

무당에게 굿할 때 따라붙은 악귀잡귀 잡령들 추포

귀신 : 엄마 나 죽어, 나 죽어, 저 여자 싫어, 오지 말라고 그래. 무당 씨○년아. 모두 법사천마도령 제자 신명 3,439명, 승려 귀신 2,963명, 천신명천 제자 580명

命- 추포된 악귀잡귀와 잡령들 전원 영성과 영체를 소멸시키는 사형집행을 명한다.

울산 친구의 권유로 무당을 만났고 자신 있다고 했다. 하지 말아야 할 굿을 하고 귀신 뗀다고 아이를 짐승 잡듯이 하여 결국 기절까지 하고 죽다 살아났다고 친구가 전해 준 말에 제정신이 아니었다고 했다.

아이를 죽음으로 몰아가고 고통을 준 것을 생각하면 몸서리쳐지고, 철천지원수로 원과 한으로 남았다. 아들은 무당을 보고 생전에 들어보지도 못한 쌍욕을 엄청 많이 하였는데, 평소 아이의 모습이 아니었다. 그중에서도 무당년에게 '씨○년아' 소리를 대놓고 하였다.

2012년 아라원 공부방에서 따라붙은 악귀잡귀 잡령들 추포

귀신 : 신명합일 귀신입니다. 신을 받들고 있는 귀신 5,941명이 아들의 몸으로 들어갔습니다. 보살 아줌마 귀신 126명, 동자 귀신 970명, 승려 귀신 157,000명, 낙태 영가 1명, 자연

유산 귀신 2명, 교통사고 귀신 29명, 머리 아파 죽은 귀신 94명, 혈압으로 죽은 귀신 406명, 관절염으로 죽은 귀신 83명,

命- 추포된 악귀잡귀와 잡령들 전원 영성과 영체를 소멸시키는 사형집행을 명한다.

아라원 공부방에서 침과 뜸으로 치료할 때 따라붙은 악귀잡귀 잡령들 추포

귀신 : 치료사의 몸에 있던 조상령 521명, 주변에 맴돌던 강신도령 제자 귀신 143명, 할머니 귀신 299명, 할아버지 귀신 64명, 자살귀 132명, 낙태 영가 13명, 잠자리 영혼 24마리, 닭의 영혼 97마리, 개의 영혼 12마리, 거북이 영혼 34마리

命- 추포된 악귀잡귀와 잡령들 전원 영성과 영체를 소멸시키는 사형집행을 명한다.

2009년 8월경 입원할 때 따라붙은 악귀잡귀 잡령들 추포

귀신 : 약 먹기 싫어, 치료받기 싫어, 힘들어. 그냥 누워서 음악 듣고 싶어. 뭐 먹고 싶어, 사줘, 배고파. 청소년 10대 시절에 죽은 귀신 133명, 법사 할아버지 귀신 86명, 아줌마 자살 귀신 74명, 개 영혼 65마리, 고양이 영혼 43마리, 처녀 귀신 185명, 총각 귀신 38명, 기운이 맞아서 아들 몸에 들어갔다.

命- 추포된 악귀잡귀와 잡령들 전원 영성과 영체를 소멸시키는 사형집행을 명한다.

2010년 서병원 입원할 때 따라붙은 악귀잡귀 잡령들 추포

귀신 : 남자 선생님인데 교통사고로 죽었습니다. 어느 날 그 병원에서 떠돌다가 들어왔다 나갔다 장난쳤습니다. 해코지 귀신, 약 올리며 탈 나게 하고, 병신처럼 만든 귀신 1명. 아이들

만 남겨놓고 죽은 한이 많은 아줌마 귀신 66명, 암으로 죽은 할아버지 귀신 24명, 옥황상제 받들던 신제자 귀신 286명, 인간 몸에 들어갔다가 장난치고 병신 만들고. 그게 쉽지만은 않지만 살아 있는 사람이 질투가 나고 살아 있는 게 부러워서 데려가야겠다고 말한다.

命- 추포된 악귀잡귀와 잡령들 전원 영성과 영체를 소멸시키는 사형집행을 명한다.

2012년 입원 8년간 다닐 때 따라붙은 악귀잡귀 잡령들 추포

귀신 : 병원에 있던 검은 한복을 입고 흰머리 길게 늘어뜨리고 손에 칼을 들고, 입은 귀까지 찢어진 할머니 귀신인데 676명이 있었어. 한이 많이 맺혀서. 귀신이 왜 꿈에 나오는데? 나의 억울함 좀 풀어달라고, 놀래키려고 하는 것도 있다.

억울하고 분해서. 가끔 여자의 몸에 들어갔다가 나오기도 했다. 붉은색 한복을 입고 눈은 하나이고, 입은 귀까지 찢어진 교통사고 귀신 198명, 청소년 자살 귀신 39명, 깡패였다가 죽은 귀신 53명, 소아암으로 죽은 귀신 20명, 비만으로 뚱뚱했는데 당뇨 생기면서 죽은 귀신 5명

命- 추포된 악귀잡귀와 잡령들 전원 영성과 영체를 소멸시키는 사형집행을 명한다.

2011년 귀신 뗀다고 할 때 따라붙은 악귀잡귀 잡령들 추포

잡신 : 법사신 2억 4,000명, 천왕신 할머니 1,972명, 지암불사 신명 할아버지 992명

命- 추포된 악귀잡귀와 잡령들 전원 영성과 영체를 소멸시키는 사형집행을 명한다.

악귀잡귀와 잡령들 심판하면서 찾아낸 진실!

무수히 많은 악귀잡귀와 잡령들을 추포하여 전원 영성과 영체를 소멸시키는 사형집행을 하면서 이들의 무서운 특성을 찾아내었다. 자신들의 존재를 말하지 않으면 진짜는 추포되지 않는다는 점을 알았다. 그래서 자신에게 해당되는 사연을 말해야 그에 해당하는 악귀잡귀와 잡령들을 추포해서 심판할 수 있다.

위의 사례에서 보듯이 죽음보다 무서운 곳이 종교라는 사실을 찾아내었다. 종교에 다니면 그들이 뿌려대는 종교사상에 세뇌당하여 이곳으로 들어오지 못해 하늘이 내리시는 명을 못 받으므로 영혼의 본향인 3천궁으로 올라가지 못한다.

이번 생에 사람으로 윤회하는 것은 영혼의 고향으로 돌아가는 기회를 골고루 내려주신 것인데, 생사령(생령과 사령)들이 하늘세계 공부, 사후세계 공부를 전혀 하지 않아서 개돼지 축생들처럼 당장 먹고사는 일에만 혈안이 되어 있고, 죽으면 그만이라는 안일한 생각을 하며 살아간다.

그리고 사람 자체가 악귀잡귀와 잡령들이란 진실도 찾아낸 것이다. 헤아릴 수 없는 악귀잡귀와 잡령들이 떼거지로 들어와 있으나 모르고 살아갈 뿐이다. 악들과 귀신들이 들어와 있으면 몸을 아프게 하고 인생살이가 풍파로 인해 무척 고통스럽다.

나 같은 경우는 그동안 산에서 기도를 하기 위해 금강산, 백두산, 발해, 경박호, 훈춘, 용정, 만리장성, 자금성, 일본 후지산, 황거, 동조궁, 야스쿠니 신사, 도솔산, 팔공산, 북한산, 태백산, 지리산, 한라산, 천황산, 화천 미륵바위, 문무대왕릉 감포, 남해 보리암 등등 산과 바다에 기도 다니면서 따라붙은 악귀잡귀와 잡령들을 추포하여 소멸시키는 심판 천지대공사를 매일같이 집행하고 있는데, 너무나 많아서 한 달은 족히 걸릴 것으로 예상한다.

내 몸에서 발산되는 빛을 보고 들어온 악귀잡귀들도 많지만 어려서부터 미래 하늘이신 자미황제 폐하께 추포되었던 존재가 더 많다. 언젠가는 몸 안에서 꺼내어 한꺼번에 심판하시려고 추포하시어 몸 안에 가두어놓으셨던 것이었다. 일반 사람들 같았으면 벌써 사건 사고나 자살로 생을 마감하였을 것이다.

종교에 다녔던 곳에서 따라 들어온 악귀잡귀와 잡령들을 꼬집어 호명하지 않으면 수십 년이 지났어도 악귀잡귀와 잡령들을 퇴치할 때 나오지 않는다는 무서운 진실을 찾아내었다. 그러니까 이곳에 오기 전에 각자들이 다녔던 종교와 병원에 다녔던 사실을 말해 주어야 퇴치된다.

사람들도 이름을 부르지 않으면 대답하지 않는 것처럼 악귀잡귀와 잡령들도 마찬가지로 자신들의 존재를 말하지 않으면 빠져나오지 않고 몸 안에 숨어 있다는 진실을 찾아냈다.

이들을 추포하여 심판하면서 사람이 아니라 악귀잡귀와 잡령들이었다는 진실을 다시금 확인하였고, 인간 자체가 악귀잡귀와 잡령들이기에 믿을 사람 없다는 진리를 확인하였다. 그러므로 명산대천에 좋은 기운 받으러 기도하러 간다는 것은 결국 영험한 악귀잡귀와 잡령들을 많이 받아들이러 가는 것이었다. 산의 정기를 받는 것이 곧 악귀잡귀들의 기운이었다.

역사와 전통을 자랑하는 수천 년 된 유명한 종교세계에 다니는 것도 하늘의 대역죄인들인 숭배자 귀신들, 교주 귀신들, 신부, 목사, 승려, 도인, 도사, 법사, 무당, 보살의 몸에 붙어 있는 종교귀신들과 그곳 종교시설에 맴돌고 있는 악귀잡귀와 잡령들을 돈 주고, 받아오는 것이었으니 경천동지할 일이다. 종교에서 비싼 돈 주고 귀신들을 사 오는 것이었다.

종교가 기가 막혀~! 종교가 기가 막혀~! 종교가 기가 막혀~! 아~ 이런 무서운 진실이 종교세계에 숨어 있었다니 이 일을 어찌할 것인가? 정말 속이 터지고, 분노가 치밀어 오르고 기가 막힌다~!!! 천국, 천당, 극락, 선경세상으로 구원은 고사하고 수십 년 동안 종교귀신들 맞이하러 다닌 거였다니, 당신 미쳤냐고 삿대질할 사람들이 너무나도 많이 나올 것인데 이 책을 통해서 보듯이 사실이지 않은가?

그리고 죽으면 그만이라는데 웬 귀신들이 이렇게도 많을까? 이들이 하는 말을 들어보면 모두가 하는 말들이 '살려주세요', '좋은 데 보내주세요', '죽어보면 알 거예요', '죽어보니 사후세계가 진짜 있어요', '죽었더니 하나님, 하느님, 예수님, 성모님, 부처님, 상제님은 못 만났어요', '끝도 없이 윤회 중이에요'.

그러므로 악귀잡귀와 잡령들을 퇴치할 때는 자신이 다녔던 종교에서 굿, 천도재, 세례, 안수받는 의식(종교 귀신 받아들임) 했다는 것을 말하고 퇴치해 달라며 특별히 청해야 한다. 병원에 입원했었거나 자주 가는 병원이 있으면 그곳에서 따라붙은 악귀잡귀와 잡령들을 퇴치해야 한다. 지구는 인간세상이 아니라 귀신들과 동거하며 공존공생하는 세상이었다.

천국, 천당, 극락, 선경세상으로 가려고 인류가 열심히 종교를 다니고 있으나 이들 세계는 존재하지 않는다는 허상의 가짜세계라는 것을 직접 확인했다. 악들이 영혼의 고향인 본향으로 돌아가지 못하게 종교 감옥에 가두어놓은 것이었다.

이런 고차원적인 영적 세계의 무서운 진실을 알지 못하고, 종교사상과 교리에 세뇌당하여 다니는 것이다. 즉 지구상에 있는 수백만 개의 종교세계를 통해서는 좋은 세계로 갈 수 없다는 것을 밝혀냈고, 위의 사례처럼 귀신들만 잔뜩 따라붙어온다.

사연에 맞는 악귀잡귀들을 호명하여야 완전히 퇴치되고, 가짜 귀신 종교단체와 병원을 오가며 들어온 엄청난 숫자의 악귀잡귀 잡령들의 영성과 영체를 소멸시키는 사형집행을 명하시어 한 가정을 살려주시고 구원하여 주시었다.

무속인들이 악귀잡귀 잡령들을 퇴치할 때 생사람을 묶어놓고, 몽둥이나 창과 칼로 두들겨 패고, 고춧가루 물을 콧구멍에 붓는 가혹행위를 하다가 사람들이 많이 죽었다. 하지만 미래하늘은 무소불위한 대천력, 대도력, 대신력, 대법력, 대원력의 기운으로 하기에 사람 몸에 손가락 하나 대지 않고 악들을 천지기운으로 깔끔히 퇴치하시니 참으로 경이롭고 대단하시다.

영혼들인 산 사람의 생령과 죽은 조상들의 사령, 신(신명), 악귀잡귀 잡령들, 심혼(마음을 움직이는 혼), 사혼(생각하는 혼), 언혼(말하는 혼)들을 산 자든 죽은 자든 거리에 상관없이 잡아들여 심판할 수 있는 무서운 공포의 천지대능력자가 인류의 심판자로 오신 하늘의 천자이시자 황태자이신 미래 하늘이시다.

질병의 원인과 치유 사례

병원에 사람들이 넘쳐나고 언제나 북새통이다. 아픈 사람들이 그만큼 많다는 것인데 병명이 있든 없든 조상, 귀신, 아수라, 악신, 악령, 사탄, 마귀, 요괴, 악귀, 잡귀, 곤충령, 동물령, 파충류령, 만생만물령들이 사람 몸으로 들어와서 발생한 질병이 대부분이라는 것이 밝혀져 놀라웠다.

이들의 존재는 사람들의 눈에는 보이지 않지만 육신으로 들어와 함께 살아가고 있다. 언제 왜 들어왔는지 물어보자 그 이유가 자신들도 천상, 전생, 현생에서 지은 죄로 인하여 사람 몸 안에서 지은 업보를 풀기 위해서 윤회 중이라는 충격적인 진실을 털어놓았다.

죽어서 갈 곳이 없어서 떠돌다가 들어온 경우, 자신과 기운이 맞아서 들어온 경우가 있는데 가장 많은 곳이 종교단체, 종교용품점, 조상굿, 재수굿, 신내림, 굿당, 제물, 제사, 차례, 49재, 천도재, 지장재, 위령제, 추도미사, 추모예배, 병원, 장례식, 산소, 납골당, 납골묘, 결혼식; 회갑이나 칠순 잔치, 사람이 많이 모이는 집회 및 경기장, 시장, 백화점, 등산, 산기도, 산이나 강, 바다에서 따라붙었다고 한다.

사람으로 환생하여 윤회하다가 죽은 혼령들이 헤아릴 수 없이 많고, 죽음을 맞이한 사연도 천차만별이다. 건강하게 살다가 죽었든, 병을 얻어 죽었든, 사고로 죽었든, 자살로 죽었든, 급살로 죽었든, 암으로 죽었든, 자연사로 죽었든, 심장마비로 죽었든 일단 죽으면 원과 한이 된다.

원과 한으로 죽은 귀신들은 복수하기 위해서 사람들을 괴롭히고, 저주를 내린다. 자신의 원과 한을 풀어줄 대상자를 찾아다니기도 하고, 처지가 같은 유유상종의 사연을 가진 사람들 몸으로 들어간다. 원과 한이 맺혀 죽은 귀신들은 살아 있는 사람들이 부러워 들어온 경우도 있고, 산 사람들이 질투가 나서 죽이기 위해서 들어온 경우도 많았다.

자신이 죽었던 암이나 질병을 퍼뜨리기 위해서 사람 몸으로 들어온 경우도 많았다. 살아서는 아무것도 안 믿었지만, 막상 죽으면 자신을 구해 줄 구원자 하늘을 찾는 것이 최우선 순위이다.

이 세상에 왜 종교가 이리도 많은지 참으로 의문이 많은데 죄 많은 자들이 종교를 믿고 있다는 진실을 찾았다. "구원받지 못할 자들을 다 종교에 쓸어 모아놓았다! 종교를 믿어서는 천상의 하늘궁전 3천궁에 못 올라가게 종교지옥에 다 가둬놓았다!", "종교인을 만나는 것이 돈(시주, 헌금, 성금) 주고 수백 수천억 명의 귀신들을 사들이는 것이었다!"

20대에 친구를 따라 대형교회에 한 번 참석했던 적이 있었는데, 교회에서 따라붙어온 예수를 찬양하는 예수쟁이 귀신들 2,463억 명이 들어왔는데 20년 만에 미래 하늘의 무소불위한 천지기운으로 퇴치해 주었다. 무슨 도사한테 가서 인생 상담을 받을 때 따라온 귀신들, 공짜로 밥을 얻어먹을 때 따라온 귀신들의 숫자는 헤아릴 수 없이 많았다. 악신, 악령, 악귀잡귀들도 명확하게 어느 장소에서 들어간 것을 지목해서 명을 내려야 흑룡, 백룡, 적룡, 청룡, 황룡들이 추포해 잡아들인다.

천자이자 황태자이며 미래 하늘인 나는 수많은 용들을 거느리고 부리는 천지대능력을 갖고 있으며 흑룡, 백룡, 적룡, 청룡, 황룡들은 나를 항상 호위하기도 하고 화산폭발, 지진, 쓰나미, 토네이도, 허리케인, 뇌성벽력, 천둥, 번개, 태풍, 폭우, 홍수, 폭설, 혹한, 혹서, 이상기후, 기상이변의 천재지변을 일으키는 천상신명들로 천상의 북극성 황태자궁에 나의 신하들로서 사람의 모습으로도 자유자재로 변신한다.

중국 의학계에서 괴질병으로 죽었던 시체 12구를 부검한 결과 정말 생각하지도 못한 일이 생겼다고 한다. 죽은 사람의 폐조직을 해부해 보니 폐가 아니라고 했다. 점막이 많이 생겼고 무척 끈적이는 물체가 폐를 다 감싸고 있었다 한다.

이런 환자들에겐 산소마스크를 착용시켜도 필요가 없다고 했으며 인간세상에서 들어보지도 못한 두 가지 변종 바이러스가 검출됐다고 한다. 인간으로서 대책이 없다는 뜻이기도 하다. 괴질병 바이러스 외에도 더 많은 변종 바이러스가 생겨나고 있다. 괴질병은 천상 괴질 신장들이 행하니 인간들이 어떻게 그 해결책을 찾을 수 있겠는가?

악귀잡귀 귀신 퇴치

홍○환–

악귀잡귀를 퇴치한 후 이마 중앙에 볼록볼록하던 것이 없어지고, 눈도 맑아지고, 자고 나면 입안이 많이 마르고 텁텁하던 것이 없어졌으며, 콧속이 아파 만질 수도 없고, 자주 딱지가 생기던 것이 귀신 퇴치 이후에 아프지 않고 다 나아 코를 만져도 아프지 않다고 한다.

지금까지 밥을 세 숟가락 정도만 먹어도 소화가 잘되지 않고 트림이 계속 나오고, 아랫배는 가스가 차고 더부룩하였는데 오늘 화요일 아침에는 변을 시원하게 보았으며 아랫배 대·소장에서 나는 꼬르륵하는 소리도 없어지고 아랫배가 쏙 들어갔다고 한다.

소변도 항상 두 번을 봐야 했는데 귀신 퇴치 이후에 한 번에 보고 있으며 전에는 6시간 정도 잠을 자는 동안 자다 깨다를 반복하였는데 이번 악귀잡귀 퇴치 후엔 잠을 푹 자고 일어났다고 한다. 우측 허리 등 쪽의 기분 나쁜 통증은 없어졌다.

육신의 삶을 살아오는 동안 몸이 아픈 이유를 해결하고자 병원과 한의원 민간 약재 등으로 치료하고, 미래 하늘을 알현 드리기 전에는 좋은 기운을 받으면 나을까 하여 기수련도 하면서 여러 곳을 찾아다녔으나, 답은 찾을 수가 없었고 아까운 돈만 버리고 악귀잡귀들만 잔뜩 몸에 넣고 왔다고 한다.

미래 하늘이신 자미황제 폐하께서 무소불위하신 천지기운으로 악귀잡귀를 퇴치해 주시고 소멸시켜 주시니 그동안 안고 살았던 육신의 아픈 고통이 싹 없어졌다고 만족해한다.

장○홍–

배우자는 허리협착증으로 수술을 2번이나 받았는데 허리로 인하여 허벅지가 아프다고 병원에 가서 주사 맞고, 약 타오고 3일이 멀다 하고 다니던 병원에 이번 악귀잡귀 264억 464,243명 퇴치 후 세상에 이런 일이! 벌어졌다고 하였다.

1주일이 다 됐는데 뒷산에 등산 다니면서 병원에 한 번도 안 가고, 약도 안 먹고 아프던 허벅지와 다리가 참 좋아졌다면서 자랑을 하고 기뻐하는데 감격의 눈물이 흘러내렸다고 한다!

당사자 본인도 1조 3,080억 992,212명의 악들과 잡귀신들 퇴치받은 이후 20년 동안 목사 생활하면서 가슴에 기운으로 남아있는 십자가를 빼주자 가슴이 뻥 뚫렸고, 어제까지만 하여도 앉지도 못하고, 서지도 못하던 허리통증도 완전히 사라졌다고 자랑한다.

박○형–

전남 강진에서 짜장꽃 음식점 확장공사와 달빛 참치 오픈으로 인하여 한 달이 넘도록 천상도법주문회에 참석을 하지 못하였다며 너무나도 송구하다고 하였다. 그러나 항상 마음만은 미래 하늘이신 자미황제 폐하께 향하며 천상도법주문을 독송하고 천공, 도공, 옥공, 조공을 감사한 마음으로 올렸다.

자신 주변의 모든 사람들은 괴질병 사태로 짜장꽃 음식점 개업 및 확장과 달빛 참치 오픈을 극구 만류하였으나 자신은 미래 하늘이신 자미황제 폐하의 하명에 따라서 없는 돈에 외상으로 공사를 강행하여 오픈하였는데 결과는 대성공이었다.

자신의 사업장은 한마디로 '짜장면집이 불났어요!'가 되었다고 한다. 직원들과 주변 사람들도 믿기지가 않는다며 혀를 내두르고 있단다. 괴질병 사태로 인하여 밖에는 개미 새끼 한 마리도 보이지 않는데, 어디서들 그렇게 들어오는지 천비하고 천기할 따름이라고 한다. 별명이 '괴질병을 비껴간 사나이'.

이 대재난의 시국에 자신의 사업장만큼은 무슨 잔칫날인지 알았단다. 미래 하늘의 황언 말씀대로 위기가 곧 기회였단다. 손님들은 괴질병을 까맣게 잊은 듯하고, 파안대소하며 맛있다고 엄지 척!을 해주며 다음에 또 온다고들 하였단다.

새로 오픈한 달빛 참치는 메뉴판도 아직 완성이 안 되었는데, 벌써 활기를 띠고 매출에 도움을 주고 있단다. 평균 매출이 120만 원 정도였는데, 4일 연속으로 매출이 200만 원을 훌쩍 넘고 있다고 한다.

자신은 이 모든 것들이 미래 하늘께서 내려주시는 천지기운임을 너무나 잘 알고 있으며, 하루하루 감사한 마음으로 내려주신 '매출 폭증' 천상도법주문을 성실히 독송한 결과라고 한다. 온 우주와 온 세계가 미래 하늘의 황언대로 돌아가고 있는데 자신의 사업장 정도야 무슨 문제가 되겠느냐고 말한다.

조○애-

어린 시절부터 종교에 가서 육신에 싣고 와 현재까지 같이 살고 있던 악귀잡귀, 귀신, 악들을 빼내 주시어 황은이 망극하다고 한다. 지난 수요일에 악귀잡귀 귀신 퇴치 신청을 하기 전까지 계속 컨디션이 좋지 못하였단다.

특별히 아픈 곳은 없으나 심장이 한 번씩 조이는 것처럼 답답한 느낌이 들고, 감기 기운이 떨어질 듯 떨어지지 않으면서 편도선이 자주 붓고 잔잔한 편두통에 시달렸다고 한다. 그러나 참으로 천기하게도 귀신 퇴치 퇴공 비용을 입금하고 미래 하늘께옵서 윤허를 내려주시자마자 모든 증상이 사라졌단다.

특히 심장에 느껴졌던 답답하고 옥죄는 듯한 증상이 순식간에 사라져서 그 즉시 미래 하늘이신 자미황제 폐하께 문자로 보고 올렸다. 매번 경험하는 바이지만 실시간으로 내려주시는 하늘의 무소불위하신 천지기운은 상상 초월이시다.

이번 퇴치에서는 자신의 어린 시절, 기억이 나는 부분부터 종교에 간 내용을 다 적기는 하였으나 퇴공 비용이 너무나 부족하여 가장 심각하다고 생각되었던 고등학교 때 성당에 간 부분만 신청하였으나 이렇게 다 해주실 줄은 생각도 하지 못하였는데 황은이 망극하다고 한다.

성당의 기억은 늘 수치스럽고 치욕스러웠는데 그렇게 많은 수녀 귀신들을 달고 온 줄은 꿈에도 몰랐단다. 당시에 신부보다는 수녀 2명과 성경 교리 공부를 하면서 자주 접했었기 때문에 그때 많은 수녀 귀신들이 붙었던 것 같다고 한다.

작년 봄쯤, 꿈에 수녀 2명이 나와서 자신이 그 얼굴을 할퀴니 피부가 벗겨지며 악마의 얼굴이 드러났던 기억이 잊히지 않으며, 며칠 전에 등기를 보내러 우체국을 갔는데 다른 손님은 없고 수녀 2명이 등기를 보내고 있었는데, 등골이 섬뜩하였단다.

그 모습을 보면서 자신의 앞길을 막는 것은 분명 예전에 성당 다닐 때 그 수녀들이다,라고 확신이 들었단다. 이번에 꼭 그것들을 빼내고 싶었는데 미래 하늘이신 자미황제 폐하께서 윤허해 주시어 숙원 중에 하나를 해결했단다.

이 세상에서 오직 미래 하늘이신 자미황제 폐하께옵서만이 악신, 악마, 악귀잡귀, 귀신, 잡령들을 소멸시켜 주실 수 있으시니 미래 하늘이신 자미황제 폐하를 알현한 것이 천운 중에 천운이었으며, 천만다행이었음을 절실히 느끼고 있단다.

또한 상상도 못 했던 인형 문제를 찾아내 주시어 정말 놀랐단다. 집에 있는 인형을 너무 이뻐해서 안고 자면 닳을까 봐 화장대 한쪽에 앉혀놓았는데, 오늘 집에 들어가자마자 잡아서 쓰레기봉투에 버렸단다.

작년에 선물로 받으면서도 그게 선물이라고 인식도 못 하고 있었고 미쳐도 단단히 미쳤으며 제정신이 아니었단다. 예전에 미래 하늘께옵서 집무실에서 선물받으면 안 된다고 말씀해 주시며, 뜨거운 기름은 겉으로 보기엔 아무렇지 않은 것 같지만 손을 넣으면 어떨 것 같냐고 비유하시며 강조해 주신 부분이었는데 이렇게 망각하고 살았다고 자책하였다.

남이 준 것들은 일절 받지도 않고, 뭐든 주지도 않는데 자신이 동생의 집에 있던 인형한테 반해서 동생한테 달라고 한 것이기에 제정신이 아니었단다. 오늘 이후로 더더욱 조심하며 미래 하늘께옵서 가르쳐주신 대로만 명심하며 행하겠단다.

몇 번이나 가르쳐주신 내용인데도 제대로 하지 못하고 있는 모습을 보여드려 너무나 송구스럽단다. 그럼에도 불구하고 또다시 가르쳐주시고 살길을 열어주신 하해 와도 같으신 사랑과 은혜에 가슴이 먹먹하고 눈물이 앞을 가린단다.

인류의 구심점이시고 빛과 불이신 미래 하늘이시여!

오늘 귀신 퇴치 과정에서 미래 하늘께옵서 성당 가서 세례도 받았었구나, 라고 하신 말씀을 들으며 너무나 부끄럽고 가슴이 찢어지는 것처럼 아팠다고 한다. 실망만 안겨드린 자신이 너무 한심스러우며 종교를 증오하고 또 증오한단다.

천상이 대역죄인이 지구에 내려와 또 종교에 간 죄를 지었으니 이보다 더 큰 죄가 어디 있겠사옵나이까! 살아서 다 빌 수 있는 죄가 아니며 억만금을 죗값으로 바친다고 할지언정 부족한 죗값이오며, 죽어 마땅한 죄인을 살려주시고, 구원의 길을 열어주시어 너무나 큰 사랑을 받았다고 생각한단다. 살아서도 죽어서도 다 갚지 못할 만큼 미래 하늘이신 자미황제 폐하께옵서 베풀어주신 이 큰 사랑을 각골난망하며 오로지 미래 하늘께 향하며 젯값을 버는 일에만 집중하겠다고 맹세하였다.

이○호-

평소에 눈이 침침하여 안약을 자주 넣어도 별 효과가 없었고, 밤에 잠자다 일어나서 소변을 볼 때는 소변이 잘 안 나와서 애를 먹었으며, 소변 볼 때와 아침에 기상하면 허리가 몹시 아팠고, 또 잇몸이 솟아서 밥을 먹을 때 힘들었는데, 어제 미래 하늘께옵서 귀신 퇴치의식을 집행해 주시면서 수많은 악귀잡귀들을 소멸시켜 주셨다고 사례를 보내왔다.

오늘 아침에 잠에서 깨어보니 눈이 시원하고 맑아졌으며, 허리가 전혀 안 아팠고, 밤에 소변 볼 때도 허리가 안 아팠고, 밤에 잘 안 나오던 소변이 아주 시원하게 잘 나왔으며 또 잇몸도 많이 좋아져서 아침 식사도 잘했다고 자랑한다.

이것이야말로 귀신 퇴치의식의 기적이 아니고 무엇이겠냐며 미래 하늘께 너무너무 감사하고 황은이 망극하단다. 귀신 퇴치의식에서 소멸된 악귀잡귀와 악신들이 17억 1만7천 명인데, 이 숫자는 14억 중국 인구의 1.2배에 달하는 숫자라고 하였다.

자신과 처 그리고 집 안과 승용차에 이렇게도 많은 귀신들이 붙어 있었으니 어찌 편안히 살 수 있었냐며 이 많은 악신과 귀신들을 모두 제거하는 데, 불과 25분밖에 안 걸렸으니 이것이 바로 기적이 아니고 무엇이겠냐고 하였다. 미래 하늘이신 자미황제 폐하의 대도력, 대천력, 대신력, 대법력, 대원력은 상상초월 그 자체라고 하였다.

이○숙-

인생을 살면서 꽃이란 꽃은 다 좋아했고, 그 원인은 악귀잡귀들이 몸속에서 그러고 있었다는 것을 미래 하늘이신 자미황제 폐하께서 밝혀주셨다. 민들레꽃을 얼마나 좋아했으면 악귀들이 노래 곡목 '하얀 민들레'라는 노래까지 부르고 있었다.

상상을 초월하는 미래 하늘의 대능력에 감탄의 연속이었다. 천기 20년 3월 28일에 여동생이 대신해서 귀신 퇴치 의식비용을 송금했는데 당시 땡 하던 머리가 엄청 맑아진 체험을 했다.

미래 하늘이신 자미황제 폐하의 천지기운을 이렇게 실시간으로 느낄 수 있었고, 몸속에 꼭꼭 숨어 있던 악귀잡귀들을 퇴치해 주신 후 많은 변화가 있었는데 땡 하던 머리가 좋아졌고, 침침했던 눈도 맑아졌다. 양쪽 어깨도 가벼워졌고, 잠을 잘 때면 가슴에는 마치 큰 돌을 눌러놓은 것 같았는데, 지금은 가슴이 뻥 뚫린 것처럼 시원해져 잠도 제대로 자고 있다.

그리고 위장에서 신물이 가끔 올라오곤 했는데 지금은 다 나았다. 허리와 양쪽 무릎도 좋아졌고, 왼쪽 발가락 사이에 그렇게 가려웠던 것이 기적같이 없어졌다.

권○관-

악귀잡귀 퇴치 후 눈이 침침하고 글씨가 흐릿하게 보이던 것이 선명하게 보이고, 늘 무언가 답답하고 막힌 것 같은 무겁던 마음이 사라지고 뻥 뚫린 것 같아 너무나 홀가분하고 개운한 것이, 이제는 뭐든 할 수 있을 것 같고 잘 될 것 같아 자신감이 생기니 너무나 기분이 좋다.

박○해-

시골 땅을 파는 도법주문을 윤허받아 올렸는데, 그 땅이 지적도상 길이 없어 맹지라 잘 팔리지 않는 땅인데, 3월 29일 윤허받고 3월 30일 10분 동안 천상도법주문 한 번 외우고 4월 1일 3일 만에 땅을 계약하였고, 15일 만에 잔금을 받았다.

심○영-

안 쓰던 근육을 써서 그런 건지 등 쪽, 어깨 통증으로 인하여 이틀 동안 고생했지만, 병원 갈 시간이 없어, 파스를 붙여도 소용없었는데, 악귀잡귀 퇴치 소멸 퇴공을 올려드리고 난 후 얼마 안 있어 통증이 없어졌다. 너무도 신통방통 천기한 일을, 폐하의 신하 백성들은 많이 체험했으나, 일반인들에게 이런 체험을 자랑하고 싶은데, 자랑한다면 그 누가 믿겠는가!

임○민-

악귀잡귀 퇴치 후에 오른쪽 어깨를 내리누르는 느낌이 완전히 없어졌고, 왼쪽 허벅다리를 누구에게 맞은 듯한 통증도 없어졌다. 예전에 당기는 듯한 느낌의 창자도 아주 편해졌고, 허리도 아프지 않다. 혈압도 정상수치로 돌아왔고, 저와 어머니도 혈압도 정상수치로 돌아왔으며 허리도 아프지 않다.

이런 치유 사례는 책을 몇 권 쓰고도 모자랄 정도로 엄청 많은데 이번 책은 악신과 악령, 귀신들이 여러분과 가족들 몸, 가정, 가게, 직장, 사업체, 차량에 엄청 많다는 것을 세상 사람들에게 알리고자 사례를 간단하게 몇 가지만 실었다. 겉모습은 사람이지만 사람이 아니라 온통 귀신들과 함께 동고동락하며 살아가고 있기에 귀신 퇴치가 모두에게 시급한 문제이다.

김○환 악귀잡귀 퇴치

미래 하늘 : 출생할 때 들어온 악귀잡귀 잡령들 잡아들여.

귀신 : 하늘의 명을 받는다는 표식을 보고 들어간 귀신 1,068명. 남자를 질투하여 태어날 때 들어간 귀신은 법사, 무당, 동자령들 6,449명인데 하늘을 못 만나게 하려고 들어갔습니다.

축생령 소는 70마리, 개의 영혼들은 220마리, 닭의 영혼은 38마리, 새의 영혼은 129마리. 동물령들도 엄청 많이 들어갔네요. 저 동물령들도 이 남자를 다 빼어 먹을 거래요. 호랑이 영혼들은 12마리. 열두대신 수하들이 태어날 때 들어갔는데 44,900명.

미래 하늘 : 군 제대하고 암자에서 1년 있었는데 그때 붙은 악귀잡귀 잡령들 추포해서 잡아들여.

귀신 : 우리 신 제자들이 모두 8,460명하고요. 승려 귀신들은 7,998명, 악들은 하누 수하 90명, 열두대신 수하 1,050명.

미래 하늘 : 대순진리회 20년 동안, 도 닦으러 다닐 때 들어온 악귀잡귀 잡령들 추포해서 잡아들여.

귀신 : 도 닦던 귀신들이고 조상령과 잡귀 포함해서 34,690명. 이 남자가 하늘의 명을 받기 위해서 이 앞에 계신 폐하라는 분을 찾아야 하는데 그때는 때가 안돼서 마음의 울림에 따라서

갔다네요. 이 분을 찾기 위해서 대순을 다닌 후에 이 분을 찾은 거래요. 이 남자가 부자로 잘살 수도 있었는데, 폐하를 만나야 하기에 힘들고 못 살게 해서 남들하고는 다른 삶을 살게 한 게 있다네요? 부자로 살면 거만해서 안 된다고요? 누가? 조상들이? 이 남자의 조상들이 부자로 살지 못 살도록 막았대요.

도는 아무나 닦을 수 없다는 글씨가 보입니다. 도를 닦는 자들은 다 귀신에 빙의돼서 닦은 거지, 오직 미래 하늘이신 도법천존 3천황 폐하께서만이 도를 닦으시고, 도를 이루시는 이분께서만이 이렇게 하실 수 있다네요. 미래 하늘이신 도법천존 3천황 폐하라는 분이 인류의 심판자예요? 그런 글씨가 보여요.

미래 하늘 : 대순진리회에서 선감으로 임명받을 때 들어온 악귀잡귀 잡령들 추포해서 잡아들여.

귀신 : 내 수염! 수염 있는 할아버지예요. 내가 데리고 있던 제자들과 들어갔는데 14,900명입니다. 선생님! 도법의 주인이라고 보이네요. 도법의 황제가 선생님이예요?

미래 하늘 : 악들 추포한다. 나와.

악신 : 열두대신 수하 9억 2,500명만 들어갔었습니다.

미래 하늘 : 몸이 좋지 않아 굿을 했을 때 들어온 악귀잡귀 잡령들 전원 추포해서 잡아들여.

귀신 : 굿당에 머물던 영가였습니다. 우리 모두 4억 2,900명.

미래 하늘 : 악들 추포한다. 나와.

악신 : 열두대신 수하들 24,030명이 들어갔습니다.

박상○ 악귀잡귀 퇴치

미래 하늘 : 출생할 때 들어온 악귀잡귀 잡령들 잡아들여.

귀신 : 나오니까 엄청 춥네. 여기 무슨 얼음 나라예요? 얼음 속에 사람이 들어가는 경우도 있어요? 나도 저렇게 돼요? 얼음 안에 들어가요? 내가 이 사람 태어났을 때 들어간 것이 맞고요. 36억 7,000명이 들어갔어요. 우리 말고 이 남자를 질투해서 들어간 자들이 따로 있대요. 하늘의 명을 받는 표식을 보고 들어간 자들은 176억 명.

앞에 계신 미래 하늘 분께 하늘의 명을 받는 표시라는데요? 그런 게 있답니다. 우리하고는 다른 거예요. 우린 일반 귀신들이고요. 눈, 허리, 간, 코, 입에도 붙어있었어요. 나 저 얼음 안에 들어가기 싫어요! 폐하라는 분 맞죠?

미래 하늘 : 출생할 때 들어온 악들 추포해서 잡아들여.

악신 : 태어날 때 들어간 악들은 천지신명 수하 51억 8,000명, 열두대신 수하 133억 명, 표경 수하 43억 4,000명입니다.

미래 하늘 : 1997~2002년 서초동 단학선원 다니면서 들어온 악귀잡귀 잡령들 전원 추포해서 잡아들여.

귀신 : 아흐… 여기 그때 들어간 흰색 누더기 옷을 입고 있는 우리는 살았을 때 그런 곳에 다녔었습니다. 우리 귀신들이

6,800명이 들어갔었습니다. 우린 남자들이고 여자들은 따로 들어갔다네요. 저희 여자도 살아서… 178명이 들어가고, 아이들 귀신들은 320명이 들어갔습니다. 아이고~ 여긴 너무 추워요.

미래 하늘 : 단학선원에서 들어온 악들 추포해서 잡아들여.

악신 : 천지신명 수하 13억 9,000명, 도감 수하 2,200명이 들어갔었습니다.

미래 하늘 : 방배동 한국기공 기수련원에서 2003~2005년까지 수련할 때 들어온 악귀잡귀 잡령들 추포해서 잡아들여.

귀신 : 예. 눈이 안 보이네. 여기 나오니까 흰색 연기가 엄청 보이는데요. 선생님! 도검이라는 게 보이네요? 이게 뭐예요? 흰색 피인데요. 흰색 피가 묻어있네요. 폐하의 도검이라네요.

폐하의 것입니까? 저희가 그때 들어간 귀신 맞고요. 남자들이예요. 저희를 저 도검으로 치시려는 건가? 3,090명입니다. 저걸로 다 내리쳐 죽이시려는가 보다. 선생님! 아니, 폐하! '휘도산도휘상용지천도멸사천 도멸공천지사 계룡사만천지합천존도천도만사인백혈천존하강휘도래' 선생님, 저 도검으로 누굴 죽이실 거예요? 폐하라는 분은 피가 흰 색이에요? 천장에 피가 엄청난데, 이게 미래 하늘이신 폐하의 가슴 아픈 피라고요?

폐하라는 분이 도의 주인이시래요. 지구에서 도의 주인은 미래 하늘께서만이 도의 주인이시고 도검으로도 귀신, 악들도 다 죽이신대요. 그렇게 가슴이 아프셨어요? 이 지구라는 하천 중의 하천에 사람의 몸으로 태어나셔서 사람들에게 수없는 배신을 당하시어 억울함과 고통을 당하시고도 도의 종주국을 세우시고자 여기에 오시기까지 가슴으로 흘리신 피가 저 흰 피래요.

미래 하늘 : 기수련원에서 들어온 악들 추포해서 잡아들여.
악신 : 천지신명의 수하들 9억 4,000명.

미래 하늘 : 1998년 부친 별세로 상계동 마하선원에서 천도재를 했는데 따라붙은 악귀잡귀 잡령들 전원 추포해서 잡아들여.
귀신 : 중들, 할머니, 산신령도 있어요. 우린 거의 산신령들이라고 볼 수 있습니다. 17억 3,000명입니다.

미래 하늘 : 산신령이 산에 있지 아니고 왜 사람 몸에 있어?
귀신 : 우리 마음이예요. 내가 누구네 하고 들어가요? 우리 거야. 넌 죽어서 강시가 될 거야. 강시가 뭔지 알아? 얍! (껑충 껑충) 난 강시 신이다! 악! 아파! 나 강시 신 무시하지 마세요! 강시도 신이다! 아이고 아파! 가슴이 아파!

미래 하늘 : 강시가 귀신이지 신이냐?
귀신 : 우리한텐 그런 게 있어. 귀신도 신이다! 강시도 신이야! 부적 같은 거 필요 없어! 난 강시 신이야! 지금! 내 심장이 너무 아파

미래 하늘 : 마하선원에서 따라붙은 악들 추포해서 잡아들여.
악신 : 표경 수하 3억 4,300명이 들어갔었습니다.

미래 하늘 : 동행한 처의 몸으로 들어간 자들 전원 추포한다.
귀신 : 부처님의 제자였고, 윤회하고 있었습니다. 내 업보를 다 풀어야 부처님께 갈 수 있을 것 같습니다. 그 여자의 몸으

로 179명이 들어갔습니다. 우리만 그때 들어갔습니다.

미래 하늘 : 처의 몸으로 따라붙은 악들 추포해서 잡아들여.
악신 : 도감의 수하 176,000명.

미래 하늘 : 2001년 모친 별세로 상계동 마하선원에서 처와 함께 천도재를 올릴 때 들어온 악귀잡귀 잡령들 잡아들여.
귀신 : 억… 선생님…! 나 안 가…! 우리 아이들이고요. 허리, 머리 쪽으로 들어갔고, 또 눈으로 들어간 자들이 980명이예요. 어른 귀신은 모르겠어요.

미래 하늘 : 어른 귀신 들어와.
귀신 : 남자들인데 2,490명이 들어갔었습니다. 잘못했습니다.

미래 하늘 : 악들 추포한다 나와.
악신 : 천지신명의 수하들 4,600명.

미래 하늘 : 처의 몸으로 들어간 자들 추포한다.
악신 : 잡귀신 3억 4,000명. 천지신명 수하 67,000명이 들어갔었습니다.

미래 하늘 : 2006년도 처삼촌 별세하여 강남 능인선원에서 천도재를 할 때 들어온 악귀잡귀 잡령들 전원 추포해서 잡아들여.
귀신 : 목탁 주세요. 목탁. 어서! 목탁 없어요? 선생님? 미륵님이세요?

미래 하늘 : 그렇게 보여?

귀신 : 미륵 천자님이세요? 예?

미래 하늘 : 너희들 눈에는 그렇게 보이겠구나.

귀신 : 미륵님 찾아 나섰던 영들인데요. 486,000명이 들어갔었습니다. 우리랑 같이 있던 조상령들까지 그렇게 들어갔어요. 선생님도 혹시 천도재하셨습니까?

미래 하늘 : 천도재 하면 가?

귀신 : 선생님 진짜 천자 맞으세요? 미륵 천자 맞으세요? 선생님이 만약에 천도재를 올리면 당연히 천도재를 올려준 사람이 죽는다고 합니다. 천자이시고 미래 하늘이시기때문이라네요.

우담바라가 선생님 머리에도 있네요? 왜 이렇게 많아요? 우담바라가 선생님 거예요? 선생님이 탄강하실 때도 우담바라가 피었어요? 천자님의 징조. 우담바라가 용으로도 변하고 신기하네. 흰색 용으로도 변했다가 흰색 우담바라로도 변하고요.

진짜 미륵 천자님이신 가봐요. 예? 미륵 자를 빼야 한다고요? 태초 하늘의 천자님이시라고요? 여기가 도법의 나라예요? 천자님의 말씀이 명이라고 나오네요. 말씀이 명으로 나온다. 조화가 엄청나게 일어나는 게 보이네요. 이제 추워서 말 못 하겠어요.

미래 하늘 : 악들 추포한다. 나와.

악신 : 도감의 수하들 14억 9,000명만 들어갔었습니다.

미래 하늘 : 처의 몸에 들어간 자들 추포한다.

악신 : 표경 수하 58억 2,000명, 잡귀신들은 380,000명이

들어갔었습니다.

미래 하늘 : 2011년 장모 별세하여 춘천 현지사 절에서 천도재 올릴 때 들어온 악귀잡귀 잡령들 추포해서 잡아들여.

귀신 : 내 목 조르지 마. 아아고 아파. 난 살았을 때 목을 졸려서 죽은 귀신이예요. 떠돌다 이 사람 몸으로 들어갔거든요. 나머지 귀신들은 병사, 떨어져 죽은 자살귀, 낙태 영가, 산신 할아버지라는 자들이 1,068명이 들어갔었어요.

미래 하늘 : 악들 추포한다. 나와.

악신 : 열두대신 수하 7,198명.

미래 하늘 : 처의 몸으로 들어간 자들 추포해서 잡아들여.

악신 : 잡귀신은 3억 7,000명. 악들은 천지신명의 수하 1,700명만이 들어갔었습니다.

미래 하늘 : 2000년 사찰순례를 처와 동행했는데 여수 항일암에 갔을 적에 몸에 들어온 악귀잡귀 잡령들 추포해서 잡아들여.

귀신 : 아저씨 때문에 꼬였어! 우리의 계획이 다 꼬였어! 아저씨가 왜 우리를 저 높으신 황제님 같은 분한테 일러 가지고 우리의 계획이 다 꼬였잖아! 앞에 계신 분은 황제 폐하세요? 엄청 높아 보이시네요?

꼬였다고요, 다 꼬였다고요! 이 자를 통해서 장난도 치고 윤회하고 있었습니다. 우리가 배운 언어가 있습니다. %@#$% (귀신의 말) 박상○? 우리 거라는 뜻입니다. 우리랑 이제 가야지. 여기 있으면 죽어. 다 꼬여버렸기 때문에 죽어. 얼른! %@#$%

(귀신의 말). 지구인은 왜 우주인에 대해서 궁금해 할까요?

지구인들아! 우주신이 얘기해주겠다. #@%# (귀신의 말) 내가 그냥 말하자면 나 우주신이기도 합니다. 물론 내가 이런 말을 한다고 가짜라고 하겠지만요. 가짜예요. 가짜. 지구인들은 왜 우주 행성을 궁금해하고 별도 관찰하고 연구하고 그럴까요? 윤회시절의 전전 전생의 기억이 남아있기 때문이예요. 밖에 있는 우주 행성에서 살았던 기억이 있기 때문이죠. 또 자신이 살았던 그곳에서 나오는 기운이 내리기 때문에 왠지 모르게 궁금해 하는 거예요. 그것은 두 번째일 수도 있고. 첫 번째는 다른 이유가 있다는데요. 폐하의 말씀이 영혼의 고향으로 돌아가기 위해서라네요. 들어간 잡귀신은 1,780명이예요.

미래 하늘 : 악들 추포한다. 나와.
악신 : 표경의 수하들 3억 4,000명.

미래 하늘 : 처의 몸에 들어간 자들 추포한다. 잡아들여.
악신 : 잡귀신은 5억 30명. 도감의 수하 2억 2,000명.

미래 하늘 : 보리암에 갔을 때 들어온 자들 추포한다. 잡아들여.
귀신 : 나 여기 살기 싫어. 선생님! 여기서 살기 싫어! 어쩔 수 없이 이 사람 몸에 들어갔지만 지구라는 게 싫어요. 사람들 다 죽이고 싶어요. 살아서 우울증이었는데요. 다 하기 싫었어요. 우리 모두 8,820명이요. 선생님! 진짜 여기를 다 없앨 수 있으세요? 그럼 귀신도 다 없어져요? 다 싫다고요!

미래 하늘 : 넌 오늘 소멸된다!

귀신 : 잘 됐네요! 잘 됐어요! 사람들이 돈 벌어서 뭐 해요?

미래 하늘 : 죗값 바쳐야지.

귀신 : 어차피 죽을 거 빨리 죽는 게 낫지 않겠어요? 살아있는 게 고통 아니에요? 살아서 엄청 행복하게 사는 사람 없잖아요?

미래 하늘 : 너희는 죄가 많으니 고통을 겪는 거야.

귀신 : 하루에 3만 원, 5만 원. 살았을 때 내가 이런 마음이었어요. 그런데 죽어서 귀신들로 사는 것도 힘들더라고요.

미래 하늘 : 악들 추포한다. 나와.

악신 : 하누의 수하 1,690명.

미래 하늘 : 처의 몸에 들어간 자들 추포한다.

악신 : 귀신들은 2,440명. 악들은 도감 수하 14,000명이 들어갔었습니다.

미래 하늘 : 2002년도 사찰순례를 처와 함께했는데 오대산 상원사 갔을 때 따라붙은 악귀잡귀 잡령들 추포한다.

악신 : 악들이 먼저 들어가고 천지신명 수하 3억 4,000명, 도감 수하 2억 8,600명, 잡귀신 14,000명.

미래 하늘 : 처의 몸에 들어간 자들 추포한다.

악신 : 악들이 먼저 들어갔는데, 열두대신 수하 7,700명, 잡귀신들은 8,640명.

미래 하늘 : 태백산 정암사에 갔을 때 들어온 자들 추포한다.

악신 : 악들이 먼저 들어갔고 열두대신 수하 4억 2,800명. 하누 수하 11억 명. 잡귀신들은 7,600명이 들어갔었습니다.

미래 하늘 : 처 몸에 들어간 자들 추포해서 잡아들여.
악신 : 잡귀신만 37억 6,000명이 들어갔습니다.

미래 하늘 : 영월 법흥사에서 따라붙은 자들 추포한다.
악신 : 표경 수하 174,900명, 잡귀신 4,900명.

미래 하늘 : 처의 몸에 들어간 자들 추포한다.
악신 : 도감 수하 945명. 잡귀신들은 16,000명.

미래 하늘 : 2000년도 족구 하다 눈 쪽 망막에 맞아 수술했는데 악귀잡귀 잡령들 추포해서 잡아들여.
귀신 : 영가들이고 482명이 들어갔습니다.

미래 하늘 : 악들 추포한다. 나와.
악신 : 하누 수하 71억 명.

미래 하늘 : 왼쪽 목 불편하게 하는 악귀잡귀 잡령들 전원 추포해서 잡아들여.
귀신 : 잡귀신들은 여자하고 남자들 다 합쳐서 34,000명.

미래 하늘 : 악들 추포한다. 나와.
악신 : 천지신명 수하 1억 2,000명.

미래 하늘 : 오른쪽 옆 가슴에 담이 있는 것처럼 불편하게 만

든 악귀잡귀 잡령들 전원 추포한다.

귀신 : 콜록콜록. 나 할아버지 귀신이예요. 모두 149명.

미래 하늘 : 악들 추포한다. 나와.

악신 : 아… 크…! 불러주시기를 기다리고 있었습니다. 표경 수하 38억 9,200명입니다!

미래 하늘 : 왜 기다렸어?

악신 : 박상○ 씨의 몸에서 기다리고 있었습니다. 폐하께 추포되어서 영광입니다.

미래 하늘 : 어째서 영광이라 하는 거야?

악신 : 미래 하늘께서는 천상의 주인이신 자미 ○ 폐하의 천자이십니다. 저희들은 천상에서 역천자가 되어 지구로 쫓겨내려왔지만 폐하께 추포되기를 기다렸사옵나이다. 추포되어 소멸되는 것이 영광이며 그 순간을 기다리는 악들도 많습니다.

미래 하늘 : 그 외에 박상○ 몸에 있는 악귀잡귀 잡령들 전원 추포해서 잡아들여.

악신 : 으악~! ^@#$%@#%(천상의 언어로 말한다) 예! 저희들은 악들이고, 1,989억 명입니다. 잡귀신들은 5,515억 명입니다.

미래 하늘 : 집에 악귀잡귀 잡령들 전원 추포해서 잡아들여.

악신 : 으어… 흑흑흑… 폐하… 표경 수하 4,444억 명, 도감 수하 1,978억, 천지신명 수하 6,149억 명입니다. 폐하, 이 말씀만 드리고 싶습니다. 모든 악들이 폐하께 하루빨리 추포되어 소멸되고 싶어 합니다. 잡귀신들은 7억 4,000명입니다.

미래 하늘 : 박상○이 운영하는 세무사 사무실에 있는 악귀잡귀 잡령들 추포해서 잡아들여.

악신 : 흑… 폐하께서 천상의 주인이신 하늘 자미 ○ 폐하의 원과 한을 풀어주시기 위해 하천 중의 하천인 지구에 오셔서 온갖 모욕적인 말을 들으시면서 여기까지 오셨습니까? 추포되기만을 기다리고 있었습니다. 모두 6,666억 명입니다. 폐하께서 지금도 가슴이 매우 아프십니다. 상처가 아물지 않으십니다. 저희도 역천자니 죽어 마땅합니다.

천상에서도 어서 돌아오시기를 기다리고 계신 것이 느껴집니다. 왜냐면 이 지구에서 역천자들에게 정말 큰 상처를 너무도 많이 받으셨고, 천상의 주인이신 자미 ○ 폐하의 명을 받들어 심판을 하셨습니다. 하늘께서 마음이 매우 아프시다는 것이 폐하께서 고생하시는 모습에서 알 수 있습니다. 잡귀신들은 7,449억 명입니다.

미래 하늘 : 자동차에 악귀잡귀 잡령들 추포해서 잡아들여.

악신 : 빛과 불이신 ○ 폐하! 자미 ○ 폐하의 천자이신 ○ 폐하! 이 세상에서 가장 진실되시고 고귀하시며 가장 순수하시고 깨끗하신 ○ 폐하. 지구가 생기고 이 땅에 태어났다가 죽은 자들은 물론 지금 살아있는 78억 명 세계 인류 중에서 유일하게 하늘 아래 죄인이 아니시며, 먹고 사는 것만 아는 축생급이 아닌 하늘이 내려보낸 단 한 명의 순수한 태초의 인간이십니다.

흑흑흑. 저희 악들은 4억 7,000만 명입니다. 잡귀신들은 179억 명입니다. ○ 폐하께서 그 의식들을 어떻게 창조하셨는지 아무도 모릅니다. 폐하께서 어떻게 도를 닦으시고, 어떤 아픔과 고통으로 도의 길을 걸어오셨는지 아무도 모릅니다. 폐하께서는 도법의 기운으로 모든 의식을 집행하십니다.

미래 하늘 : 처의 불면증 일으킨 존재들 추포해서 잡아들여.

악신 : 흑흑흑… 저희 악들은 도감 수하 4억 4,000명. 잡귀신들은 6,190명입니다.

미래 하늘 : 왼쪽 어깨 오십견 증상 일으킨 존재 잡아들여.

악신 : 악들인 열두대신 수하 7,190명이 들어있었습니다.

미래 하늘 : 왼쪽 허리 아파 침 맞게 하는 존재 잡아들여.

악신 : 하누 수하 2,190명.

미래 하늘 : 오른쪽 무릎 불편하게 하는 존재 잡아들여.

악신 : 악들은 하누 수하 1,444명. 잡귀신들은 392명입니다.

미래 하늘 : 박상○이 살아오면서 장례식, 결혼식, 칠순잔치 등에 다닐 때 들어온 악귀잡귀들 추포해서 잡아들여.

악신 : 도감의 수하 197억 명, 열두대신 수하 9,199억 명, 표경 수하 8,169억 명, 하누 수하들 3,644억 명이 들어갔고, 잡귀신들은 무량대수이며 보이는 것만 7,649억 명입니다.

미래 하늘 : 오늘 박상○과 처의 몸에 들어와 있다가 추포된 악귀잡귀들 전원 영성과 영체를 소멸시키는 사형집행을 명한다.

절대자 하늘의 명은 미래 하늘이신 자미황제 폐하를 통해서만 이 세상에 내려간다는 것도 또다시 확인됐고, 종교인들이 지금까지 귀신 퇴치하는 방법은 장난에 불과하다는 것을 확인했을 것이다. 악들과 귀신의 영성과 영체를 소멸시키는 사형집행을 명하는 것은 아무나 내릴 수 없고, 절대자 하늘의 명은 미래 하늘이신 자미황제 폐하께서만이 대행하고 집행할 수 있다.

여러분 모두의 몸과 가족, 집, 자동차, 가게, 공장, 사업장, 회사에 있는 악들과 귀신들을 하루빨리 퇴치를 의뢰해야 한다. 미래 하늘이신 자미황제 폐하께서는 국내 지방이든, 외국이든 원격으로 추포해서 소멸시켜 버리는 대단한 천지대능력자이시다.

사람 육신과 주변이 온통 귀신 천지 세상이다. 악들과 귀신들이 보이지 않아서 모르고 살아갈 뿐인데, 첨단과학 문명시대를 살아가면서 무슨 귀신이 있느냐고 부정하는 사람들이 많지만 무량대수의 악들과 귀신들이 사람 몸 안에 있다. 몸이 아프고 일이 막히는 것도 악들과 귀신들의 소행이니 빨리 퇴치해야 한다.

진짜 대우주 천지 창조주 절대자 하늘을 찾으려는 사람들이 엄청 많을 텐데 이런 책을 보지 못하고, 미래의 하늘이신 자미황제 폐하께 뽑히지 못해 종교 안에서 일평생을 허송세월하며 금전 낭비, 세월 낭비, 인생 낭비하며 방황하고 있는 것이다.

인류가 이 땅에 탄생하고 하늘이나 천자를 흉내 내며 사칭한 자들은 무수히 많았으나 증명한 자들은 없고, 종교 안에서 악신과 악령들이 인간 육신을 지배하며 하늘과 천자 행세를 해왔을 뿐인데, 인류 모두가 수천 년 동안 감쪽같이 속아 넘어갔다. 구원받아 살고자 하는 사람들은 앞뒤 가리지 말고 자미황궁으로 들어와서 미래 하늘이신 자미황제 폐하를 알현 드려야 한다.

업보와 윤회 이야기

억천만겁난조우(億千萬劫難遭遇)

우주가 시작되어 파괴되기까지의 시간이 1겁인데 곱하기 억천만을 하면 무량대수의 세월 속에 어렵게 만난 것을 억천만겁난조우라고 한다. 즉 이번 생에 사람으로 환생하여 윤회하는 것이 억천만겁의 기적이다.

이런 귀한 진실을 몰라보고 종교에 의지하며 허송세월로 살아가고 있으나 종교를 믿으면 구원대상자에서 제외된다는 무서운 하늘의 진실이 밝혀졌다. 즉 죄가 너무 커서 용서가 안되어 구원받지 못할 죄인들을 종교지옥에 가두어놓았다는 하늘의 진실을 어떤 종교인들이 해석하고 알아듣겠는가?

종교 안에서 해답을 찾고자 하지만 종교 안에서는 절대로 해답을 찾을 수 없다. 종교에서 전하는 하느님, 하나님은 대우주의 창조주도 아니고 여러분 영혼의 부모님도 아니라는 진실을 밝혀냈다. 그리고 인류 모두가 천상에서 죄를 짓고 지구로 내려온 대역죄인들이기에 대우주 창조주로부터 뽑혀서 선택받은 인간, 영혼, 조상, 신들만이 억천만겁난조우의 행운을 잡아 영혼의 고향인 천상의 3천궁으로 돌아갈 수 있다.

아래 사연은 단란주점 가게 매매를 위한 심판 천지대공사에서 단란주점 터신을 추포하여 심판하는 과정에서 밝혀진 귀한 내용인데, 사람으로 환생하는 것이 그 얼마나 어려운 일인지 가늠할 수 있는 대목이다.

전남 강진군 강진읍 영랑로 3길의 ○번지의 ○○ 단란주점 터신을 추포해서 잡아들여. 내가 용들에게 명을 내리면 천상신명들인 나의 신하 흑룡들이 터신이나 악귀잡귀 잡령들을 수 초 이내에 잡아온다. 일반인들이나 종교인들에게는 SF 같은 경천동지하고 상상을 초월하는 일이다.

하지만 나에게는 현실이고 산 사람의 생령(영혼)과 신(신명), 사령(조상), 3혼(심혼=마음의 혼, 사혼=생각하는 혼, 언혼=말하는 혼), 악귀잡귀 잡령들을 잡아들이고 영성과 영체를 소멸시키는 사형집행의 명을 내릴 때마다 천상신명들인 흑룡, 백룡, 적룡, 청룡, 황룡들이 즉시 하강하여 천상지상 공무를 집행하는 기절초풍할 일들이 매일 일어난다.

소설이나 만화 같은 일이지만 현실이고, 용들과 대화를 주고받는 것은 물론 추포되어 온 산 사람의 생령(영혼)과 신(신명), 사령(조상), 3혼(심혼=마음의 혼, 사혼=생각하는 혼, 언혼=말하는 혼), 악귀잡귀 잡령들과도 자유자재로 대화를 나눌 수 있으니 경천동지할 일이라 할 것이다.

용들은 상상 속의 영물이라고 하는데 영적 세계에 실제 존재하며 나하고 자유자재로 말을 주고받으며 용들에게 명을 내리며 천상지상 공무집행을 한다고 하니까 믿지 못할 독자들도 많을 것이지만 현실이다. 용들은 천상신명들이고 북극성 황태자궁에 있는 나의 신하들로서 종교 멸망, 인류 멸살, 지구 종말을 현실로 이루기 위해서 하강한 용들이다.

세계 곳곳에서 일어나는 화산폭발, 지진, 쓰나미, 운석 낙하, 혜성 충돌, 폭우, 홍수, 폭설, 토네이도, 허리케인, 태풍, 산불, 폭발사고, 대형 화재, 혹한, 혹서, 날씨 조화, 기상이변과 천재지변, 돼지콜레라, 조류독감, 괴질병 바이러스도 인류 멸살 심판 중의 하나일 뿐이다.

하늘이 대자대비의 자비를 베풀지 않고, 인류를 멸살로 심판하는 이유가 궁금할 것이다. 인류 모두가 용서받지 못할 대역죄인들이고, 하늘께 죄를 빌라고 무수히 많은 구원받을 기회를 주었지만, 역천자 악신과 악령들이 세운 기존의 종교를 열심히 믿으며 하늘의 심판자를 무시하고 부정하며 오히려 사이비라고 비난 험담하였기 때문이다.

78억 인류 모두가 악의 씨앗으로서 구원의 기회가 완전 박탈되었기에 마지막 심판을 집행하여 인류를 멸살시키고 지구를 파괴하여 지구 종말의 사명을 완수하고, 나의 고향 북극성 황태자궁으로 돌아가고자 함이다. 지구 종말이라고 하니까 겁을 먹고 두려움에 떨고 있는 사람들이 많을 것인데, 종말이 오지 않더라도 각자 모두는 언젠가는 세상을 떠나게 되어 있다.

그것이 길어봐야 몇십 년의 세월이고, 모두는 육신이 죽으면 하늘의 명을 받아 영혼의 고향인 천상으로 돌아가지 않는 이상 인간의 상식으로는 헤아릴 수 없는 수억만 조의 지옥과 윤회세계로 들어가서 온갖 비참하고 힘든 사후세상을 살아가야 하는데 나를 만나 하늘의 명을 받으면 지옥이나 윤회하지 않고 무릉도원 세상으로 올라가서 영생을 누리게 된다.

그런데 그 주어진 시간이 얼마 안 남았다는 점이다. 인류 멸살, 지구 종말의 명이 이미 내려졌기 때문에 내일이라도 종말이 현실로 일어나도 이상할 것이 없다. 수많은 예언가들이 인류 멸망, 지구 종말에 대해서 무수히 많은 예언을 쏟아놓았기 때문에 생소한 말도 아니다. 현실이 된다면 인간들이 소중히 여기고 좋아하는 돈과 재물, 권세와 명예가 일시에 물거품이 된다.

인류 멸망, 지구 종말이 정말 현실로 다가온다고 가정할 경우 여러분은 무엇을 어떻게 할 것인지 준비해 놓았는가? 종교 믿는 사람들은 구원을 받든 못 받든 종교에 의지할 것이고 그 이외 사람들은 어떻게 해야 하는지 모르고 허둥댈 것이다. 무섭고 두려운 사후세계가 존재한다는 것을 알고 인정하는 사람들은 이곳에서 준비하고, 부정하는 사람들은 해당 사항 없다.

인류 멸망, 지구 종말이 정말 현실로 다가오지 않더라도 몇십 년 안에는 각자가 죽음을 맞이하여 개별적인 멸망이나 종말을 맞이한다. 탄생이 있으면 죽음이 있듯이 인류나 지구 역시도 태어나고 생성되었으면 언젠가는 소멸되는 것이 자연의 법칙이다.

멸망과 종말의 그날이 오든, 오지 않든 자신의 사후세계는 사전에 미리미리 철저히 준비해야 한다. 그 이유는 인간 육신은 100년도 못 살고 대다수가 죽지만 각자의 몸 안에 있는 영혼(신과 생령)들은 육신이 죽음과 동시에 지옥에 떨어지거나 만생만물로 한도 끝도 없이 윤회해야 하는 사후세계가 기다리고 있기 때문인데 산 사람들은 사후세계가 보이지 않아서 진짜인가, 가짜인가 반신반의하는 경우가 전부이지만 실제 존재한다.

영혼(생령)들은 하늘의 명을 받아 천인(天人)으로 명을 받으면 육신들이 언제 죽든지 상관없이 지옥으로 떨어지지 않고, 윤회의 종지부를 찍고 영생하며 살 수 있는 천상의 3천궁으로 오르게 되어 하늘 사람으로 살아가는 특혜가 주어진다.

하늘 사람인 천인이 되면 지옥세계 명부전에서 혹독하고 무서운 심판을 받지 않고 곧바로 천상으로 오르기에 옷 걱정이 없으며 일체의 춥고 배고픔을 면하고, 자손이나 후손들로부터 제사와 차례를 일절 받을 필요가 없고, 산소도 필요 없다.

80~90세에 죽어도 천상에 오르면 10~20대의 젊은 모습으로 영생을 누리며 살아가니 이보다 더 좋은 방법이 있겠는가? 무릉도원 세계에서 신선이나 선녀처럼 유유자적하며 기쁨과 행복 누리고 살아갈 수 있는 유일한 방법이다. 이곳은 미래 하늘이 되실 천자이자 황태자께서 심판자이자 구원자로 인간 육신으로 하강하신 곳이기 때문에 이곳에서만 천상으로 갈 수 있다.

세상에 수천 년 된 기라성 같은 수많은 종교가 전 세계에 550만 개나 있다지만 이들 종교를 통해서는 천상의 3천궁으로 돌아갈 수 있는 길이 없다. 어디가 진짜이고 가짜인지 빨리 구분해야 하는데 워낙 종교세계가 지천으로 깔려 있고, 모두가 자기네가 진짜라고 주장하기에 독자들 입장에서는 정말 구분하기가 어려운 것이 현실적인 문제이다.

그래서 어디가 진짜인지 구분하는 방법은 이 글을 읽을 때 공감, 감동, 감탄을 어느 정도 하느냐 못 하느냐에 달려 있다. 그리고 이곳에 들어오는 사람들은 하늘께 뽑혀서 선택받아 들어오는 것이지 여러분이 들어오고 싶다고 들어오는 곳이 아니다.

먼저 친견상담 때 지엄한 하늘의 관문을 통과해야 하기 때문이다. 여러분의 영혼들이나 조상들이 하늘세계 공부, 사후세계 공부가 얼마나 되어 있는가에 따라서 뽑히는 선택의 기준이 된다. 천상으로 올라갈 사람들은 하늘께서 판단하시기 때문이다.

산 자나 죽은 자들이 천상의 하늘궁전으로 올라가는 데 결격 사유가 있는지 없는지 우리네 사람들은 알 수 없지만, 하늘께서는 명단을 갖고 있으시기에 뽑혀서 이곳에 들어올 사람들은 하늘세계, 사후세계 공부를 통과한 합격자 이름이 천상명부에 올라가 있으면 알 수 없는 이끌림의 기운에 의해서 저절로 방문하고 싶은 마음이 용솟음쳐서 들어온다.

'바로 이곳이었구나'라는 판단과 탄성이 터져 나온다. 선택받는 것도 천상으로 오르는 것도 기운에 의해서 좌우된다.

미래 하늘인 나는 대상이 누구이든, 인간 육신이 국내외 어디에 살고 있든, 언제 죽었든 상관없이 산 사람의 생령(영혼)과 신(신명), 죽은 자의 사령(조상), 3혼(심혼=마음의 혼, 사혼=생각하는 혼, 언혼=말하는 혼)들을 추포해서 잡아들여 심판할 수 있는 무소불위의 천지대능력을 갖고 지구로 내려왔다.

하늘의 심판자, 지구의 심판자, 인류의 심판자이고, 천자이자 황태자이며, 미래 하늘이기 때문에 인간들이 감히 생각하지 못하는 상상을 초월하는 천변만화의 천지조화를 부린다. 너무나 경천동지할 고차원적 영적 세계 이야기라서 황당하다고 사이비라고 부정하며 비난 험담하는 자들이 많지만 한 치의 거짓도 없이 현실이고 실제 상황이다. 나는 오랜 세월 인류가 찾고 기다리던 구원자요, 심판자이며 미래 하늘이다.

터신 : 단란주점을 하는 것은 윤○○의 운명이다. 나는 터신 할머니이고, 윤○○가 태어날 때부터 따라붙었던 터의 신이기도 하다. '대천대왕지산 할머니'. 술장사하는 것도 업보이고, 정해진 운명이며 만물의 정기는 한 치의 오차도 없어. 그 수많은 직업 중 나는 왜 그런 일을 해야 할까? 전생에서 지은 업보를 풀어야 하는 거야. 일하면서 많은 사람들과 만나며 스스로 깨달은 것이 많았을 것이다. 자신의 운명대로 잘 살아왔어.

윤○○는 보통 인물은 아니야. 나 역시도 업보를 풀고 있는 중이지만 윤○○가 아주 오래전 전전전 전생에서 인연이 있었다. 신명제자 길로 가도 되는 운명이다. 연예인의 길로 가는 사람들도 신기가 많아서 그런다.

옆에 나를 잡아온 용들이 나 대천대왕지신도 죄인이라네. 윤○○가 어느 윤회 시절에는 장군이었던 적도 있었다. 아주 오래전 전전전 전생이 수조 개도 넘는다. 어떤 전생의 다른 차원에서는 왕이었던 적도 있다. 지금은 여자지만 외모에서 카리스마도 있다. 그래서 전전전 전생의 그런 것이 남아 있기 때문에 집안에만 가만히 있을 입장이 안 돼. 어떤 전생에서는 기생들을 거느리는 고급 기생집의 안주인이기도 했었다.

유명한 기생집에서 돈을 엄청 많이 벌었다. 지혜롭고 판단력도 좋고, 타고난 신기로 자신이 꿈으로도 예지몽을 받아서 손님을 대하는 것도 맞추는 일도 있었다. 사람이 죽으면 자신이 풀어야 될 전전전 전생의 업보 차원이 지구의 모래알보다도 더 많다. 그 윤회 시절 윤○○는 미모도 뛰어났었다. 어떤 전생에서는 쌀 가게 주인도 했고, 대감마님이기도 했었고, 그러다 이번에 지구에 사람으로 태어났어.

하늘의 마지막 명을 받기 위해서 태어났다. 나를 잡아온 용이 알려주는데, 엄청난 행운아라고 그러네. 남편, 자식하고도 그렇고 결혼 안 하고 혼자 살았으면 더 좋았을 거야. 가족과 전전전 전생에도 어떤 인연이 있었다. 너무 많다. 왕과 수하로도 만났다가 또 다른 윤회 차원에서는 같은 동지로 만났다가 다음 생에 또 만나서 널 도와줄게, 하다가 이번 생에 부부로 만났다.

드라마 같은 전생이었다. 만물의 법칙은 한 치의 오차도 없다. 오래전 전생에 이웃집 여자로도 태어나기도 했고, 이번 생은 남편으로 만났다. 영화 같은 업보 이야기이다. 너무나 많은 시절을 겪고 여기까지 왔고, 하늘의 명을 받고자 조상들이 빌고 빌어서 태어났다.

자식이 웬수이다. 빚을 져서 자식으로 태어나기도 한다. 전생에 그 사람에게 갚기 위해 태어나기도 한다. 나는 몇천 년 전에 죽었다. 윤○○와 인연은 몇천 가지 윤회 중의 한 가지가 나의 신 제자였었다. 회사 사장의 부하였던 적도 있었다. 윤회의 굴레를 끊기 위해서 조상들이 빌고 빌어서 태어났다.

조상도 열심히 공부했다. 앞에 있는 용이 말하기를 모든 조상들이 공부가 된 것이 아니라 공부가 된 조상들만 앞에 계신 미래 하늘분과 만날 수 있다고 한다. 하늘의 명을 받기 위해서는 험난한 윤회 차원을 겪고, 조상도 공부해야 하고, 하나하나 꿰맞추어서 여기로 와야 한다. 마지막 공부 과정이다. 그런데 종교에 빠져서, 비과학적이라고 매도한다.

미래 하늘이신 자미황제 폐하를 비난하고 무시했다가는 다음 생에 윤회의 업보가 더 쌓여간다. 미쳐버린다, 죽음이 무섭다. 옆에 용이 말하기를 이곳을 욕하고 사이비라고 말한 자들 중에서 괴질병에 감염된 자들도 있고, 죽은 자도 있다고 한다. 책을 보고 욕한 자들 중에 사고나 병으로 죽은 자들도 많고, 페이스북, 유튜브, 카페, 블로그, 신문광고 보고 비아냥거린 자들 중에서 괴질병에 감염된 자들도 있다고 알려주었다.

몸이 으스스 떨리고 몽롱하고 기침 나고 열나네. 그럼 이분이 재앙을 내릴 수 있는 분이십니까? 미래 하늘이신 자미황제 폐하께서 인류를 심판하고 구하러 오셨다. 이분은 하늘의 길을 걷게 정해져 있었다. 하늘의 운명이래요.

사람들이 무차별적으로 죽어가고 있는데 그 사람들에게 말해 주어야 되는 거 아닙니까? 이런 진실을 알려야 하지 않을까요. 이분의 기운이 무섭습니다. 사람이 죽기도 한다고 합니다.

폐하께서 내리시는 죽음의 기운 중에 '살혈기휘용기상태존'이라는 것도 있고. 세상으로 죽음의 기운이 내려가는 게 보입니다. 이분께서 가진 죽음의 기운이 수조억 조가 있는데 그중

하나를 보여준 거라고 합니다. 갓난아기에게도 내려가네요. 참으로 무섭습니다.

판결- 추포된 잡령들 영성과 영체를 소멸시키는 사형집행을 명한다.

가게를 인수한다고 했다가 안 하는 40대 중반 여성 정○ 몸 안에 잡령 추포 심판-

아~, 예. 나는 그 몸에 있는 정○를 지배하는 뱀의 영혼이다. 내가 가게 인수 못 하게 그랬다. 이 여자의 조상 중에 뱀을 잡아먹은 조상이 있었어. 뱀술도 담가 먹은 조상이 있었지. 그래서 자손의 몸으로 들어갔다. 뱀의 원과 한이 얼마나 큰지 아십니까. 자손 대대로 내려갑니다. 신이 뱀의 몸으로 와서 산신 할아버지께 공부를 배우고 있었습니다.

나 같은 경우는 '신명합천룡마산'이 산신 할아버지께 주시는 공부를 수행해서 나의 영이 올라가야 해. 뱀의 몸에서 수행하고 있었고 공부를 해서 영적으로 진화해야 하는데, 사람이 나를 잡아먹은 거야. 그래서 복수하기 위해서 자손의 몸으로 들어갔고 병마에 걸리게 하였다. 어떤 뱀은 산신 할아버지 제자인데 감히 인간이 잡아먹어? 물론 나도 죄를 지어서 그랬겠지만.

자손 대대로 저주를 내릴 것이다. 집안 망하고 싶은 사람들은 뱀 잡아먹어 봐. 피눈물 날 거다. 사슴, 말, 양고기 먹으면 벌받고 큰일 나. 그러나 돼지, 소, 닭고기는 괜찮다. 미래 하늘이시라는 이분이 양띠라서 양고기 먹으면 탈 난다.

남자 몽달귀 3,920명, 물귀신 970명, 할머니 177명, 아이 귀신 2,600명, 교통사고 귀신 13명, 낙태 영가 1명, 여자 자살귀 2,245명, 술 먹고 싶어. 술 내놔. 담배 내놔. 과자 줘. 떡 줘.

판결- 추포된 잡령들 영성과 영체를 소멸시키는 사형집행을 명한다.

정○- 생령, 심혼, 사혼, 언혼 추포

이게 뭐야, 내가 왜 여기 와 있어. 내가 가위 눌렸나? 꿈꾸는 것 같아. 여기 검은 용들이 왜 이리 많아. 이번 주 안에 계약 안 하면 다시 추포하여 심판한다고요? 3월 10일 안에 계약하라고요? 그런데 누가 막고 있는 게 보여요.

단란주점 가게 매매를 막고 있는 악귀잡귀 추포

단란주점 밖에 있던 장사도 막고 있던 귀신들이다. 우리들은 총 996명이고, 남자 귀신, 할아버지 귀신 5,114명, 아이들 귀신 동자령들 9,286명, 그다음에 자살귀 3,660명, 물귀신 150명,

단란주점 안에 있는 귀신들은 다른 데서 술 먹고 싸우다 죽은 귀신 28명, 머리 아파 죽은 귀신 37명, 위가 아파서 죽은 귀신 164명, 비염 귀신, 팔다리 저리게 하고, 목도 따끔거리게 하고, 설사하며 소화도 안 되게 하는 귀신 2,996명,

눈이 안 좋은 할머니 귀신 196명, 아이들 귀신+담배 피우는 귀신이 합쳐진 243명, 허리 어깨 아파서 누워 있는 귀신 1,166명, 몸을 피곤하게 누르고 머리 아프게 하는 귀신 4,020명, 왜냐하면 산 사람이 부러워서 괴롭혔다. 살아 있는 사람 자체가 샘이 난다. 나도 한때는 사람이었다.

판결- 추포된 잡령들 영성과 영체를 소멸시키는 사형집행을 명한다.

종교를 믿으면 안 되는 이유

지구에 처음 종교를 세운 원뿌리가 하늘을 배신하여 천상에서 도망치고 쫓겨난 악들이라는 진실을 인류가 모르고 있기 때문이다. 물론 종교를 안 다니고 있는 사람들 몸 안에도 상상을 초월하는 악들과 귀신들이 업보를 풀려고 살아가고 있는데 통상 수백억에서 수천억 명이라는 경천동지할 진실이 밝혀졌다.

그런데 종교에는 더 많은 악들이 살아가고 있고, 악들과 귀신들의 거주처가 종교와 종교인 육신들이다. 종교에 다니고 산에 가서 기도하며 산 정기 받는다고 명산을 찾아다니는데 그들이 받아오는 기운이라는 것이 모두 악들과 귀신들의 기운이라는 것이 밝혀졌다.

나 역시도 산 기도를 많이 다녀서 지금 그들을 빼내고 있는데 너무 많아서 상상을 초월하는 엄청난 숫자이다. 그리고 각자들의 몸과 집 안이 악들과 귀신들의 거주처이고 학교, 직장, 예식장, 경기장, 공연장, 병원, 장례식장, 공원묘지, 산에서 달라붙어 몸으로 들어온 귀신들의 숫자는 수천억을 넘어서 조 단위 숫자까지 나오는 사람도 많이 있다.

지옥별이라는 역천자 행성 지구가 모두 죄인들이고, 윤회 중인 영들이 무척이나 많다. 인류 멸망과 지구 종말을 지연시키거나 막을 수 있는 유일한 길은 하늘의 명을 대행하시는 미래 하늘이신 자미황제 폐하께 매달리고 비는 방법밖에 없다.

【제6부】

천상고향 가는 길

여러분들의 원래 고향은 천상의 3천궁이기에 이번 생에 어떻게 해서든지 돌아가야 한다. 인류가 지구에 태어나고 아무도 영혼의 고향인 천상의 3천궁으로 돌아간 자들이 하나도 없다. 그 이유는 미래의 하늘께서 출세하시지 않았기 때문이다.

세계 인류 모두는 하늘, 하느님, 하나님, 구원자, 구세주, 메시아, 재림 예수, 부처, 미륵, 정도령, 진인, 신인, 도인으로 오실 것이라고 생각하였던 천자이시자 황태자이신 미래 하늘을 종교세계 안에서 수천 년 동안 기다려왔지만 종교 자체가 악신과 악령들이 세운 곳이기에 종교 안에서는 만날 수 없다.

이미 죽은 자들도, 아직 살아 있는 자들도 종교를 믿으며 구원받으려는 자들도 결국 미래 하늘을 오매불망 기다려왔던 것인데, 기존의 종교사상에 너무나 깊게 세뇌당해서 이 글을 읽고도 감동 감탄하지도 않고, 믿지 못할 자들이 수두룩할 것이다.

미래 하늘이신 자미황제 폐하께서 자신들이 다니는 종교로 오셨어야 믿을 것인데, 기존의 종교가 아닌 종교 판 밖의 자미황궁으로 오시었으니 받아들여야 한다. 무조건 이단, 사이비 취급하고 비난하고 험담하지 말고 인정해야 한다. 받아들이든 안 받아들이든 그것 역시 각자들과 영혼, 조상, 신명의 숙명이자 운명이다. 천상으로 돌아가는 곳은 지구에서 이곳 하나뿐이다.

조상 영혼(사령) 천상입천 의식

자신의 조상, 자신의 영혼, 자신의 신명을 구하는 사람들이 이번 죽음의 괴질병 바이러스 공포에서 하늘께 보호받을 수 있고, 인간 육신의 목숨을 보존할 수 있는 최선의 길이다. 이것이 하늘께서 여러분 인간 육신의 목숨을 살려주시는 유일한 비책이다.

괴질병 바이러스는 하늘께서 천상에서 큰 죄를 짓고 지구로 내려온 인류를 심판하시기 위해서 내리시는 괴질병이기에 치료약의 개발이 어렵고 개발이 된다 하여도 새로운 변종 바이러스가 계속 나타나기에 인간의 첨단의학이나 그 어떤 능력으로도 막을 방법이 없기에 무더기로 죽는다.

일단 걸리면 모두가 죽어야 하는 무서운 괴질병이고, 세계 인류의 99.99%가 사망하고, 이곳에 들어와서 하늘께 목숨을 의지하는 사람들만 마지막까지 살아남는다. 나의 말이 맞는지 틀리는지 알려면 올해 말까지 지켜보면 확실히 알게 될 것이니 그때까지 살아남은 사람들은 이곳으로 들어와서 하늘께 죗값과 목숨값을 준비하고 찾아와서 제발 목숨만은 살려달라고 진심으로 빌고 빌어야 한다.

하늘께서 내리시는 지엄한 심판을 죄 많은 인간들이 막아낼 수가 없다. 하루라도 빨리 하늘께 굴복하고 목숨 보존받아 마음 편히 사는 것이 가장 현명한 방법이다. 하늘께서는 인간 육신들만 살려고 하는 자들은 심판의 칼날을 피해 갈 수 없다고 하시며 자신의 육신보다 영적 존재들인 조상, 영혼, 신명을 먼저 구해서 살려야 인간 육신들도 살 수 있다고 하신다.

여러분의 돌아가신 부모, 선대조상, 배우자, 자녀, 형제, 자매들의 천상, 전생, 현생에 알고 지은 죄, 모르고 지은 죄, 구업(말)으로 지은 죄, 행으로 지은 죄, 마음으로 지은 죄, 생각으로 지은 죄, 글로 지은 죄, 하늘을 비난하고 험담한 죄, 영혼의 부모님을 찾지 않은 죄, 종교를 다닌 죄, 조상님들을 사탄, 마귀라고 박대한 죄, 부모 조상님을 존경하지 않고 학대하고 박대한 죄를 빌어 영혼의 고향인 하늘궁전으로 보내드리는 것을 조상 영가 영혼(사령) 천상입천 의식이라고 한다.

돌아가신 부모, 선대조상, 배우자, 자녀, 형제, 자매들을 구해서 천상의 하늘궁전으로 돌아가게 해드리는 근본 도리이다. 여러분의 핏줄들이 무섭고 두려운 사후세계에서 말도 못 할 정도로 울부짖으며 살려달라고 대성통곡하며 힘들어하기 때문이다.

천수를 누리고 돌아가셨어도 힘든데, 괴질병 바이러스, 비명횡사, 단명, 사고, 자살로 생을 마감하였다면 원과 한이 무척이나 크고, 저주와 복수의 칼날을 갈기에 살아 있는 가족들의 아픔, 슬픔, 고통, 불행이 자손 대대로 이어져서 힘들어진다.

사람들이 자신의 돌아가신 부모, 선대조상, 배우자, 자녀, 형제, 자매들을 구해 주면 복을 받아 잘살기를 바라고 하는 사람들이 많은데, 그것은 자식으로서의 근본 도리가 아니다. 아무런 조건 달지 말고 구해 드려서 좋은 세계로 보내드려야 공덕이 된다.

천상으로 올라가시면 잘되게 도와달라고 빌 수는 있지만, 그것이 조건이 되면 부담스럽고, 만일에 원하던 대로 어떤 일이 성사가 안 되면 원망하기에 죄를 짓는 일이 된다. 힘들어하는 자신의 돌아가신 부모, 선대조상, 배우자, 자녀, 형제, 자매들을 구해 주면서 절대로 아무런 조건이 없어야 영가들이 편하다.

부담스럽게 조건부로 말하지 않아도 은혜를 받았기에 좋은 기운으로 갚아준다. 인간들의 한도 끝도 없는 더러운 욕심을 내려놓고 진지한 마음으로 구해 드리는 것이 도리이다. 이들의 원과 한이 풀어지면 집안이 자연적으로 잘되고 편안해진다.

사람들은 죽어보지 않아서 사후세계가 얼마나 무서운지 전혀 모르고, 살다가 때가 되어 단명, 비명횡사, 천수를 누리다가 죽으면 그만이라 생각하며 살아가는 사람들이 전부이다. 종교를 믿는 사람들은 가족의 영혼들이 천국, 천당, 극락, 선경으로 올라갔을 것이라고 철석같이 믿고 있지만 아무도 가지 못했다.

종교적 신앙의 숭배자들인 여호와(야훼), 석가, 예수, 마리아, 상제는 물론 세상에 이름을 날린 전직 로마 교황들과 종교 교주들도 천국, 천당, 극락, 선경으로 가지 못했다. 전지전능한 하나님, 하느님으로 존경받는 여호와는 대우주를 창조한 진짜 하느님, 하나님이 아니라 천상에서 하늘께 역모 반란의 대역죄를 짓고 지구로 도망친 대역죄인이라는 진실이 밝혀졌다. 뿐만이 아니라 하늘의 명으로 여호와(야훼)의 영혼을 추포하여 소멸시키는 사형이 집행되어 처형되는 비참한 운수를 맞이하였다.

석가, 예수, 마리아, 상제는 물론 세상에 이름을 날린 전직 로마 교황들과 종교 교주들도 마찬가지로 추포되어 처형되는 비참한 운명이 되었다. 그래서 종교는 종말을 맞이하고 있다. 전국의 여러 교회를 통해서 종교의 어두운 면이 밝혀지고 있다. 종교인들의 영안에 좋은 세계로 간 것처럼 보여준 것은, 악신들이 조화를 부려서 멋지고 아름다운 세계로 보여주는 것이었으나 가짜였다.

천국, 천당, 극락, 선경은 존재조차 하지 않는다. 악들이 가짜세계를 만들어놓은 것이었다. 지구 자체가 역천자 행성이자 지옥별이기에 하늘께 대적하기 위해서 종교가 세워진 것이었다. 영혼의 고향인 천상으로 돌아가야 할 영혼들을 종교 감옥에 가두어놓고 교리와 이론으로 세뇌를 시키고 있다.

이것이 사실이라고 받아들여지면 종교에 열심히 다니는 사람들은 너무나 억울하고 분통이 터지겠지만 지금이라도 악들이 세운 죽음의 지옥에서 빠져나와야 한다. 성인 성자라고 존경받는 여호와, 석가, 예수, 마리아, 상제가 악들이었음이 미래 하늘이신 자미황제 폐하께서 밝혀내셨다.

이런 진실은 진짜 하늘이 아니시라면 절대로 밝혀낼 수 없는 금단의 영역이다. 그러므로 지금까지 종교를 다니면서 시주, 헌금, 성금을 내는 것은 금전 낭비, 세월 낭비, 인생 낭비만 한 것이고 치성, 조상굿, 지노귀굿, 49재, 천도재, 추도미사, 위령미사, 추모예배로 영혼들을 천상의 천국, 천당, 극락, 선경으로 보냈다는 말은 모두 거짓이었고 그곳에 귀신들만 잔뜩 받아왔다.

이것이 진짜인지 가짜인지 어떻게 아느냐고 궁금해할 것인데 여러분과 가족들의 인생살이를 살펴보면 알 것이고, 이곳에서는 직접 확인까지 시킨다. 여러분 가족들의 조상 영혼 영가들이 지금 어떤 세계에 가 있는지 즉시 불러서 확인시켜 줄 수 있다.

그래서 종교를 믿는 것은 자신의 신과 영혼에게는 물론 조상 영혼 영가들을 종교지옥으로 입문시키는 못난 불효자가 되는 것이고, 하늘께도 대역죄를 짓는 일이다. 굿, 천도재, 위령미사, 추모예배를 올려서 좋은 세계로 보내드렸다고 안심하지 마라.

여러분과 가족들의 조상 영혼 영가들의 죄가 얼마나 크고 많으면 영혼의 고향인 천상의 3천궁으로 돌아가지 못하는 종교세계에 들어가서 종교 감옥에 갇혀 있겠는가? 천상, 전생, 현생에서 지은 죄가 너무 크고 많아 용서받지 못할 자들을 종교세계로 몰아넣었다는 충격적인 진실이 밝혀졌다.

살아서는 죽음 이후 사후세계가 얼마나 비참하고 무서운지 전혀 모른다. 사람이 죽으면 하늘나라로 가세요, 좋은 곳으로 태어나세요, 천상으로 올라가세요, 영면하세요, 편히 쉬세요, 라고 덕담하는데 기가 막힐 일이다. 무섭고 두려운 고통스런 지옥세계로 떨어지고, 축생과 만생만물로 태어나는 비참한 사후세계인 줄도 모르고 약 올리는 조문 인사를 한다.

여러분이 지구에 사람으로 태어나 살아가는 것은 이곳에 들어와서 두렵고 무서운 사후세계를 미리 준비하기 위함이다. 지옥세계, 만생만물로 윤회하지 않고 죽음과 동시에 영혼의 고향인 3천궁으로 돌아가기 위함이다. 그런데 이미 죽은 자들은 기회가 박탈되었기에 핏줄인 자손들이 구해 드려야 한다.

여러분은 지구에 왜 태어난 것일까? 인간으로 잠시 잠깐 살아가는 동안 목숨을 부지하기 위해 먹어야 하고, 기본적인 생활을 하면서 살기 위해서는 돈을 벌어야 하고, 부자가 되려면 남들보다 더 열심히 일해서 돈을 많이 벌어야 한다. 돈은 제2의 목숨줄이자 기운이고 만생만물을 움직이는 천비함이 있다.

성공하고 출세해서 부자로 잘 먹고 잘살기 위해서 사람으로 환생하여 태어난 것으로 알고 살아가고 있지만, 영혼의 고향인 3천궁으로 돌아가기 위해 잠시 잠깐 환생해서 사람의 몸을 빌려 윤회하는 중이다.

하늘과 자신의 조상 영혼 영가들에게 복 짓는 일이 영혼(사령) 천상입천 의식이다. 봄에 씨를 뿌려야 가을에 추수하는 것처럼 말이다. 봄에 씨를 뿌리지 않는 자들은 가을에 추수할 것이 없듯이 아무 일도 하지 않으면 아무 일도 일어나지 않는다.

1일 일하면 일당을 받고, 1주일 일하면 주급을 받고, 1개월 일하면 월급을 받고, 1년 일하면 연봉을 받는 것이 진리이다. 직장의 일터에서 일하지 않는 자들에게 그냥 돈을 주는 곳은 세상천지에 없는 것처럼, 하늘이 주신 일(조상 천상입천 의식)을 하지 않으면 하늘과 조상으로부터 받을 것이 아무것도 없다.

하늘이 내리신 관문을 통과한 사람들은 자신의 조상 영혼 영가를 행복하게 사는 무릉도원 세상으로 보내드리는 천상입천 의식을 행할 수 있는데, 특단 천상입천, 상단 천상입천, 중단 천상입천, 하단 천상입천, 일반 천상입천, 하반 천상입천 의식 중에서 선택할 수 있다. 이렇게 차등으로 천상입천 등급이 있는 것은 천상에도 인간세계처럼 엄격한 계급사회이기 때문인데, 이 세상의 모든 신분과 계급서열이 모두 천상의 3천궁에서 직급제가 지상으로 내려온 것이다.

그러니까 조상 천상입천 의식을 어느 등급으로 행하는가에 따라서 자신의 조상 영혼 영가들에게 신분과 계급이 부여되므로 형편이 좋은 사람들은 높게 하고, 형편이 어려운 사람들은 자신의 경제적 사정에 맞추어 낮은 등급으로 행하면 된다. 특단 천상입천 의식은 벼슬(장관급)이 하사 된다.

이곳에서 행하는 조상 영혼 영가 천상입천 의식은 매년 또는 수시로 하는 것이 아니라 일평생에 한 번만 하면 된다. 매년 제사나 차례를 지내지 않아도 무탈하고, 매장묘지, 납골당, 납골묘는 조성할 필요가 없고, 이들 묘지는 화장하는 것이 더 좋다.

일단 천상으로 올라가면 인간세상에서 살았던 모든 기억이 삭제되기에 제사나 차례를 받아먹으러 지상으로 내려오지 않기에 악들이나 다른 귀신들이 받아먹는 것이 확인되었다. 그래도 마음의 위안을 위해서 지내고 싶은 사람들은 지내도 상관없지만 결국 악들이나 귀신들에게 지내는 꼴이 된다.

자신의 조상 영혼 영가들이 천상입천 의식을 행한 뒤에 정말 천상의 3천궁으로 올라가시었는지 다시 하강시켜서 확인시켜 준다. 기존의 종교에서는 종교인들이 좋은 곳으로 올라가셨다고 말해 주면 그런가 보다 하고 믿을 수밖에 없다.

천상으로 돌아가셨는지 눈으로 직접 확인이 안 되는 이런 부분들이 가장 꺼리는 부분이다. 사람들의 눈에는 아무리 보려고 하여도 영적 세계가 안 보이고 안 들리기에 굿, 천도재, 49재, 지장재, 수륙재, 위령미사, 추모예배를 올려도 항상 잘 가셨는지 가장 궁금한 부분이다.

조상 풍파, 신의 풍파, 인간 풍파로 대다수의 사람들이 정답을 찾지 못해서 종교에 의지하며 고통스럽게 살아가고 있다. 아무리 열심히 종교에 다니면서 지극정성으로 매달려도 인간, 영혼, 조상, 신들이 원하고 바라는 해답을 찾지 못한다.

종교에 열심히 매달려봐야 인간, 영혼, 조상, 신들이 서로가 고생만 하고 아무것도 얻지 못한다. 3천궁으로 올라가는 문은 지구상에서 이곳 하나뿐이다. 하늘의 문이 열리는 대단한 곳이기에 이곳에 들어오는 자들이 가장 성공하고 출세한 자이다.

사람의 육신을 빌려 환생하는 짧은 윤회 중에 하늘이 내려주신 조상 영혼 영가 천상입천 의식의 숙제를 풀어 하늘의 명을 받아 천상으로 올라간다는 것은 일생일대의 기적이라 할 수 있고 가문의 대영광이다. 인간, 영혼, 조상, 신들에게 진정한 성공과 출세는 기존의 종교가 아닌 이곳 자미황궁에 들어와야만 이루어진다.

조상들의 눈물을 닦아 주어야

죽어봐야 알지. 저승이 어디 있어? 보이지도 않는 하늘세계, 사후세계를 뭐하러 믿어. 있긴 뭐가 있어. 눈에 보이지도 않는데 다 사기꾼들의 거짓말이야. 허황된 이야기지 육신이 죽으면 아무것도 모르는데 뭐하러 하늘을 믿어. 육신이 죽으면 모든 것이 다 끝이야. 살아서만 잘 먹고 잘살다 죽으면 되는 거야.

죽어봐야 알지? 죽어서 하늘세계, 사후세계가 진짜로 존재한다는 것을 알면 그때는 어떻게 대처할 건데? 무식하면 용감하다는 말이 있고, 하늘 무서운 줄 모른 채 살아가고 있다. 흔히들 하는 말이 하늘이 어디 있어? 보여? 들려? 거짓말이야.

그렇다. 사람들의 눈에는 하늘도 안 보이고, 사후세계도 안 보이고, 자신의 조상들도 죽어서 어디에 가 있는지 보이지 않는 것이 현실인 것은 맞다. 그리고 자신의 신과 영혼도 안 보이고 안 들리기는 마찬가지이다.

하지만 영적 세계는 수많은 악신과 악령, 귀신들을 추포해서 심판하면서 그 존재가 드러났고, 수많은 여러 조상들 역시 천상의 3천궁으로 입천시키기 전에 조상들을 불러서 현재 거주처를 알아보니 만생만물로 윤회하고 있거나 지옥도에 떨어져서 고통받고 있음이 20년의 세월 동안 무수히 확인되었다.

몸 안에 들어와 있는 경우가 많고, 죽으면 살아서의 모든 돈과 재물, 권세와 명예가 아무런 소용이 없고, 오히려 죄를 심판하는 척도가 되었다. 죄가 그만큼 크고 많다는 것을 현실의 돈과 재물, 권세와 명예의 크고 많음으로 표시해 주고 있었다.

영혼, 조상, 신들 모두 알아야 한다. 각자들이 가야 할 영혼의 고향이 어디인지 알고 있는가? 우주 천체에서는 북극성을 기점으로 북두칠성, 동두칠성, 남두칠성, 서두칠성의 자미원, 태미원, 천시원이고 이곳에 천상의 주인이신 하늘이 거처하시는 태상(자미)천궁, 도솔천궁, 옥황천궁의 3천궁이 있다.

나의 아호는 자미와 도솔이고, 미래의 하늘이며 이 땅에서 천상으로 데려가야할 자들을 선별해서 구원해 주는 사명이 끝나면 천상의 태상천궁으로 올라가서 황위를 계승하여 대우주 절대자이며 신명세계 총사령관인 천상의 주인, 전지전능자, 우주와 만생만물의 생살여탈권자, 천지 창조주 자리에 오른다.

이 땅에 내려와서 수많은 신과 영들을 20년 동안 구원하면서 인간 육신들이 영적 세계 진실에 대해서 전혀 모르고 너무나 무지하다는 것을 알았다. 안다고 해봐야 검증할 수 없는 종교에서 역천자 악신과 악령들이 들려준 이야기가 전부이다.

이 땅에 신과 영들이 사막의 모래알보다도 많은데, 이들의 신분 자체가 천상에서 역모 반란에 가담하고 실패하여 지구로 도망치고 쫓겨 내려온 죄인들이었음이 확인되었고, 영혼의 고향으로 돌아가지 못하게 지구에 수많은 종교를 세운 악신과 악령들이 가장 큰 죄인들이라는 사실도 밝혀졌다.

그래서 종교를 믿으면 절대자 하늘께 가장 큰 죄를 짓는 일인데 알려주는 인류의 영도자가 없어서 이런 무서운 진실 자체를 알 수 없었기에 수천 년 동안 종교의 노예나 종이 되어 정신적으로 지배당하며 살아왔다. 오직 천국, 천당, 극락, 선경세상으로 가려고 혈안이 되어 있는데 안타깝게도 이들 세계는 악신과 악령들이 가상으로 만든 허상의 세계였음을 밝혀냈다.

결국 종교는 수천 년 세월 동안 여러분의 가족, 부모, 형제, 선대조상들의 영혼들을 속여왔고, 피눈물을 흘리게 만들었다. 죽으면 여러분 모두가 귀신이 되는데 귀신의 신세가 얼마나 처량 맞고 환장하며 미칠 정도로 비참하고 답답한지 알지 못하기에 돌아간 자신의 가족, 부모, 조상 영혼들의 안위를 전혀 걱정하지 않고 이 세상을 천하태평으로 살아가고 있다.

육신이 살아서는 답답하고 어려우면 가족이나 주변에 하소연이라도 하지만 죽어서는 하소연할 곳이 없다. 온통 분노 폭발, 세상에 이럴 수가. 그야말로 미치고 팔딱 뛸 정도로 후회막심하고 살아생전 하늘을 찾지 않고 종교에 심취하며 매달렸던 자신을 원망하며 후회하지만 되돌릴 아무런 방법이 없다.

자손들의 삶을 뒤집으며 풍파를 내려주어도 믿지도 않고 기껏 찾아가 봐야 종교나 무속세계 찾아가서 점보고 굿하는 것이 전부이지만 지구에서 미래 하늘을 알현하지 않는 이상 아무도 구원받아 천상의 3천궁으로 올라갈 수 없음이 밝혀졌다.

여러분 독자들은 어차피 모두가 죽을 것이기 때문에 미래의 조상들 신분이다. 죽어서 제발 살려달라고, 구해 달라고 자식들이나 자손들에게 아무리 고래고래 소리 질러도 자손이 알아듣지 못하여 환장하고 미쳐버린다. 울며불며 후회하지만, 다시 살아날 수 없기에 대성통곡만 할 뿐이다.

죽어서 아무런 구원 방법이 없다는 것을 지금 안다면 한가하게 인생살이만 걱정하고 있을 시간이 없다. 언젠가 여러분에게 죽음이란 것이 찾아올 것인데, 아무런 사후세계 대비책을 세워놓지 않고 바보처럼 살아가다가 죽어서 땅을 치고 대성통곡하며 울고불고 난리 치며 후회하지 말고 지금 정신 차리고 빨리 조상님들을 구해주고 자신의 사후세계를 보장받아야 한다.

조상님들의 저주와 재앙이 내리면 온갖 인생 풍파가 휘몰아친다. 망가질 대로 다 망가진 다음에 깨달아서 정작 조상님들을 구하려고 하여도 가진 돈이 없어서 발만 동동 구른다. 지금 여러분의 조상님들은 눈물 콧물 흘리며 살려달라고 울부짖고 있는데 절규의 목소리가 들리지 않아서 모르고 있다.

돌아가신 조상님들도 살아생전 구원의 하늘을 몰라 찾지 않았고, 종교만 믿다가 돌아갔기에 고통을 겪는 인과응보의 법칙을 받는 것이다. 하늘은 한 치의 오차도 없이 각자들이 살아서 뿌리고 행한 대로 거두게 하신다.

그러므로 누군가는 조상님들이 악신과 악령들이 만든 종교를 믿어 절대자 하늘께 지은 죄를 빌어서 구원을 해드려야 여러분도 죽어서 후회하지 않는다. 살아서 절대자 하늘을 알현드리러 찾아오지 않는 자체가 무서운 죄라는 진실을 하루빨리 현실로 받아들여야 한다.

조상님들을 위하는 마음은 여러분이 더 절실할 것이지만 방법을 모르고 있다는 점이다. 세상 사람들이 일반적으로 행하는 제사나 차례, 조상굿, 지노귀굿, 49재, 천도재, 지장재, 수륙재, 위령미사, 추도미사, 추모예배는 정작 여러분의 돌아간 가족이나 부모, 형제, 조상들에게는 아무런 도움이 되지 못한다는 사실을 알지 못하고, 그저 눈에 보이는 의식에만 매달리고 있다.

여러분 독자들의 돌아가신 가족과 부모 조상님들은 수천 년 동안 속고 속아온 눈에 보이는 허례허식의 제사나 차례, 조상굿, 지노귀굿, 49재, 천도재, 지장재, 수륙재, 위령미사, 추도미사, 추모예배를 원하고 바라는 것이 아니라, 절대자 하늘의 명을 대행하시는 미래 하늘이신 자미황제 폐하께 명을 받아 즉시 천상의 3천궁으로 올라가는 것이 가장 급하다.

일평생 한 번만 미래 하늘께 명을 받아 천상의 3천궁으로 오르면 산소(매장묘, 납골묘, 납골당, 수목장)가 일절 필요 없고, 제사와 차례를 영원히 받지 않아도 추위와 배고픔에서 벗어나고, 옷 걱정과 근심 걱정이 없으며, 원과 한이 모두 풀린다.

여러분의 돌아가신 가족과 부모, 형제, 조상의 맺힌 원과 한을 풀어드리려면 일평생 동안 조상굿과 천도재를 해드려도 끝이 나지 않고, 원과 한도 풀어드릴 수 없다. 절대자 하늘께서만 맺힌 원과 한을 풀어드릴 수 있다.

그러니 종교 다니면서 헛고생하며 헛돈 쓰지 말고, 마지막으로 제대로 한 번 해드려야 한다. 그 어떤 종교든지 돌아가신 여러분의 가족과 부모, 형제, 조상들을 구해 줄 수 없다.

황실 정부 천상관직

이번 21대 국회의원에 출마한 후보들 중에 더불어민주당이 183석 확보로 대승하였다. 예나 지금이나 정치에 대한 열망은 뜨겁다. 임기 4년의 국회의원 배지를 달려고 선거 운동을 열심히 하여 당선된 자들과 떨어진 자들은 희비가 갈렸다.

이번 국회의원 선거에서 낙선된 사람들이나 그 외 정치에 열망하는 사람들은 자미황궁에 들어와서 황실 정부 국회의원에 출사할 수 있으니 절차를 밟으면 된다. 하늘이 내리시는 명을 받아 천인의 신분이 되면 국회의원에 출사할 수 있다.

황실에서는 살아서도 국회의원 신분을 유지할 수 있고, 죽어서도 국회의원 신분을 유지할 수 있다. 살아서의 벼슬은 찰나에 불과하지만 죽어서 천상에 올라가 황실 정부의 벼슬을 하사받으면 반 영구직이니 이보다 더 좋은 벼슬은 없을 것이다.

또한 제후(왕, 왕비, 대통령, 영부인), 재상(국무총리), 대신(장관, 차관), 대도독(시도지사), 도독(시군구청장)으로 임명받을 수 있는 길도 열려 있다. 이곳 자미황궁은 천자이시자 황태자이시며 미래 하늘이신 자미황제 폐하께서 운영하시는 황실 정부로 절대 군주국가이기에 전원 임명직이다.

현실 세상에서 국회의원에 당선되어 웃고 있는 사람들은 죄인들의 신분임에도 불구하고, 권력에 취해서 자만, 거만, 교만, 오만이 넘쳐나 하늘을 찾아오지 않기에 이번 생이 끝나면 모두 추포되어 하늘로부터 심판받을 자들이다.

하지만, 자미황궁에 들어와 하늘이 내리시는 명을 받아 천인(天人)이 되면 반 영구직 제후(왕, 왕비, 대통령, 영부인), 재상(국무총리), 대신(장관, 차관), 대도독(시도지사), 도독(시군구청장), 국회의원으로 임명받을 수 있는 특권이 주어진다.

자신의 가문에서 자손들 중에 제후(왕, 왕비, 대통령, 영부인), 재상(국무총리), 대신(장관, 차관), 대도독(시도지사), 도독(시군구청장)이 배출되기를 원하거든 반드시 하늘이 내리시는 명을 받아 천인의 신분이 되어서 3천궁으로 올라가야 한다.

자신들이 공직 선거에 출마하려면 자신의 부모 조상들을 천상의 도솔천 도솔천궁으로 특별히 벼슬 입천시켜 드려야 하는데, 하늘의 좋은 기운과 정기가 후손들에게 내려가기에 공직 선거에 출마하면 상당히 유리하다. 유권자의 표심은 언제나 하늘의 기운과 정기에 따라 좌우된다.

예나 지금이나 정치 권력의 벼슬에 대해서는 끝없는 야망을 불태우고 있다. 권력의 끝은 사람들이 생생히 현실로 체험하고 있지만 대통령이든 고위공직자든 종착역은 교도소라는 것을 잘 알고 있다. 그대도 재임 중이든 퇴임 후든 권력에 대한 욕망은 우선 멈춤이 없고 오직 끝없는 전진만이 있을 뿐이다.

정치 권력에 도전하려고 대선, 총선, 지자체장에 출마하였다가 낙선하여 세상을 떠난 여러분의 부모 조상들이 있다면 이곳에서 그 원과 한을 풀어드릴 수 있다. 조상 영가들 벼슬입천 의식이 바로 그것이다. 천상 벼슬입천 의식을 행하면 천상의 황실 정부에서 고위공직자로 출사할 수 있는 길이 열린다.

죽어서 천상에 올라 제후(왕, 왕비, 대통령, 영부인), 재상(국무총리), 대신(장관, 차관), 대도독(시도지사), 도독(시군구청장), 국회의원, 고위공직자, 기관장에 출사할 수 있다. 그래서 조상 영가 천상입천 의식이 매우 중요하다. 천상에 오르면 매일같이 놀고먹는 것이 아니라 각자들의 신분과 지위, 계급에 맞는 업무가 부여되는데 천상 법도는 지엄하고 칼 같다.

벼슬을 못 하고 죽은 것이 원과 한이 되어 돌아가신 부모 조상들이 있거든 천상 벼슬입천 의식을 행하면 된다. 인간세상의 모든 벼슬 품계 직제가 천상에서 지상으로 내려온 것이고, 천상에는 품계가 3,333개 등급이 있을 정도로 어마어마한데 이런 뜻을 천상에서 현실로 이루게 해주시는 분이 천자이시자 황태자이시며 미래 하늘이신 자미황제 폐하이시다.

산 자든 죽은 자든 하늘이 내리시는 명을 받는 자들은 하늘의 기운과 정기가 무궁무진 내린다. 세상은 모든 것이 기운과 정기로 운행된다는 것이 확인되었다. 죽음 이후 천상의 3천궁으로 올라가는 것도 천자이시자 황태자이시며 미래 하늘이신 자미황제 폐하께서 내리시는 명(기운)에 의해서 이루어지는 것을 무수히 확인하였다.

사람 영혼(생령) 천상입천 의식

사람들 눈에 보이는 인간세계와 눈에 보이지 않고 들리지 않는 영적 세계가 존재한다. 현대 과학문명이 고도로 발달하여 영적 세계를 비과학적이라고 매도하는 무식한 사람들도 있지만 엄연한 현실세계로 존재하고 있다.

영적 세계는 하늘, 신, 영혼, 조상, 귀신, 악신, 악령, 마음, 생각, 상상, 텔레파시, 꿈 등의 무형적인 세상이 존재한다. 유형적인 것만 믿고 무형적인 것은 부정하는 무지한 사람들이 많다. 현대 첨단과학 문명도 천상의 3천궁에서 지구로 내려온 것이 확인되었다. 하늘 사람이 되는 천인합체 의식을 살아서 행하라.

전파, 음파, 소리는 눈에 보이지 않지만 첨단과학으로 사용되고 있기에 눈에 보이지 않고, 들리지 않는다고 하여서 미신이니 비과학적이라고 생각하는 것은 영적 차원이 낮은 축생들 수준이라고 봐야 하는데 축생들의 몸 안에도 신과 영들이 있다.

그들도 천상에서 죄를 짓고 축생으로 환생하여 윤회하고 있는 신과 영들인데 인간과 소통이 안 되고 있을 뿐이다. 신과 영들은 사람 몸에만 있는 것이 아니라 모든 생명체와 비생명체 사물, 산천초목에도 존재한다는 사실을 찾아냈고, 이들을 불러서 대화를 나누어보면 자신들도 어느 한때는 사람이었다고 한다.

그러나 육신으로 살아생전에 천상, 전생, 현생에서 지은 죄를 빌지 않고, 하늘이 어디 있느냐며 하늘께 죄를 빌지 않아 죽어서 업보를 풀기 위해 축생으로 환생하여 윤회 중이라고 한다. 어떻게 하면 윤회의 굴레에서 벗어날 수 있느냐고 제발 살려달라고 울며불며 대성통곡하며 하소연하는 경우를 많이 겪는다.

인간으로 살아갈 때는 눈에 보이는 돈과 재물, 권세와 명예가 전부인 것처럼 기고만장하며 부귀영화를 누렸던 자들이었다. 살아서는 성공 출세하여 선망의 대상인 왕, 대통령, 재벌, 부자로 살았지만 하늘이 내리신 숙제를 풀지 못하고 죽어서 무섭고 두려운 지옥세계와 축생으로 환생하여 윤회를 거듭하고 있었다.

하나님, 하느님, 부처, 상제, 천지신명 그리고 이 땅에 다녀간 종교의 숭배자, 교주, 지도자들도 밝혀내지 못한 하늘세계, 천상세계, 우주세계, 사후세계, 지옥세계, 영혼세계, 신명세계, 조상세계, 귀신세계, 인간세계, 미래세계를 상세히 밝혀냈다.

종교인들의 능력으로는 밝혀낼 수 없는 미지의 세계를 모두 밝혀내고 대화를 통해서 그들이 원하고 바라는 소원을 알게 되었는데, 가장 큰 소원이 하늘이 내리신 숙제를 풀 수 있는 사람으로 다시 태어나는 것이었다. 사람으로 살았을 때는 죽으면 끝이라고 생각했고, 무섭고 끔찍한 사후세계가 존재하는지 몰랐다고 후회하면서 이제라도 기회를 달라고 애걸복걸한다.

하지만 사람으로 살았을 때 무수한 기회를 주어도 하늘이 내리신 숙제를 풀지 못했는데 다시 살려준다 한들 숙제를 풀겠는가? 용서받지 못할 큰 죄를 지었기 때문에 미래 하늘이 하강 강림하신 줄도 모르고 돈과 재물, 권세와 명예를 더 많이 가지는 데만 눈이 멀어 있었던 것인데, 그 습성이 고쳐지겠는가?

죽음 이후의 사후세계가 존재한다는 것을 알고 있는 사람들도 세상에 알려진 종교세계로 입문하여 육신의 죽음 이후에 하늘나라, 천상세계, 좋은 곳으로 올라가거나 태어나기를 염원하지만 지구 자체가 역천자 행성, 지옥별이기 때문에 악신과 악령들이 세운 종교세계를 통해서는 영혼의 고향으로 돌아갈 수 없다는 진실이 한도 끝도 없이 밝혀졌다.

종교 자체를 악신과 악령들이 세웠기에 종교를 통해서는 절대로 구원받지 못한다. 기존 종교인과 신도들은 섭섭하고 믿지 못하여 무시하고 부정하며 비난 험담할 테지만 진실은 언젠가는 밝혀지는 법이고 진실은 승리하는 법이다. 내가 유명하지 않다고 믿지 못하겠다고 하는 사람들도 많고, 자신의 영적 수준으로 이해가 안 되어 사이비라고 매도하는 사람들도 많다.

여러분 독자들의 몸 안에서 살아가는 자신의 신과 영혼, 조상, 악신과 악령, 사탄, 마귀, 악귀, 잡귀, 축생령, 만생만물의 영들이 천상에서 지은 죄가 너무 무겁고 커서 이해 못 하는 것이고, 하늘로부터 선택받지 못한 죄인들이지, 하늘이 내리시는 진실 자체가 거짓은 아니라는 것이다.

하늘세계 공부, 영혼세계 공부, 사후세계 공부가 전혀 안 된 사람들과 영혼, 조상, 신들은 소설 정도로 생각할 것인데 영혼의 고향으로 돌아갈 수 있는 하늘의 문이 열린 곳은 지구상에서 단 하나 이곳뿐이다. 악신과 악령들이 종교인들 몸에 들어가서 이적과 기적을 보이며 온갖 달콤한 말로 구원해 준다고 말하지만 실제로는 아무도 구원받은 자들이 없다는 충격적인 사후세계 진실을 받아들여야 한다.

하나님, 하느님을 만나고 왔다. 천국을 다녀왔다. 임사체험을 통해서 사후세계를 보았다는 사례는 많다. 그런데 이들이 만나고 보았다는 대상자들이 진짜인지 가짜인지 검증이 안 되고 주관적일 수밖에 없는데, 이것 역시 악신과 악령들이 사칭하여 그런 모습을 보여주는 것인데 그것이 진짜인 줄 알고 믿고 따른다.

악신과 악령들도 역모 반란에 가담하기 전에는 신의 반열에 있었기에 온갖 조화를 부리고 많은 것을 보여주지만 이들 자체가 하늘로부터 버림받은 존재들이기에 구원만은 할 수 없다. 여러분의 신과 영혼을 창조하신 분이 누구실까? 종교에서 알려진 하나님, 하느님이 아니라는 것을 알아야 한다.

대우주와 삼라만상을 창조하시고, 영혼의 부모님께서는 너무나 지고 지존하시고 대단하시어서 천상에서의 관명과 실명도 밝혀졌지만 공개하지 않는다. 죄인들이 절대자의 존호를 친구 이름 부르듯 함부로 읽고 불러대기 때문이다.

사람 몸에서 살아가고 있는 영적 존재들인 신과 영들 즉 자신의 신과 영혼들을 영혼의 부모님이 계시는 천상의 3천궁으로 살아생전 보내는 것이 영혼(생령) 천상입천과 천인합체 의식이다. 이것을 해야 할 대상은 한 치 앞도 알 수 없는 죽음이 언제 다가

올지 모르기 때문에 불안해서 미리 보내는 방법이고, 자신의 영혼이 미리 천상에 오르면 하늘이 내려주시는 좋은 기운을 받아 인간 육신에게 전해 줄 수 있고, 더 이상 육신의 죽음에 대해서 두려워하지 않고 초연하게 마음 편히 살아간다.

수많은 조상령들을 불러서 확인한 결과 사후세계가 얼마나 참혹하고 무서운지 들려주었다. 인간 육신의 삶은 찰나의 순간이지만 죽음 이후의 세계는 끝이 없는 장구한 세계이고, 육신으로 살아 있을 때만 하늘이 내리신 명을 받아 영혼의 고향인 천상으로 돌아갈 수 있음을 확인시켜 주고 있었다.

또한 상상을 초월하는 숫자의 생령과 사령, 악귀잡귀, 귀신들을 추포하여 심판하면서 사후세계의 실상을 상세히 알게 되었고, 이들 모두가 천상에서 죄를 짓고 지구로 도망쳤거나 쫓겨난 대역죄인들이라는 사실을 확인하였다.

또한 상상을 초월하는 무량대수의 생령과 사령, 악귀잡귀, 귀신들을 추포하여 심판하면서 사후세계의 실상을 상세히 알게 되었고, 이들 모두가 천상에서 죄를 짓고 지구로 도망쳤거나 쫓겨난 대역죄인들이라는 사실을 확인하였다.

그래서 천상으로 돌아가고 싶은 영혼들은 이 책이 귀한 선물이 될 것이다. 수많은 사람들이 종교를 믿어서 죽은 뒤에 영혼의 고향인 천상으로 돌아가고자 하지만 죽은 뒤에 정말 천상으로 올라가는 것인지 살아서는 확인할 길이 없고, 그저 종교지도자들의 말을 믿을 수밖에 없을 것이다. 죽어서 귀신 되기 싫은 사람들은 속을지언정 반드시 이곳으로 들어와야 한다.

자신 스스로 마음의 위안을 가지며 믿을 뿐, 확인할 길이 없는데, 이런 불안을 해소하는 것이 영혼(생령) 천상입천 의식이다. 여러분의 영혼(생령)을 천상으로 입천시킨 것을 당일 즉시 확인할 수 있기 때문이다. 천상으로 올라가면 육신으로도 수시로 내왕할 수 있고, 육신이 갑자기 죽어도 춥고 배고픈 허공중천 떠도는 귀신의 신세가 안 되고, 하늘 사람 천인(天人)이 된다.

여러분은 자신의 생령과 대화를 할 수 없지만 이곳에 들어오면 자유로운 대화가 가능하기에 통쾌하다. 자신이 자신을 모르고 살았는데 비로소 자신의 영혼과 난생처음으로 대화를 나누는 행운을 얻는 것이다.

사람이 살아가면서 무수히 많은 조상 풍파, 신의 풍파, 질병풍파, 귀신 풍파, 인간 풍파, 사업 풍파, 금전 풍파, 관재 풍파를 겪는 원인은 신과 영들이 인간 육신들을 굴복시켜 하늘을 만나 천상으로 돌아가기 위함이란 진실이 밝혀졌다. 원인 없는 결과 없듯이 각자들이 살아가면서 겪는 인생의 고통은 뜻이 있다.

인생의 아픔과 슬픔, 고통과 불행은 신과 영들이 하늘의 기운을 받아 더 행복해지기 위한 씨앗인 것이다. 인생의 풍파가 없으면 인간 육신들이 기고만장하여 하늘 앞에 굴복하지 않는다. 여러분의 불행은 행복의 씨앗이니 좌절하지 말고, 이곳에 들어와서 그 원인을 찾아서 해결해야 한다.

몸이 아프지 않으면 병원에 가지 않는 것처럼, 인생이 아프지 않으면 절대자 하늘을 찾지 않는다. 인류와 신, 영, 조상, 악신, 악령들의 심판과 구원의 생살여탈권을 행사하는 곳이다.

대통령과 재벌보다 나은 천인

인간 세상에서 살아생전에는 왕, 왕비, 대통령, 영부인, 재벌총수, 총리, 부총리, 장관, 차관, 국회의원, 정치인, 시도지사, 시군청장, 장군, 판사, 검사, 교수, 연예인, 프로선수가 최고 선망의 대상일 테지만 육신이 죽으면 살아서의 이 모든 부귀는 일장춘몽의 꿈에 지나지 않고, 해가 뜨면 사라지는 풀잎 끝에 맺힌 이슬에 불과한 신기루와 같다는 것을 깨달아야 한다.

많은 사람들이 아직 죽어보지 않아서 모르겠다고 말할 것이지만 죽어보면 알 것이다. 여러분이 현생에서 사람으로 윤회하고 있는 것은 육신적으로는 나를 만나기 위함이고, 영적으로는 미래 하늘이 되실 자미황제 폐하를 알현하여 천상에서 지은 죄를 빌어 지엄하신 대우주 절대자 하늘이 내리시는 명을 받아 영혼의 고향인 천상의 3천궁으로 오르기 위함이었다.

하지만 잘 먹고 잘사는 데만 혈안이 되어 인류 모두는 이런 하늘의 진실을 몰라보고 현실의 삶에만 목숨을 걸고 있다. 그러나 죽어보면 인생사는 일장춘몽이었다는 것을 알게 되고, 그때 가서 처절하게 후회를 하지만 다시 되돌릴 수 없다.

죽어서 하늘 사람이 되는 천인(天人)의 위상은 살아서는 표시도 없고, 빛이 나지 않지만, 육신의 삶이 다하고 죽으면 천상의 태상 자미천궁으로 올라가서 3,333개 제후국의 성주(城主)가 되고, 제후(왕) 자리에 임명될 수 있는 대상자이다.

천인(天人)의 위상이 얼마나 대단하면 살아서의 온갖 돈과 재물, 권세와 명예를 거머쥐고 부귀영화 누리는 왕, 왕비, 대통령, 영부인, 재벌총수의 자리와 바꾸지 않겠다고 하겠는가? 그것은 살아서 하늘 사람인 천인(天人)으로 명을 받은 자들에게 죽음 이후 제후(왕)가 되어 있는 사후세계 모습을 미리 적나라하게 생생히 보여주었기 때문이다.

하늘 사람으로 선택받은 천인(天人)들의 천상세계 삶을 확인한 결과 늙음이란 자체가 없고, 10~20대의 젊은 청춘 남녀의 모습으로 영생을 누리며 살아간다. 천상에서의 삶은 인간 세상의 삶과 대부분이 같은데, 황실, 관공서, 국회, 기업체, 백화점, 호텔, 시장, 놀이터, 유흥업소, 카지노도 그대로 있다. 4계절도 있고, 각자들에게 주어진 일상의 업무가 주어진다.

하늘 사람인 천인(天人)으로 명을 받으면 자신의 사후세계 모습을 20~30분에 걸쳐서 자세히 보여주고 들려주는 순서인 의식 절차가 있다. 인간으로서는 감히 상상도 할 수 없는 기적 같은 공상 영화의 한 장면을 현실로 보여준다. 꿈과 소설이 아니라 천상세계의 모습을 현실 그대로 보여준다.

여러분과 영혼, 조상, 신들을 구해서 보살펴 주실 분은 절대자 하늘 한 분뿐이시지, 종교 숭배자들과 종교 교주, 종교 지도자들이 아님을 알아야 한다. 인류 모두는 수천 년의 세월 동안 종교인들에게 구원이란 말에 속아 종교인들의 말을 믿었다.

이제는 종교의 꿈에서 하루빨리 깨어나서 현실을 바로 보고 자신의 사후세계를 철저히 준비해야 한다. 여러분은 죽음이란 것을 죽으면 그만이라며 대수롭지 않게 생각하며 살아가는데 상상을 초월하는 사후세계가 존재하고, 윤회하는 경우에 과거 문명 이전의 원시 세계로도 윤회한다는 사실을 확인하였다.

말 그대로 인생은 길어봐야 100년 미만의 찰나에 해당되는 아주 짧은 인생살이를 하는 것이고, 죽음 이후 천상의 삶은 영구적이니 어느 삶을 선택하는 것이 현명할 것인지 확실한 판단이 설 것이다. 살아서 벼슬보다, 죽어서 벼슬이 더 좋다.

그리고 여러분 독자 모두는 하늘 아래 죄인들의 신분이기 때문에 살아생전 하늘이 내리시는 명을 받들지 않으면 하늘의 명을 거역한 죄를 물어서 죽음과 동시에 추포되어 모진 고문 형벌을 영구히 받는 비참하고 불쌍한 신세가 된다.

여러분이 죽어서 우주와 지구, 땅속 그 어디에 숨어 있든지 미래 하늘이신 자미황제 폐하께서 78억 명의 신과 영들을 추포하라는 명을 내리시면 불과 수초 만에 천상신명들에 의해서 몽땅 붙잡혀 오기에 도망갈 곳도 없고 숨을 곳도 없다.

죽어서 죄를 크게 묻는 것은 악신과 악령들이 하늘과 대적하려고 세운 종교를 믿었던 죄가 가장 크고, 영혼의 부모님이시자 절대자 하늘을 찾지 않은 죄를 크게 물어서 형벌을 내리고, 인간으로 살아가면서 죗값을 벌어 하늘께 바치지 않은 죄를 물어 고문형벌을 받게 된다.

그러니까 현재 살아 있는 78억 명 인류 모두와 이미 이 땅에 태어났다가 죽은 수억 조 인류 모두는 죄인들이기 때문에 추포되어 하늘의 심판을 받게 되어 있는데, 이런 내용을 믿을 것인가 말 것인가? 너무 황당하여 전혀 믿어지지 않을 것이다.

어차피 인류 모두에게는 죽음이 예고되어 있고, 싫든 좋든 이 세상을 떠나 정처 없이 귀신으로 떠돌아다니거나 윤회, 지옥도로 떨어져야 한다. 좋은 세계로 알려진 천국, 천당, 극락, 선경세상은 존재하지 않는 허상의 세상으로 확인되었다.

살아서 하늘이 내리시는 명을 받아 인간 세상의 왕, 왕비, 대통령, 영부인, 재벌총수, 총리, 부총리, 장관, 차관, 국회의원, 정치인, 시도지사, 시군청장, 장군, 판사, 검사, 교수, 연예인, 프로선수들보다 천만 배 더 성공하고 출세한 하늘 사람인 천인(天人)의 신분과 위상을 갖는다는 것은 만물의 영장인 사람으로 윤회하여 가장 성공하고 출세한 사람들이다.

이번 세상에 보통 수준으로 살아가는 사람들은 수많은 사례를 볼 때 크게 성공하고 출세한 사람들에 비하여 하늘이 내리시는 명을 받을 확률이 상당히 높다. 일단 돈과 재물, 권세와 명예를 갖지 않은 사람들은 자만, 거만, 교만, 오만함이 적기 때문에 하늘이 내리시는 명을 받기가 수월하다.

현생에서 성공하고 출세한 삶이 여러분의 사후세상을 준비하는 데는 오히려 장애가 되고, 많이 공부하고 잘사는 사람들일수록 영적 세계 진실에 대해서 긍정보다는 부정적인 생각을 하는 사람들이 상당히 많다.

천상으로 돌아가는 길

신과 영들이 천상으로 돌아가는 길은 지구상에서 이곳 하나뿐이다. 물론 인정하기 싫은 사람들이 거의 대다수이다. 세상에 많이 알려진 종교로 몰려가서 천상으로 돌아가려고 하지만 그것은 세월 낭비, 인생 낭비, 금전 낭비만 할 뿐이다.

여러분의 육신이 죽으면 영혼은 조상, 정신은 귀신으로 신분이 바뀐다. 산 사람들의 영혼은 생령(生靈)이고, 죽은 사람들의 영혼은 사령(死靈)이 되며, 정신은 육신이 죽으면 귀신이 된다. 신과 영들이 천상으로 돌아가는 길은 종교세계 안에서는 절대로 불가능하다.

그 이유는 지구상의 모든 종교가 천상에서 역모 반란을 일으키다가 실패하여 지구로 도망치고 쫓겨난 악들이 세운 곳이기 때문이다. 인류 모두가 하늘 앞에 죄인들의 신분이기에 자신이 지은 죄에 대한 죗값을 바쳐서 하늘이 내리시는 명을 받아야만 천상으로 돌아갈 수 있다.

이곳에선 윤회의 굴레, 지옥의 굴레, 종교의 굴레, 악들의 굴레에 갇혀서 살려달라고 울부짖는 조상령(사령)들을 가장 우선적으로 조상 천상입천 의식을 행해서 천상으로 돌아가게 해준다. 조상을 구하는 1차 사명을 완수한 다음에 여러분의 영혼(생령)을 천상으로 보내는 천인합체와 생령입천 의식을 행하여 사후세계를 보장해 준다.

신과 영들이 천상으로 돌아가는 방법
조상은 천상입천 의식(사령)
영혼은 천인합체 의식(생령)
정신은 신인합체 의식(신명)
각 의식들은 특단, 상단, 중단, 하단의 등급 차등이 있다.

가족이나 조상들이 죽어서 어느 사후세계에 가 있는지 알 수 있다. 천상입천 의식을 행하기 위해서 수많은 조상 혼령들을 불러보면 만생만물로 윤회 중인 조상들, 지옥에 가 있는 조상들, 악들에게 잡혀간 조상들, 자손의 몸 안에 들어가 있는 조상들, 허공중천을 떠도는 조상들, 전전전 전생의 업보를 풀고 있는 조상들, 종교시설에 들어가 있는 조상 등 천차만별이다.

만생만물로 윤회 중인 조상들은 영장류, 동물류, 어류, 조류, 파충류, 양서류, 곤충류, 식물류, 무생물류, 모든 사물 집기류, 나무, 바위, 모래알, 개미, 모기, 파리, 하루살이, 구더기, 지렁이, 매미, 바퀴벌레, 물고기, 새, 개, 돼지, 닭, 고양이, 쥐, 소, 범, 토끼, 구렁이, 뱀, 말, 양, 염소, 산양, 원숭이, 곰, 물개, 장애자 등등 모든 것으로 윤회하며 전생의 업보를 풀고 있다.

종교를 열심히 믿으니까 죽으면 천국, 천당, 극락, 선경세상으로 간다고 믿는 사람들이 거의 대다수이지만 악들이 세운 존재하지 않는 허상의 가짜세계였음을 밝혀냈다. 그러니까 수천 년의 세월 동안 세계 인류 모두가 종교 숭배자와 종교 지도

자들에게 감쪽같이 속았다는 것을 밝혀낸 것이다. 지금도 종교를 열심히 다니는 사람들은 정말 믿기 어려운 내용이다.

죽은 귀신들을 무수히 많이 불러서 대화를 나누다 보면 이구동성으로 하는 말들이 '사후세계는 존재한다', '죽어보면 안다'라는 말이다. 그리고 모두가 살아생전 구원자를 만나지 못하였음에 후회막심하고 살려달라고 대성통곡한다.

죽은 뒤에 만생만물로 힘들고 고통스럽게 윤회하는 무서운 과정에서 구원자이자 심판자로 미래 하늘께서 대한민국의 서울에 어느 한 인간 육신으로 내려왔다는 것을 영계에서 소문을 듣고 알게 되었다고 후회하며 말하는 귀신들이 많았다.

이들도 죽기 전에는 사후세계가 존재한다는 사실 자체를 전혀 인정하지 않다가 죽은 귀신들이었다. 죽으면 그만이지 무슨 사후세계가 있느냐고 전면적으로 부정하던 귀신들이었다는 점이다. 이 글을 읽는 사람들도 이미 죽은 다른 귀신들과 생각이 전혀 다르지 않을 것이라고 본다.

여러분은 귀신들이 눈에 안 보이기 때문에 얼마나 많은지 감히 상상이 안 갈 정도로 많다. 사람 육신이 귀신 자체라고 보면 되는데 얼마나 많이 들어 있을지는 이 세상 그 어느 누구도 모르지만 이곳에서는 찾아서 빼낼 수 있는데 너무나 천문학적인 숫자라서 정말 믿기가 어려울 정도이다.

통상 귀신이 자신의 몸 안에 있다는 표시이다.

우울증, 불면증, 흉몽, 악몽, 조현병, 정신분열, 두통, 속쓰림, 가려움증, 만성 피부병, 어깨결림, 허리통증, 관절통증, 시력 저하, 이명, 난청, 소화불량, 구토증, 환영, 환청, 암, 당뇨, 고혈압, 고지혈증 등 질병들을 앓고 있는 사람들이다.

종교에 다녔거나 다니고 있는 사람들, 산이나 강, 바다, 굿당, 종교시설에서 기도나 치성을 드리는 사람들, 천도재, 굿, 49재, 지장재, 수륙재, 산신제, 용신제, 칠성제, 위령미사, 추모예배, 추도미사, 예배, 미사, 법회에 참석한 사람들, 영안실이나 장례식장에 다녀온 사람들,

병원에 다녔거나 다니고 있는 사람들, 회갑과 칠순 잔치에 다녀온 사람들, 유치원, 초등, 중등, 고등, 대학, 대학원, 군대, 직장, 자영업을 하면서 사람들을 많이 접촉한 사람들 모두가 귀신들에게 무더기로 감염되어 있다는 증거가 나왔다.

사람들이 태어나면서부터 현재까지 귀신들에게 감염되어 있는 숫자가 상상을 초월할 정도로 너무나 많아서 믿어지지 않을 정도이다. 이렇게 많은 귀신들이 몸으로 들어와 있는데도 아직까지 죽지 않고 살아 있는 것이 기적이지만 이미 귀신들로 인하여 세상을 떠난 사람들이 무수히 많다.

재수 없어서 죽었다고 말하는 사람들도 있겠지만 귀신들이 들어와서 질병과 급살, 비명횡사, 사건 사고를 일으켜서 죽은 사람들이 거의 전부이다. 인명은 재천이라 하였으니 하늘의 보호를 받으면 그만큼 귀신들로부터 침범을 덜 받는다.

괴질병 바이러스 때문에 인간 육신들이 죽지 않으려고 감염

을 예방하기 위해 마스크를 구입하려는 대란이 일어나고 매점 매석으로 공급이 수요를 못 따라가자 1인당 주 2개까지만 판매하는 마스크 5부제가 시행되고 있다.

인간 육신의 죽음이 무섭기는 무서운가 보다. 죽지 않으려는 사람들의 심리가 지구 전체를 공포의 두려움으로 감싸고 있는데 이것이 언제 끝날 것인지 불안과 초조 속에 외출을 자제하고 죽음의 괴질병이 지나가기를 기다리고 있지만 이번 괴질병은 치료제가 없는 무서운 병인데 우연한 발병이 아니다.

인류를 심판하기 위한 예언된 일이고, 축생 같은 인간 육신들에게 죽음의 공포를 통해서 진짜 하늘의 존재를 전 세계에 알려주는 것이다. 수많은 예언가들이 2020년~2025년 사이에 지구가 종말을 맞이한다는 무서운 예언을 쏟아내면서 세계 인류가 두려움에 벌벌 떨고 있다.

그러나 인간 육신의 죽음도 무섭지만 진짜 무서운 것은 여러분 몸 안에 있는 영혼들이 지구의 대한민국 수도 서울에 미래 하늘이신 자미황제 폐하께서 하강 강림하여 계신데, 미래 하늘을 만나지 못해 영적인 죽음을 맞이하는 것이 가장 무섭다는 진실을 귀신 퇴치 사례들을 통해서 알았다.

사람들 모두가 죽으면 그만이지 무슨 사후세계가 있느냐고 부정하고 아무런 대책을 세우지 않고 살아가다가 이런저런 이유로 육신의 죽음을 맞이하는데, 사람 몸에 무단 침입하여 무수히 달라붙은 악신, 악령, 악마, 요괴, 귀신, 축생령들을 추포해서 잡아들여 심판하고 소멸시키면서 이들을 통하여 죽음 이후의 사후세계가 실제로 존재함을 낱낱이 밝혀내게 되었다.

이런 악들과 귀신, 축생령을 추포해서 심판하면 모두가 살려달라고 애걸복걸하며 눈물 콧물 흘리고 대성통곡하는데 대다수가 천상의 3천궁으로 보내달라는 귀신들이 가장 많았지만, 이들은 이미 육신이 죽어서 죄를 빌 수 있는 기회가 박탈되어 천상으로 돌아갈 수 없고, 최후의 죽음을 맞이하여 소멸되는 운명을 맞이할 수밖에 없는 귀신들이다.

각자의 몸 안에 있는 산 사람의 영혼인 생령과 죽은 사람의 영혼인 사령(조상 포함), 신명들에게 구원의 기회를 무수히 주었지만, 죄를 빌 수 있는 하늘의 명을 받들지 않고 있다. 육신이 살아 있다고 하늘 무서운 줄 몰라보고 까불어 대는 신과 영들이 거처하는 인간 육신을 파괴하고자 괴질병과 천재지변으로 죽이는 무서운 심판이 집행되고 있는 것이다.

그리고 괴질병 바이러스에 걸려 확진자로 판정받은 몇 명과 죽은 사람들 몇 명 중에서는 신문, 책, 블로그, 카페, 페이스북, 유튜브를 통해서 이곳을 비난 험담한 자들이었고, 죄를 빌어도 용서받지 못할 죄인들이었다는 진실도 밝혀졌다.

인간 육신들만 비난 험담한 것이 아니라 독자들의 몸 안에 있는 무수히 많은 신과 영, 조상, 귀신, 악들도 함께 비난 험담했다는 사실도 밝혀냈다. 전화로 비난 험담하고 끊는 자들을 즉시 추포하여 심판하면 그자의 영혼, 신, 조상령, 귀신, 악들이었다는 사실도 알아내었다.

전화 혹은 문자로 비난하고 끊는 자들은 즉시 천상신명들에게 명 내리면 몇 초 이내로 그들을 추포해서 잡아들여 심판할 수 있는 상상을 초월하는 무소불위한 천지대능력을 갖고 있는데 이는 하늘의 천자이시자 황태자이신 미래 하늘께서 천상신명들에게 명을 내리시기 때문에 바로 추포되어 잡혀오는 경천동지할 이적과 기적이 실시간으로 일어난다.

반대로 하늘의 명을 받드는 구원할 자들의 신과 영, 조상들 역시도 몇 초 이내로 데려오게 하여 천상의 3천궁으로 보내주시니 인류가 애타도록 기다리던 심판자이시자 구원자로 오신 미래 하늘이 자미황제 폐하이시다.

심판과 구원이란 양날의 칼을 갖고 인간 육신으로 하강 강림하시었는데, 천상에서 죄를 짓고 지구로 떨어진 역천자 대역 죄인들을 추포하여 심판해서 소멸시킬 자들과 구원하여 천상으로 보낼 자들을 판별하러 오시었다.

하늘의 천자이시자 황태자이시며 미래 하늘이신 자미황제 폐하께서 인간 육신으로 하강 강림하셨다는 진실을 찾아내고 천지기운으로 느껴서 알아보기까지 수십 년의 장구한 세월이 걸렸고, 그것은 너무나 모질고 험난한 피눈물 나는 과정으로 참아내기 어려운 인고의 세월이었다.

내 육신으로 미래 하늘께서 내려오시리라고는 꿈에서조차 생각도 못 했던 경천동지할 일이었다. 천자는 만들어지는 것이 아니라 타고나는 것이란 진실도 알게 되었다. 자칭 하늘, 하나님, 하느님, 천자, 상제, 천제, 부처, 미륵, 재림예수, 정도령이라고 말하는 자들은 모두가 악신, 악령들이 들어와서 사칭하는 것이라는 진실이 밝혀졌으니 현혹되지 말아야 한다.

2020년 2월 10일 10:28 네이버 기사 내용

모 교회 총회장이 신도들에게 보낸 특별편지에서 "하나님께 괴질병 바이러스 감염증 치료약을 달라는 기도를 하자"고 호소했다. 9일 교회 측에 따르면, 총회장은 이 편지에서 "우리 다 함께 하나님께 기도하자, 괴질병에 감염된 성도들을 위해 또 전 성도들의 건강을 위해, 하나님 치료되는 약을 주십시오" 라고 말했다.

"특히 예수님의 이름으로 합심해 구한다. 오늘 꼭 기도합시다"라며 신도들의 기도를 여러 차례 독려했다. 총회장은 지난달 29일에도 신도들에게 보낸 특별편지를 통해 "결국은 하나님의 통치로 정복하게 된다. 약속의 말씀을 지키자"는 메시지를 전한 바 있다.

교회 교주 총회장이 교인들에게 괴질병 치료약을 달라며 기도해 달라고 지시를 내렸다는 특별편지에 웃음이 나오는 이유는 총회장이 자신의 모든 교인들에게 구원자, 이긴 자로 알려졌기 때문이다.

기독교인, 천주교인들이 수천 년 동안 전지전능의 천지 창조주라고 믿어오던 하느님, 하나님은 이스라엘 민족 조상인 여호와(야훼)이고, 이들은 천자이시자 황태자이신 미래 하늘께 추포되어서 심판받아 소멸되는 극형을 받았다.

대우주 창조주이시자 절대자이신 태초의 하늘께서 여호와(야훼) 육신으로 하강 강림하신 적이 없으시고, 다른 자들의 육신으로도 내려오신 적이 한 번도 없으시다며 내게 말씀하셨기에 가짜 하느님, 하나님이니 인류 모두가 감쪽같이 속아왔음이 이곳에서 밝혀졌다.

진짜 하늘이 내려오시지 않는 이유는 이곳이 천상에서 도망치고 쫓겨난 대역죄인들이 살아가는 지옥별이자 역천자 행성이기에 절대자께서 내려오실 하등의 이유가 없으시고, 외동아들이신 천자이시자 황태자이신 미래 하늘께서 심판하시고자 인간 육신으로 하강 강림하신 것이 처음이라고 하신다.

총회장은 교인들에게 알려진 것처럼 구원자도 아니고 이긴자도 아니라는 사실이 성도들에게 보낸 특별편지를 통해서 낱낱이 드러났다. 하늘을 사칭한 가짜 하나님을 받들고 있는 세계 인류에 대한 하늘의 분노가 폭발하시어 인류와 종교인들에게 내린 심판의 대재앙이거늘 어찌 대역죄인들이 하늘이 내리시는 심판을 막으려 하는 것인가?

천상에서 지은 죄를 빌지 않을 대역죄인들은 하늘이 내리시는 대재앙의 심판에서 겸허히 죽음을 맞이하는 것이 옳을 것이다. 지구상에 존재하는 모든 종교 자체가 악들이 세운 가짜 세계이기에 종교사상에서 벗어나지 못하는 자들은 절대로 구원이 없다는 사실을 알린다.

정녕 세계 인류가 수천 년 동안 믿었던 하나님과 예수가 진짜 능력자라면 왜 괴질병 대재앙을 막아내지 못하실까? 또한 천주교 교황청이 있는 이탈리아 로마에 중국 다음으로 사망자들이 유독 많은 것일까? 로마 교황과 추기경, 대주교들은 괴질병을 왜 막지 못하고 무엇을 하고 있는 것인가?

종교란 이 땅에 다녀간 성인 성자로 알려진 죽은 유명인사들의 영혼들과 이들 몸에 붙어 있는 귀신들 그리고 이들을 내세워 종교를 뿌리내린 악신, 악령, 악마들을 섬기는 것임이 밝혀졌다. 사람들이 원하고 바라는 구원의 하늘이나 참신은 그 어떤 종교로도 하강 강림한 적이 없다는 점이다. 종교를 심판하는 이유는 모든 종교가 귀신들을 받들어 섬기며 정작 죄를 빌고 구원받아 천상으로 돌아갈 신과 영들을 종교지옥에 가두어 두고 있기 때문이다.

걷잡을 수 없는 세계적인 괴질 바이러스 공포의 대재앙으로 인류가 무서움과 두려움에 벌벌 떨고 있다. 건국 이후 최악의 재앙이 몰려오고 있다. 150개국이 한국인 입국 금지 조치했다. 무역 문제, 직장 문제, 사업과 장사, 먹고 사는 것이 현실에서 가장 급한 화두가 되었다.

국가적인 문제와 세계적인 모든 문제에 대한 생살여탈의 해법은 천자이시자 황태자이시며, 심판자이시자 구원자이신 미래 하늘께서 갖고 계시다. 누가 해법을 풀어낼 것인가? 개인이든, 단체든, 기업이든, 국가든 생존을 원하거든 미래 하늘을 알현하여 살려달라고 읍소하며 빌어야 생존이 가능하다.

재벌, 권력자, 종교인들의 자만, 거만, 교만, 오만이 극에 달하여 하늘께서 세계 인류 전체를 심판하고 있는 것이다. 78억 명 인류가 괴질병 바이러스와 천재지변으로 모두 죽음을 맞이할 것이고, 극소수만이 생존하게 된다.

결론- 인류와 지구를 심판하시러 미래 하늘께서 지구에 하강 강림하시어 괴질병 바이러스와 천재지변으로 인류 멸망, 지구 종말이 현실로 다가오고 있기에 현생과 죽음 이후 다음 생을 마련해야 하는 유일한 곳이 이곳이다.

인류 모두가 괴질병과 천재지변의 심판으로 죽든, 자연사나 사건 사고, 질병으로 죽든 세월 따라 죽어야 하는데, 그냥 죽을 것인가? 죽음 이후 사후세계가 있다면 준비할 것인가? 둘 중의 하나를 선택해야 한다. 육신이 살아 있어야만, 자신의 죽음 이후 천상의 3천궁으로 입궁을 준비할 수 있다.

죽음 이후 사후세계의 존재를 부정하는 사람들은 이 책을 시간 낭비하며 읽어볼 필요가 없다. 영적 존재들인 신과 영들이 하늘로부터 보호받지 못하면 인간 육신들도 죽음의 심판으로부터 보호받을 수 없다.

인간, 신, 영혼, 조상들이 원하고 바라는 모든 천비로운 기운들이 이곳에 준비되어 있다. 지금 괴질병 바이러스로 전 세계가 공포의 두려움으로 벌벌 떨며 아수라장으로 급변하고 있는데, 고열로 사경을 헤매는 확진 환자가 직접 또는 원격(지방과 외국 포함)으로 미래 하늘이신 자미황제 폐하께 기운을 받으면 당일 즉시 완치되는 이변이 일어나지만, 공상 소설 같은 이런 내용을 어느 누가 인정하며 믿겠는가? 이것이 문제이다.

죄인들의 심판으로 전 세계가 공포와 두려움에 벌벌 떨며 패닉 상태에 빠졌는데, 현재 상황은 단기간에 끝나지 않고, 78억 명 인류의 99.99%가 죽고, 하늘께 굴복해야만 멈출 것인데 2~3년 정도 걸릴 것이고, 1차 심판이 이루어지면 살아남은 자들의 인생은 하늘에 의해서 정해진다.

천상의 3천궁과 같은 종교와 전쟁 없는 무릉도원 세상이 열릴 것인가? 아니면 천상의 계획표에 따라서 지구가 다른 행성과 충돌해서 영원히 사라지느냐의 중차대한 기로에 놓이게 되는데, 살아남은 자들은 대다수가 종교를 믿지 않은 자들이거나 종교에 실망하여 다니지 않는 자들이 될 것이다.

인류가 기다려오던 심판자께서 미래 하늘로 이 땅에 오시었고, 하늘을 사칭하는 숭배자들과 종교 지도자들의 영성과 영체를 몽땅 추포해서 심판하시었다. 종교를 세운 악신, 악령, 악마, 사탄, 마귀, 요괴, 악귀, 잡귀, 귀신들도 모두 심판하셨다.

하늘께서 인류와 지구를 심판하시는데 살아남고 싶은 자들은 들어와서 진정으로 굴복해야 한다. 살기 위한 거짓 굴복은 통하지 않는다. 생각이나 속마음까지 기운으로 알고 있으시기에 하늘 앞에서는 그 어느 것도 숨길 수가 없다.

앞으로 얼마 안 남은 짧은 시간 속에 진정으로 진짜 하늘을 찾고자 했던 사람들에게는 절호의 기회가 주어지는 것이고, 먹고사는 것에만 혈안이 되어 있는 축생들에게는 인류 최후의 날을 맞이하게 될 것이다. 귀신세계를 통해서 죽으면 끝이 아니라는 것을 깨닫는 사람들이 많이 나올 것이다.

돈, 권세, 명예를 가져가려면?

인간 육신이 살아생전 벌어놓은 금전과 권세, 명예를 죽음 이후 사후세계까지 가져갈 수 있는 길은 없을까 많은 고민들을 하고 있지만 현실적으로는 방법이 없으나 이곳에서는 얼마든지 가능하다.

하지만 현실적으로 보여주고 믿게 해줄 방법이 없다. 영적으로 죽음 이후 자신의 사후세계 미리 보기를 통해서 각자의 영혼들에게 직접 사후세계 모습을 보여줄 수 있는데 마치 꿈을 꾸는 것 같다고 말한다.

하늘께 뽑혀서 이곳에 들어올 수만 있다면 영적 세계에 대한 모든 것이 가능해진다. 미래 하늘이신 자미황제 폐하이시지만 글을 쓸 때는 인간 육신을 빌려서 쓰신다. 하지만 만생만물과 만물의 정기, 신, 영, 3혼, 악신, 악령, 귀신, 바이러스, 괴질 신장들에게는 실시간 메시지로 명을 하달하신다.

인간 육신이 살아서 천자이자 황태자 신분을 가진 미래 하늘이신 자미황제 폐하를 만나는 자들은 인생 최고의 행운아, 천운아들이며 지구에서 최후의 승리자이자 성공자들이다. 나는 지구에서의 마지막 사명 완수인 인류 멸망과 지구 종말을 현실로 완성시키면 천상의 3천궁으로 올라가서 황위를 계승하여 천상의 주인 황제 자리에 오르게 된다.

인간들이 살아서 이루어놓은 커다란 성공과 출세한 돈과 재물, 권력과 명예, 행복과 기쁨을 그냥 두고 떠나자니 너무나 안타까워 죽음이 원망스럽다는 사람들이 많다. 나의 육신도 지구가 종말을 맞이하면 함께 세상을 떠난다. 사후세계를 미리 준비할 자들은 죗값과 천상의 관직(벼슬 값)을 준비하여 의식 절차에 따라서 행하라.

이것이 사후세계 준비를 완벽히 하는 것이다. 지구는 대역죄인 악들이 살아가는 지옥별이기에 파괴할 수밖에 없고, 인류 멸망과 지구 파괴의 사명을 완수하기 위하여 지구로 내려온 황태자이자 미래 하늘이 자미황제 폐하이시다.

현재 지구상의 모든 과학문명은 천상의 3천궁에서 내려온 것이고, 천상의 모습은 초고도화된 과학문명 세계이며 공상과학 영화에 등장하는 모든 모습들과 초과학적인 것이 천상의 3천궁에서는 현실이다.

여러분이 살아생전 물려받은 재산이든, 벌어들인 재산이든 이 세상에서 여러분을 위해서 쓰는 데는 한계가 있을 것인데, 그 많은 재산을 어떻게 처리하고 눈을 감을 것인지 모두가 고민하지 않을 수 없다. 물려줄 자손이 있는 경우도 있고, 절손되어 없는 경우도 있는데, 여러분의 사후를 준비하는 금전으로 사용하고 나머지는 돈이나 채권, 문서로 하늘께 올리면 자신들이 바친 금전만큼 천상의 3천궁에서 권세와 명예가 주어진다.

돈은 왜 많이 벌려고 하는가?

사람들이 태어나서 눈만 뜨면 돈 많이 벌려는 생각으로 가득 차 있고, 온갖 수단과 방법을 가리지 않고 불법, 탈법, 편법을 총동원하여 남들보다 더 많은 돈을 벌려고 혈안이 되어 있는데, 크게 성공하여 부자나 재벌이 된 사람들도 있고, 실패하여 가난하게 사는 사람들도 있다.

먹고 살기 위해서 당연히 돈을 벌어야 하고, 수준 높은 현대 문명 생활에 맞추어 살려면 더 많은 돈이 필요해서 하루도 일하지 않으면 목숨을 부지할 수 없는 세상이 되었다. 돈이 사람을 따라야 한다, 돈에도 귀가 있다는 속담도 있지만 여기에는 또 다른 고차원적인 영적 세계 진실이 숨어 있다.

순수하게 이해하고 받아들일지는 모르겠지만 전생의 빚을 갚기 위해서 돈을 많이 벌어야 하는 것이다. 전생이라 함은 백사장에 모래알처럼 한도 끝도 없는 전전전… 전생이 있고 그 때마다 자신들이 상대방에게 지은 죄를 풀어야 하는 업보라는 것이 있는데, 이것은 피할 길이 없기에 반드시 갚아야 한다.

그리고 여러분에게는 전생 이외에 원초적인 고향인 천상에서 살 때의 삶을 천생(天生)이라고 하는데, 그곳에서 죄를 짓고 지구로 도망친 자와 재판받고 쫓겨난 자들이 있다. 죄를 지은 것 중에서 가장 큰 죄가 천생에서 절대자 하늘을 시해하는 역모 반란에 가담한 죄가 가장 크다는 사실을 알아야 한다.

현재 지구에서 살아가는 78억 인류 모두와 이미 태어났다가 죽어서 조상이나 귀신이 되어버린 각자의 모든 조상 영가들도 죄인 아닌 자들이 하나도 없다. 지구에 78억 인류 중에서 죄인 아닌 순수한 인간은 단 한 명뿐이고, 그 외는 모두가 죄인이다.

천생(天生)과 모래알처럼 많은 전생의 업보를 무슨 재주로 이 땅에서 풀 것인가? 천생과 전생을 인정하지 않는 사람들이 거의 전부이고, 안다고 하여도 무량대수의 업보를 푼다는 것이 사실상 불가능해서 절대자 하늘께 의뢰하는 길이 유일하다.

천생(天生)과 전생에서 지은 죄를 갚는 길은 돈을 많이 벌어서 절대자 하늘께 죗값으로 바치는 수밖에 없다. 만생만물 중에 사람만이 돈을 벌 수 있고, 사람만이 천생(天生)과 전생에서 지은 죄를 빌 수 있는 유일한 기회가 주어져 있다.

천생(天生)과 전생에서 지은 죗값을 벌어서 갚지 않으면 누구를 막론하고 말 못 하는 만생만물로 환생하여 윤회하는 것을 피할 수 없다. 수많은 전생에서 지은 업보를 여러분 스스로가 풀 수 있는 길은, 육신으로 온갖 모진 고통을 직접 부딪치며 온몸으로 겪어서 풀어나가는 길밖에는 달리 방법이 없다.

만생만물로의 윤회를 끝낼 수 있는 유일한 길이 죗값을 많이 벌어서 하늘이 내리시는 명을 받아 천생(天生)과 전생에서 지은 죄를 빌고 용서받아서 원래 태어났던 천상의 무릉도원 3천궁으로 다시 돌아가는 것이 지은 업보를 푸는 길이다.

천생(天生)과 전생에서 여러분이 지은 업보와 죄를 빌 수 있는 유일한 방법이 상응한 죗값을 바치며 살려달라고 절대자 하늘께 애걸복걸하며 비는 것 뿐이다. 죗값을 바치기 싫은 사람들은 안 바치면 되고, 지은 업보를 죽어서 갚으며 만생만물로 윤회해서 각자의 힘으로 풀어나가는 수밖에 없다.

돈이 곧 기운이고, 살아서만 돈을 벌어서 죗값을 바칠 수 있기에 육신이 살아생전 자신들의 죽음 이후 미래세계를 철저히 준비하고 죽어야 한다. 종교 열심히 믿으니까 죽어서 천국, 천당, 극락, 선경세상으로 갈 것이라며 안심하는 사람들은 하루빨리 꿈을 깨는 것이 좋을 것이다.

그런 세계는 실제로 존재하지 않는 가짜세계였음이 확인되었다. 사람으로 태어났을 때만 돈을 벌 수 있고, 자신이 천생(天生)과 전생에서 지은 죗값을 절대자 하늘께 바칠 수 있다. 여러분의 죽음 이후 미래세계를 책임지고 보장해 주실 수 있는 분은 여러분의 영혼을 창조하신 영혼의 부모님이시다.

절대자 하늘이시고 대우주 천지 창조주이신 영혼의 아버지와 영혼의 어머니가 계신 천상의 3천궁으로 돌아가려면 지구에서는 이곳 한 곳뿐이니 종교에서 빠져나와 진정한 하늘을 알현 드려야 한다. 육신이 죽어서는 절대자 하늘을 알현 드릴 수 있는 기회 자체가 박탈당하기에 서둘러야 한다.

육신이 죽어서 사후세계가 존재한다는 진실을 알고 그때 가서 울고불고 애걸복걸하며 빌고 빌어도 받아주시지 않기에 아무 소용이 없다. 죽어서는 죗값을 바칠 수 없기에 각자가 살아서 행하고 뿌린 대로 한 치의 오차도 없이 거두게 된다.

사람으로 태어난 것은 돈을 벌어 죗값을 바치고 천생(天生)과 전생에서 지은 죄를 빌어 영혼의 고향인 천상으로 다시 돌아오라고 기회를 주신 것인데, 이해하고 받아들이지도 못하고 악신과 악령들이 세운 종교세계에 매달리며 빠져 있다.

지구상에서 구원은 이곳에서만 가능하지만 온통 종교 천국이 되어버려서 종교사상에 세뇌당하여 눈을 가리고 귀를 막고 있어 엉뚱한 곳에다 돈을 바치고 세월을 낭비하고 있는 것이 현재 종교를 맹신하고 있는 인류 모두의 모습들이다.

이번 생에 돈을 많이 벌은 사람들은 지은 죄가 그만큼 크다는 것을 금전 액수로 표시해 놓은 것인데도 불구하고 오히려 돈에 미쳐서 자만, 거만, 교만, 오만으로 가득 차 천생(天生)과 전생에서 지은 죗값을 바칠 생각을 안 하고 살다 죽는다.

그렇게 살다가 이 세상을 떠난 뒤에서야 사후세계의 무서운 모습과 참을 수 없는 고통을 당하고 나서 자신의 전 재산을 바칠 테니 구해달라고 하소연하지만 아무 소용 없는 일이다. 얼마나 다급하면 전 재산 바친다고 말하겠는가?

육신이 살아서는 돈이 중요하지만 죽으면 단 한 푼도 가져가지 못하고, 자신의 비참한 사후세계 삶에 천추의 원과 한을 남기는 어리석음을 범하고 있다. 말 그대로 죽어봐야 안다.

종교 믿으면 천상으로 못 올라가

종교를 다닌 사람, 현재도 다니고 있는 사람들은 이 대목을 중요하게 읽어야 한다. 종교 자체를 최초로 지구에 세운 존재가 하늘을 시해하고 황위를 찬탈하려던 역천자 반란 괴수 후궁 '하누'와 그의 아들 황자 '표경'이란 자들이다.

천상에서 이들의 역모에 동조한 신들이 천상감찰신명(신명), 천상천감(하느님, 하나님), 천상도감(부처, 미륵), 영의 신감, 천지신명, 열두대신들이었고 이들의 수하들은 무량대수로 헤아릴 수 없이 엄청 많다.

이들 모두 천상에서 지구로 도망치거나 심판을 받고 추방당해 쫓겨난 자들이다. 그리고 인류의 몸 안에 있는 영혼들도 천상에서 이들의 역모 반란에 가담하였다가 추포되어 지구로 유배당한 대역죄인들의 신분이다.

그래서 이들이 세운 종교를 믿어서는 각자들 영혼의 고향인 천상으로 돌아갈 수가 없는 것이다. 여러분의 영혼들이 지구로 유배당한 것은 천상에서 지은 죄를 황태자이시며 미래 하늘이신 자미황제 폐하를 만나서 죄를 빌고 다시 천상으로 돌아오라고 기회를 주신 것인데 악신과 악령들이 세운 종교를 믿고 있으니 어찌 돌아가겠는가?

종교 자체는 영혼의 고향으로 돌아가야 할 여러분의 영혼들을 돌아가지 못하게 종교 감옥에 가두어두고 온갖 종교 사상과 이론으로 세뇌시켜서 돌아가지 못하게 하고 있다. 천상에서 도망치고 쫓겨난 자들이 천상의 문을 열 수 있을까? 어림도 없는 일이고 절대로 불가능한 일이다.

그래서 종교 믿으면 여러분과 가족, 조상 모두가 망하는 지름길이라는 것이다. 하늘의 대역죄인들이란 굴레를 벗어날 수 없다. 역천자 행성 지옥별인 지구에서 천상으로 돌아가는 길은 이곳 하나뿐이다. 믿든 안 믿든 여러분의 자유인데, 종교에서 탈출하지 않으면 영원히 천상으로 돌아갈 수 없다.

종교가 사람 잡는 곳인데 너무나 사상적으로 세뇌당하여 그 어떤 말들도 믿지 않고 무조건 사이비 운운하며 배척한다. 이 지구상에 그 어떤 종교든지 믿으면 영원히 천상으로 돌아갈 수 없으니 이제라도 정신 차리고 이곳으로 들어와야 한다.

기독교에서 부르는 여호와 하나님, 천주교에서 부르는 여호와 하느님 모두가 반란 괴수 하누가 세운 자이고, 이스라엘 조상귀신 중의 하나일 뿐이다. 석가, 예수, 마리아, 마호메트, 상제, 공자, 노자, 알라신, 라마신, 천지신명, 열두대신 등 무속세계에서 섬기는 자연신들 모두가 대역죄인들인 악신과 악령들이라는 진실을 미래 하늘이신 자미황제 폐하께서 밝히시었다.

즉 천상으로 돌아가지 못할 죄 많은 불쌍한 자들이 종교세계를 다니고 있다고 보면 될 것이다. 이들은 끝없는 지옥도의 고통과 만생만물로 윤회만이 기다리고 있을 뿐이다.

하늘의 신하와 백성

언제가 육신이 죽어서 천상(3천궁)에 올라가서 하늘의 사랑과 총애받는 하늘의 신하와 백성이 되는 길이 여기에 있다. 그러니까 사후세계를 준비하려면 육신이 살아생전에 하늘이 내리시는 명을 받아야 하늘의 신하와 백성이 될 수 있다. 살아서 하늘의 신하와 백성으로 임명을 받지 못하면 육신이 죽어서는 절대로 천상으로 올라갈 수 없다.

하늘의 신하는 당상관 정3품 이상을 말하고, 당하관은 정 3품 이하를 말한다. 당상관은 정 1품(총리급), 종 1품(부총리), 정 2품 (장관, 차관, 대장, 본부장), 종 2품(차관보, 중장), 정 3품(관리관, 소장), 종 3품(이사관, 국장, 준장), 정 4품(부이사관, 대령), 종 4품(중령), 정 5품(서기관, 소령, 군수), 종 5품(부군수), 정 6품(사무관, 대위, 면장), 정 7품(주사, 계장, 중위), 종 7품(주서), 정 8품(주사보, 소위, 준위), 종 8품(상사), 정 9품(서기, 중사), 종 9품(서기보, 하사)

하늘의 신하라는 신분은 자신의 영혼을 하늘 사람이 되는 천인합체 의식이나 생령입천 의식을 행한 사람들에게 하단 신하, 중단 신하, 상단 신하, 특단 신하로 신분과 벼슬이 부여되고, 하늘의 백성은 자기 조상들을 조상입천 의식을 행하여 구한 사람들에게 일반 백성, 하단 백성, 중단 백성, 상단 백성, 특단 백성의 신분이 주어진다. 육신이 살아 있어야 하늘이 내리시는 명을 받아 천상으로 오를 수 있기에 빨리 종교에서 떠나야 한다.

지구상의 그 어떤 종교를 믿어서도 천상의 3천궁으로 오른다는 것은 절대로 불가능한 일이다. 그러니까 과거든 현재든 종교를 믿는 사람들은 악신과 악령들이 세운 종교에 속았다는 것인데, 이것을 인정할 사람들이 얼마나 있을지는 미지수이다.

이 글을 진실로 믿는 사람들은 행운아들이고, 무시하고 부정하는 사람들은 천상의 삶과 전전전 전생, 현생의 죄가 너무 크고 많아서 천상의 3천궁으로 오를 대상자가 아니기 때문일 것이다.

천상세계의 직급제가 지상으로 내려온 것이기에 인간 세상의 신분 계급과 거의 대동소이하다. 죽어서 말 못 하는 만생만물로 윤회하고 지옥도에 떨어져서 고통스런 사후세상을 살아갈 것이냐? 아니면 꽃 피고 새 우는 천상의 무릉도원 3천궁에 태어나서 10~20대 젊은 모습으로 기쁨과 행복을 누리며 영생할 것인가인데, 정말 죽어서 천상의 3천궁으로 올라갔는지 어떻게 아느냐고 못 믿겠다고 말하는 사람들이 많다.

살아생전 하늘이 내리시는 명을 받아 천인합체와 생령입천 의식을 행하여 천인(天人)의 신분을 얻은 자들이 죽은 뒤에 정말 천상의 3천궁으로 올라간 것인지, 매주 일요일 1시~6시까지 전국 각 지역에서 올라와 천상도법주문회에 참석하는 수많은 사람들이 지켜보는 앞에서 천상으로 입천한 하늘 사람 천인(天人)들을 다시 불러 내려서 어떻게 살아가고 있는지 20~30분 동안 사람과 대화 나누듯 확인하는 절차가 있기에 그런 불신의 걱정은 전혀 하지 않아도 된다.

물론 하늘이 내리시는 명을 받아서 천인(天人)의 신분이 되면 자신이 어느 날 갑자기 죽은 뒤에 지옥세계 명부전에 끌려가서 무섭고 참혹한 심판을 받지 않고, 곧바로 천상의 3천궁으로 올라갈 수 있는지 어떻게 믿느냐 하는 사람들이 있는데, 천인합체 의식을 행하는 날 바로 그 자리에서 확인시켜 준다.

자신이 죽었을 경우 어떤 절차를 거쳐서 천상의 3천궁으로 올라가서 어떤 신분과 어떤 벼슬 품계를 받아 살게 되는지 여러분 영혼에게 20~30분 정도 생라이브로 보여주고 들려주는데, 최면술과는 전혀 차원이 다르기에 직접 행해 봐야 한다.

기존의 종교에서는 열심히 믿으면 천국, 천당, 극락, 선경세상으로 올라간다고 무조건 믿으라고 하는데, 모두 악신과 악령들의 달콤한 거짓말이었음이 여기서 낱낱이 밝혀지고 있다. 죽었는데 천상으로 갔는지, 못 갔는지 육신이 어떻게 알 것이며, 천상으로 못 올라갔을 경우 누구를 붙잡고 따질 것인가?

한마디로 멍텅구리 종교이고, 눈먼 장님들을 상대하는 것과 같은 곳이 지금의 어두운 종교세계란 것을 알아야 한다. 그래서 일단 종교사상에 한 번 세뇌당하면 무조건 맹신하므로 이 글을 부정하고 무시할 것이기에 살인은 할망정 악들이 세운 종교만은 절대 믿지 말라고 하는 것이다.

종교를 믿으면 하늘과는 멀어지고 영원히 이별하는 길이고, 태초의 하늘이신 영혼의 아버지, 영혼의 어머니를 만날 수 없다. 그리고 이번 생에 죽으면 두 번 다시 하늘이 내리시는 명을 받을 기회는 주어지지 않기에 천상으로 올라갈 수 없다. 지금은 말세이고 구원의 마지막 때라는 것을 괴질병 바이러스로 생생히 확인시켜 보여주고 있다.

육신이 죽으면 그만이 아니란 것을 수많은 귀신들을 추포해서 소멸시키는 과정을 읽으면서 죽음 이후 귀신세계, 윤회세계, 사후세계가 실제로 존재한다는 것을 바보가 아닌 이상 확인할 수 있을 것이고, 종교세계에 상상을 초월하는 악신과 악령, 귀신들이 바글바글하다는 것을 알 수 있다.

여러분 독자들은 무슨 빽이 있어서 죽음 이후 세계를 준비하지 않고 살아가는가? 죽어서 가족들 찾아가서 애걸복걸하며 괴롭히고 좋은 곳으로 보내달라고 매달리며 눈물 콧물 흘리며 울부짖지 말고, 자신의 죽음 이후 사후세계는 모든 일을 뒤로 미루고 자신 스스로 이곳에 들어와서 준비하여야 한다.

배우자나 자식들도 여러분의 죽음 이후 사후세계를 아무도 챙겨주지 않기에 본인들이 손수 준비해야 죽어서 후회하지 않는다. 산소(호화 매장 묘지, 납골묘, 납골당)와 벌초, 성묘, 제사, 차례, 49재, 천도재, 조상굿, 위령미사, 추모예배 지내주는 것이 여러분의 사후세계를 위로해 주고 보장해 주는 것이 아니므로 정신들 차리고 사후세계 준비를 철저히 해야 한다.

구세주, 구원자, 메시아, 미륵불, 정도령, 진인이신 천자이시자 황태자이신 미래 하늘께서 대우주 천지 창조주 절대자 하늘의 명을 받아 지구 행성 대한민국 서울특별시 강동구 성내 3동

383-11(성안로 118)로 하강 강림하시어 천상의 3천궁으로 올라갈 자들을 이 책을 통하여 부르시고 선별하시는 중이시다.

하늘의 신하와 백성이 되면 매주 일요일마다 하늘이 내리시는 천기롭고 천비한 무소불위의 기운을 받을 수 있다. 이것이 지금 온 세상을 공포로 몰아넣고 있는 괴질병 바이러스로부터 감염을 예방하고, 이미 확진자로 판정받은 자들은 바이러스를 소멸시킬 수 있는 기운을 받게 된다. 확진된 당사자는 참석할 수 없으므로 가족들 중 사명자가 전화로 의뢰하여야 한다.

하늘 사람 천인(天人)이 되어 영혼의 고향으로 돌아가려고 이번 생에 사람으로 윤회하고 있는데, 이번 생에 영혼의 어버이이신 하늘의 부름을 받지 못하면 영영 미아가 되고, 말 못 하는 만생만물로 괴롭게 윤회하면서 무서운 업보를 닦아야 하고, 남겨진 자식들과 후손들이 여러분의 죄업을 대물림받아야 한다.

절대자 하늘께 지은 죄라는 것이 얼마나 무서운지 눈에 보이지 않기 때문에 실감이 나지 않을 것인데, 자손 대대로 내려가고 빌지 않으면 영원히 끝이 나지 않는다. 그리고 죄라는 것은 아무나 빌 수 있는 것이 아니라 하늘이 내리시는 명을 받을 수 있는 사명자로 선택받은 자가 빌어야만 받아주신다.

현재 78억 세계 인류 중에서 99.99%는 구원 대상자에서 제외될 것이고, 0.01%인 약 78만 명만이 하늘이 내리시는 명을 받을 자격이 주어질 것이기에 해당자는 하늘이 내리시는 기운을 받고 들어올 것이니 이것이 백조일손, 천조일손, 만조일손이다.

친견상담

상담 내용

1) 괴질병, 천재지변, 재난 방지

2) 지구 종말에 대한 불안감 해소와 향후 대책

3) 자신의 영혼과 가족, 조상 영혼 구원 방법

4) 질병과 귀신병, 악귀잡귀 퇴치 신청(무방문 원격 가능)

5) 죽음 이후 사후세계 철저 준비

6) 하늘세계와 사후세계는 실제로 존재하나?

7) 인생사의 우환과 자녀, 가족, 부모, 형제 갈등 문제

8) 배우자의 불륜 방지(귀신 소행)

9) 술타령, 도박, 마약 중독

10) 환청, 환영, 우울증, 불면증, 무병, 신병, 신내림 고민

요즘 세상의 분위기가 외출 자제 권고에 따라 책을 읽고 방문하고 싶어도 망설이는 경우가 있을 것인데, 이곳은 하늘의 기운이 내려 실시간으로 보호받기 때문에 크게 걱정하지 않아도 된다. 그러나 마스크는 필수로 착용하고 상담 시에도 거리는 2미터를 유지하고 친견상담을 진행한다. 책을 구독한 사람만 1대1 친견상담하기에 배우자, 자녀, 지인 동반은 절대 금물이며 1인 이상 출입은 불가하다.

원격 전화상담 신청(농협 301-0111-2970-51 천궁)
상담비 입금 후 전화 요망

찾아오시는 길

전국 각지에서 더 많이 찾아오는 자미황궁

주 소 : 서울 강동구 성안로118 삼정빌딩(성내3동 382-6)

전 철 : 5호선 강동역 3번 출구로 나와서 140m 직진 후
강동예식장(SC 제일은행)에서 우회전 140m
화로구이 옆

KTX : 서울역에서 1호선 타고 종로 3가 역에서 5호선 환승

SRT : 수서역에서 7.5km이고 택시로 약 20분 거리
(요금 9,000원 내외) 수서역에서 3호선 타고
오금역에서 5호선 환승 강동역 하차 3번 출구

〔자미황궁 약도〕

| 책을 맺으면서 |

한 치 앞도 알 수 없는 불확실한 공포와 두려움을 안고 하루하루 살아가다가 예고도 없이 갑자기 세상을 떠나는 사람들이 대다수이지만, 이번 생이 끝이 아니라 다음 생이 기다리고 있는데, 눈에 보이지 않아서 죽으면 그만이라고 생각하며 살아간다.

천상에서 살았을 때와 전전전 전생 그리고 현생에서 하늘께 지은 죄가 그 얼마나 크고 많으면 천금보다 더 중요한 하늘이 내리신 글을 읽고도 무사태평하게 생각하며 아무런 사후세계 준비도 안 하고 살아가는 것인지 도무지 이해가 불가할 정도이다.

하늘세계, 사후세계, 영혼세계, 신명세계, 조상세계, 지옥세계, 윤회세계, 종교세계에 대한 고차원적 공부가 전혀 안 되었기에 죄를 빌어 천상의 3천궁으로 돌아갈 수 있는 유일한 사람으로 태어나 윤회하고 있는 현생의 삶을 헛되이 보내고 있다.

여러분 독자들은 현실에서 성공하고 출세하여 돈과 재물, 권세와 명예, 건강과 행복을 누리며 잘 먹고 잘살고 있다고 자부하며 살아가고 있을 것이지만 그것은 하늘과 멀어지는 지름길이기에 성공하고 출세한 삶이 아니라 실패한 삶이다.

영적 성공을 못 하면 영원히 망하는 지름길이고, 성공하고 출세하여 잘살고 잘 먹기 위해서 사람으로 태어나 윤회하고 있는 것이 아니라 미래 하늘을 만나서 천상의 3천궁으로 돌아가기 위함인데 이런 진실을 모르고 살아가고 있다.

이 세상의 삶은 언제 끝날지 모르는 한시적인 삶이고, 육신이 죽으면 끝이 어딘지 알 수 없는 사후세계가 곧바로 열리는데, 너무나 힘들며 고통스럽고 힘들어도 그 어디에도 도움을 청할 곳이 아무 데도 없다.

인간 세상이라면 힘들고 어려울 때 가족이나 주위 사람들에게 도움을 청할 수 있지만, 사후세계는 아무도 여러분을 도와주지 않고 살아서 행하고 뿌린 대로 거둘 뿐이다.

아무리 사후세계가 안 보이고 안 들린다고 할지라도 이렇게 무지할 수는 없다. 오죽하면 우주에 수천 경이 넘는 천체의 행성들 중에서 영적 세계 공부가 하나도 되지 않은 미물과 축생급으로 가장 꼴찌 행성이라고 하였을까?

지구라는 별이 아름답다고 하지만 천상에서 보았을 때는 지옥별 행성, 역천자 행성으로 불리고, 지구는 천체 행성들 중에 교도소이자 구치소에 해당한다. 천상에서 지은 죄가 너무나 커서 하늘의 진실을 전해 주어도 전혀 알아듣지 못한다고 한다.

알아듣지 못하는 자들은 천상의 3천궁으로 받아주시지 않겠다는 말씀이시다. 짐승들처럼 하루하루 먹고사는 것이 최우선이기 때문에 자신들이 천상에서 역모 반란에 가담하는 대역죄를 짓고 지구로 도망치고 쫓겨난 대역죄인이란 것은 상상도 못 하며 살아가고 있는데 알려주어도 믿지 않는다.

자신들은 천상에서 살 때 그럴 리가 없다고만 생각할 것인데 지구에 태어나서 살아가고 있는 78억 인류 모두가 하늘 아래 대역죄인들이다. 그래서 악신과 악령들이 세운 종교를 열심히 믿고 있는 것인데, 이는 여러분 자체가 하늘의 핏줄이 아니라 스스로 악신과 악령의 씨앗이라고 자인하는 것과 같다.

앞의 수많은 글을 보면 사람 몸 자체가 악신과 악령, 귀신들의 집이라는 것을 읽어보았듯이 지구촌 자체가 죄 많은 대역죄인들이 살아가는 지옥별 역천자 행성이 맞다. 천상에서 지은 죄를 빌라고 지구로 유배 보내셨는데, 죄를 빌기는커녕 하늘의 가슴을 후벼 파는 종교세계에 미쳐 빠져나올 줄을 모르고 있다.

하늘께서 얼마나 분노하시었으면 죄를 빌러 오지 않는 세계 78억 인류를 멸살하시려고 심판을 선포하시었을까? 99.99%는 다 죽이신다고 선포하시었고, 이 나라에 살고 있는 사람들 중에서 0.01%만 78만 명만 구원하시겠다고 말씀하시었다.

그래도 하늘이 내리시는 명을 거역한다면 지구 행성 자체를 파괴하실 것이라고 천명하시었고, 지구 파괴의 결정권은 천자이자 황태자이신 미래 하늘께 위임하시었다. 올해 말까지 지켜보면 세계 인류가 얼마나 많이 죽게 되는지 확인할 수 있을 것이고 지구 종말의 운명에 대한 방향이 정해질 것이다.

0.01%에 들어갈 행운아들은 선택받은 자들이고, 현생과 내생을 하늘로부터 보호받을 것이다. 살아서 천상의 3천궁으로 입천

예약하지 못하면 정말 힘들고 모진 다음 세상으로 가야 한다.

괴질병 바이러스로 전 세계가 공포의 세상으로 변하여 아비규환의 아수라장이다. 이것 역시 천상으로 돌아갈 자들을 불러들이시기 위한 심판이신 것이다. 사람들은 다급하지 않으면 천하태평으로 살아가고 죽음을 무서워하지 않는다.

육신의 죽음도 무섭지만, 진짜는 영적인 죽음이 더 무섭다. 육신의 죽음은 모두가 맞이하게 되어 있고, 오래 살아봐야 100세 미만이지만 사후세계는 그 끝이 어딘지 알 수 없을 정도로 길고도 길기에 육신이 살아서 자신의 사후세계를 준비하지 않으면 죽어서 대성통곡하고 천추의 원과 한으로 남는다.

하늘의 신하와 백성이 되어서 천상의 3천궁 무릉도원에 올라가서 마음 편히 10~20대의 청춘으로 살아갈 것인지, 지금처럼 죽으면 그만이라며 축생들처럼 살아갈 것인지 각자들의 마음에 달려 있다.

영혼의 고향으로 돌아갈 신명, 영혼, 조상들은 이곳에서 미래 하늘이신 자미황제 폐하께 명을 받아 천상의 무릉도원 3천궁으로 올라가고, 인간 육신들은 미래 하늘이신 자미황제 폐하께서 계시는 지상의 자미황궁으로 들어와야 한다.

천기 20년(2020) 5월 5일 입하
미래 하늘(자미황제) 著

자미황궁(紫微皇宮)

친견상담 예약 02)3401-7400(전화상담 가능)